Peter Ensikat

Das Schönste am Gedächtnis sind die Lücken

Peter Ensikat

Das Schönste am Gedächtnis sind die Lücken

Karl Blessing Verlag

Umwelthinweis
Dieses Buch und sein Schutzumschlag
wurden auf chlorfrei gebleichtem Papier gedruckt.
Die Einschrumpffolie (zum Schutz vor Verschmutzung)
ist aus umweltschonender recyclingfähiger PE-Folie.

Der Karl Blessing Verlag ist ein Unternehmen der
Verlagsgruppe Random House GmbH.

1. Auflage

Umschlaggestaltung: Hauptmann und Kampa, München-Zürich
unter Verwendung eines Fotos von
Sibylle Bergemann, Ostkreuz
Satz: Uhl + Massopust, Aalen
Druck und Bindung: GGP Media GmbH, Pößneck
Printed in Germany
ISBN 3-89667-273-8
www.blessing-verlag.de

Inhalt

In der Wurstelei unseres Jahrhunderts, in diesem Kehraus der weißen Rasse, gibt es keine Schuldigen und auch keine Verantwortlichen mehr. Alle können nichts dafür und haben es nicht gewollt… Wir sind zu kollektiv schuldig, zu kollektiv gebettet in die Sünden unserer Väter und Vorväter. Wir sind nur noch Kindeskinder… Uns kommt nur noch die Komödie bei.

Friedrich Dürrenmatt 1955

Das Schönste am Gedächtnis sind die Lücken

Bei Jean Paul las ich: »Die Erinnerung ist das einzige Paradies, aus dem man nicht vertrieben werden kann.« Das mag stimmen, gilt aber nur so lange, wie man nicht versucht, die eigenen Erinnerungen mit anderen zu teilen. Wenn zwei dasselbe erlebt haben, müssen ihre Erinnerungen an das gemeinsam Erlebte nichts, aber auch gar nichts miteinander zu tun haben. Diese Erfahrung machen nicht nur Eheleute oder Geschwister, Kinder und Eltern. Hundert Leute, die dasselbe erlebt haben, können hundert unterschiedliche Geschichten davon erzählen, ohne dass einer lügen muss. Wir erinnern uns nämlich nicht nur verschieden. Wir erleben auch ganz und gar unterschiedlich. Dazu muss nicht erst einer Täter und der andere Opfer sein. Das ist ohnehin nicht immer so genau zu trennen.

Wir sollten uns selbst nichts vormachen und von den Historikern nichts vormachen lassen – die Erinnerung täuscht, und Geschichte gehört nicht zu den exakten Wissenschaften, eher zu den mehr oder weniger schönen Verpackungskünsten. Auch das sorgfältigste und gänzlich unvoreingenommene Quellenstudium kann allenfalls zu dem führen, was man bei Gericht einen Indizienbeweis nennt. Die ganze Wahrheit steht nirgendwo geschrieben. In den Akten so wenig wie in unserem Gedächtnis. Man kann sich ihr allenfalls annähern. Auch die felsenfeste Überzeugung, dass einen das Gedächtnis nicht trügt, hat nur auf dem Treibsand unseres selektiven Erinnerungsvermögens gebaut. Schon damit der Kopf uns nicht platzt, müssen wir aussuchen, was wir uns merken wollen und können. Das Verdrängen funktioniert sowohl bewusst als auch unbewusst. Die Grenzen zwischen beiderlei Arten der Verdrängung sind fließend. Und manche – aus welchem Grund auch immer – erfundene Geschichte glaubt man, irgendwann wirklich erlebt zu haben. Man muss sie nur oft genug erzählen.

Eine Faustregel lautet: Je schlechter das Gedächtnis, desto schöner die Erinnerungen. So kann es durchaus passieren, dass irgendwann auch die trübste Vergangenheit zur besonnten wird, zur guten alten Zeit eben. Da können die Ewig-Heutigen noch so spotten über die Ewig-Gestrigen. Wartet nur, balde erinnert ihr euch auch an die besseren Zeiten von damals und erntet das vereinigte Kopfschütteln der Nachgeborenen, die euer ganz ohne Nachsicht gedenken werden, wenn keine falschen Rücksichten mehr zu nehmen sind. Nostalgie ist die Sehnsucht nach der guten alten Zeit, in der man nichts zu lachen hatte.

Wie sind wir, die mit der Gnade der späten Geburt Gesegneten, über unsere Eltern hergezogen, weil sie die Nazizeit verdrängt hatten, von nichts Bösem gewusst haben wollten, obwohl wir doch im Nachhinein so genau wussten, dass sie gewusst haben mussten. Ohne noch viel nachzudenken, machten wir uns die Formel zu Eigen: Es gibt kein richtiges Leben im Falschen. Diese moralische Überlegenheit reichte für uns Ostgeburten allerdings nur bis ins Jahr 1989. Da standen wir moralisch Gerechtfertigten nun plötzlich selbst mit dem falschen Leben zur falschen Zeit am falschen Ort und suchten nach ähnlichen Ausflüchten wie zuvor unsere Eltern.

Der Unterschied war: Nach 1945 hatte sich eine überwältigende deutsche Mehrheit nur vor einer verschwindenden Minderheit zu rechtfertigen. Die Rechtfertigung gelang weitgehend, da die Mehrheit für den Neuanfang gebraucht wurde und die internationale Lage einen Schulderlass zwingend erscheinen ließ. Der Kalte Krieg stimmte die Sieger versöhnlich mit dem Feind von gestern, weil sie ihn für den Kampf gegen den neuen Feind brauchten. Der große Aufwasch konnte so lange aufgeschoben werden, bis die mit der späten Geburt Gesegneten das Erinnerungs-Geschäft übernommen hatten.

1989 hatte sich eine östliche Minderheit der großen westlichen Mehrheit zu stellen, die ihre moralische Überlegenheit dem Glück verdankte, nicht dabei gewesen zu sein. Der Aufwasch erfolgte also umgehend und gründlich. Endlich gab es einen Abschnitt deutscher Geschichte, der mehrheitlich zu bewältigen war, weil die Mehrheit ja nicht betroffen war. So kam es zu manchem kurzen Prozess. Richtig und Falsch, Gut und Böse lagen ja scheinbar offen zu Tage. Mit dem Mut der Unbeteiligten hielten die Gerechten Gericht über die Ungerechten. Das führte zu einem überwältigenden Sieg der Selbstgerechtigkeit.

Wir mussten erleben, dass auch die Unerbittlichkeit der Opfer neue Opfer produzieren kann. Ein Biermann reicht für mehrere Generationen von Rechtbehaltern. Nicht nur die Täter müssen verdrängen, auch Opfer wollen an die Zeit, bevor sie Opfer wurden, manchmal nicht erinnert werden. Ein ganz reines Gewissen ist ohne ein bisschen Nachwäsche nicht zu haben.

Wann steht man wo auf der richtigen Seite? Die Antwort weiß ganz allein der Wind, und der wechselt eben immer mal wieder. Man legt sich am besten vorher nicht fest. Dann kann man nachher alles vorher gewusst haben. Mögen andere von ihren Gedächtnislücken schweigen, ich schweige von den meinen.

Alte Fotos

Vor mir liegen zwei alte Fotografien. Die eine stammt vom 20. Februar 1908, die zweite vom 6. Oktober 1988. Auf der ersten ist der letzte sächsische König Friedrich August Nummer drei im Kreise Leipziger Geschäftsleute zu sehen. Der Junge links neben dem König, fast verdeckt von seiner Majestät, wurde viel später einmal mein Schwiegervater.

Auf dem zweiten Foto bin ich – ganz im Hintergrund – zu sehen. Neben mir stehen ein paar meiner DDR-Kabarett-Kollegen. Mein direkter Nachbar ist der Vogtländer Jürgen Hart, der einst mit »Sing, mei Sachse, sing« berühmt wurde. Daneben steht Hans Krause, einer meiner Vorgänger im Amte der »Distel«-Direktion. Im Vordergrund ist mein Freund Wolfgang Schaller Hand in Hand mit Erich Honecker zu sehen. Ich habe den versilberten Handschlag im Moment der Aufnahme schon hinter mir.

Wir lassen uns gerade von unserem Staatsratsvorsitzenden den Nationalpreis der DDR überreichen. Zwar nur dritter Klasse und im Kollektiv, aber immerhin – einen Scheck über 8000 Ost-Mark Schmerzensgeld gab es für jeden. In der Urkunde steht, wofür wir den Preis bekamen: »Für das von hoher Qualität getragene Gesamtschaffen des politisch satirischen Kabaretts in der DDR.« Die Auszeichnung fand anlässlich des 39. Jahrestages jener DDR statt, die ein Jahr und ein paar Tage später so plötzlich, wie lang erwartet, untergehen sollte. Wir sind also – wie mein Freund Schaller uns gerne nennt – »Widerstandskämpfer mit hohen staatlichen Auszeichnungen« im Amtssitz des Staatsrates.

Ich erinnere mich noch gut an das mulmige Gefühl während des Festaktes. Satire lebt immer und überall vom Missverständnis. Aber war diese staatliche Anerkennung nicht nur ein weiterer Beweis dafür, dass unsere ganze Satire die reine Hofnarretei war? Machten wir uns mit der Annahme des Nationalpreises nicht selbst zur Lachnummer? Das Foto von der Preisübergabe bekam ich dann von der Protokollabteilung des Staatsrates zugeschickt und habe es tief unten im Schreibtisch mit der Urkunde und den tausend Glückwünschen verstaut. Nein, stolz war ich nicht auf die Auszeichnung, aber mutig genug, sie abzulehnen, eben auch nicht. Dabei wäre die einzige Folge solcher Ablehnung gewesen, dass ich künftig mit weiteren Auszeichnungen nicht hätte rechnen dürfen.

Dass er mit »seinem König« zusammen auf ein Foto kam, darauf war mein Schwiegervater zeit seines Lebens stolz. Auch dann noch, als der König kein regierender Herrscher mehr war, sondern nur noch der komische »Sachsen-Geenich«, ein Unikum, von dem man kaum mehr wusste als das, was von ihm in Form von Anekdoten auf die Nachwelt gekommen war.

Aufgeschrieben, zum Teil wohl auch erfunden, hatte diese Anekdoten ein älterer Kollege von mir – der Leipziger Kabarettist und Schriftsteller Hans Reimann. Mein Schwiegervater kannte viele davon auswendig und sprach gern von »seinem König« und von dieser »sächsischen Ulknudel« Reimann. Der hatte in den Zwanzigerjahren in Leipzig und anderswo so erfolgreich linkes Kabarett gemacht, zwei satirische Zeitschriften herausgegeben – *Der Drache* und *Das Stachelschwein*. Außerdem hat er für viele linke Blätter, darunter auch für die *Weltbühne*, geschrieben. Dass dieser Reimann damals ein Linker war, scheint meinen ganz und gar nicht linken Schwiegervater nicht gestört zu haben. Jedenfalls hat er davon nie gesprochen.

Nicht gesprochen wurde im Leipziger Bürgerhaus auch über die seltsame Wandlung des einst »bürgerlich-radikalen« Satirikers zum »Naziclown«. Der Dramatiker und Emigrant Carl

Zuckmayer nannte ihn in seinem *Geheimreport*, den er im Jahre 1943 im Exil für einen amerikanischen Geheimdienst schrieb, »von allen Nazi-Kreaturen die übelste Erscheinung«. Er hatte ihn aus seiner »linken Zeit« gekannt und war ihm dann zu Nazizeiten bei einem heimlichen Berlin-Besuch noch einmal begegnet.

Achtzig Jahre liegen zwischen den beiden Aufnahmen. Noch zehn Jahre Königreich Sachsen im Kaiserreich Deutschland, die ganze Weimarer Republik, zwölf Jahre »Tausendjähriges Reich«, zwei Weltkriege und fast 40 Jahre DDR. Mein Schwiegervater war in beiden Kriegen Soldat, und er war es gern. Er starb dreiundneunzigjährig in Leipzig, ein Jahr vor jener zweiten deutschen Revolution des 20. Jahrhunderts, die ich dann hautnah und nicht ganz unbeteiligt selbst erleben durfte. Von der ersten deutschen Novemberrevolution 1918 sprach er zeit seines Lebens mit Empörung. Ihm, dem kaiserlichen Offiziersanwärter, der »im Felde unbesiegt« nach Hause gekommen war, hatten auf dem Leipziger Hauptbahnhof irgendwelche Halunken, die sich Soldatenräte nannten, die Rangabzeichen von der Uniform gerissen. So ein Umsturz, der alle Rangfolgen durcheinander brachte, war ganz und gar nicht nach dem Geschmack meines Schwiegervaters.

Seit ich heute lesen kann, was so alles über die von mir erlebte Revolution geschrieben wird, misstraue ich übrigens vielem, was ich über die andere zu lesen bekam. Geschriebene Geschichte ist offensichtlich etwas ganz anderes als das, was der Normalsterbliche so erlebt zu haben glaubt. Aufgeschrieben wird sie nun mal von den jeweiligen Siegern. Da können die Verlierer erzählen, was sie wollen. Weil aber aus Siegern immer mal wieder Verlierer werden, muss die Geschichte auch immer mal wieder umgeschrieben werden. Auch wo das Gute siegt, müssen nicht immer die Besten gewinnen. Aber dass nach siegreichen Revolutionen immer das Gute gesiegt hat, ist allen guten Siegern klar. Von selektivem Erinnerungsvermögen sind eben – wie wir alle – auch die Historiker nicht frei. Sie forschen ja auch selten für sich allein. Meist tun sie es in gesellschaftlichem Auftrag.

Mein Schwiegervater hätte die Revolution von 1989, im Gegensatz zu der von 1918, wohl von Herzen begrüßt, auch wenn er mit Revolutionen im Allgemeinen ganz und gar nichts am Hut hatte. Er hasste jede Art von Durcheinander. Aber dass diese Wende zum »natürlichen« Kapitalismus über kurz oder lang kommen müsste, das gehörte zu seinen festen Überzeugungen. Er, der bekennende Antikommunist, ließ sich auch im real-existierenden Sozialismus von uns Besserwissern seine Kaiserzeit nicht schlecht machen. Für das, was unterm Kaiser besser war, fand er übrigens ganz ähnliche Argumente, mit denen mancher von uns dann die DDR nachträglich so schön zu reden versuchte, wie sie erst in der Erinnerung werden konnte. Was hat seinerzeit das Brötchen gekostet oder die Straßenbahnfahrt? Und solche Kriminalität wie heute gab es früher grundsätzlich nicht – weder unterm Kaiser, noch in der DDR. Mit ruhigem Abstand betrachtet verliert viel Böses seinen Schrecken. Was früher war, wird irgendwann schön.

Dass einer wie ich in seine bürgerliche Familie einheiraten durfte, muss mein Schwiegervater wohl für eine der hinzunehmenden Kriegsfolgen gehalten haben. Standesunterschiede, die für ihn immer eine entscheidende Rolle gespielt hatten, galten im Osten einfach nichts mehr. Seine Liebe zu Adel und Militär hatte wohl vor allem etwas mit seinem Hang zum Hierarchischen zu tun. Ordnung liebte er, klare Regeln und Unterstellungsverhältnisse, wie sie beim Militär selbstverständlich sind. Gern erzählte er von adligen Freunden im Leipzig der Weimarer Republik. Bemerkenswert fand er, dass sie ihn, den Bürgerlichen, wie einen der ihrigen behandelt hätten. Weniger bemerkenswert fand ich, dass er mich schließlich auch nicht mehr als »das Subjekt« betrachtete, das sich in seine Familie eingeschlichen hatte. Nein, nachdem er nicht hatte verhindern können, dass seine Tochter und ich heirateten, ließ er mich zumindest nicht mehr spüren, dass ich eigentlich nicht dazugehörte. Irgendwann gewöhnte er sich an das Unvermeidliche, mag es ihm auch noch so unnatürlich erschienen sein. Am Vorabend der Hochzeit bot er mir – weil seine Frau ihn drängte – sogar das Du an. Es ist uns beiden anfangs gar nicht leicht gefallen, davon Gebrauch zu machen.

Einmal begleitete ich ihn zu einem Nachbarn, der seine Übersiedlung in die Bundesrepublik vorbereitete und uns einige seiner Möbel verkaufen wollte. Zu meiner Verblüffung hörte ich, wie mein Schwiegervater diesen Nachbarn respektvoll mit »Herr Oberst« anredete. Das war Anfang der Sechzigerjahre. Der »Herr Oberst« trug in der eiskalten, aber herrschaftlich eingerichteten Wohnung einen mit Fell gefütterten Offiziersmantel ohne Rangabzeichen. Als er meinen Schwiegervater freundlich aufforderte, ihn doch einfach »Kamerad« zu nennen, war der sichtlich geschmeichelt. Selbst hatte er es nur bis zum Major gebracht. Von Kameraden, mit denen er sich nach dem Krieg immer mal wieder traf, hatte er gehört, dass seine »Beförderung zum Oberstleutnant bereits unterwegs gewesen sei«. Aber in den Wirren der letzten Kriegstage ist sie wohl irgendwie verloren gegangen. Das erzählte er mir mehrmals mit nicht zu überhörendem Bedauern.

Mich nannte er lange Zeit leicht herablassend den »Gaukler«, und das nicht nur, weil ich Schauspieler war. Als eher linker Revoluzzer, der ich damals sein wollte, passte ich so gar nicht in sein deutsch-nationales Weltbild. Ich hatte ja nicht mal »gedient«. Dieses »gedient oder nicht gedient« spielte für ihn auch in DDR-Zeiten eine entscheidende Rolle. Zu seinem Bild vom Manne gehörte einfach die militärische Ausbildung, egal, ob sich die Armee nun kaiserlich nannte, faschistisch oder sozialistisch. Dass seine Enkel dem Dienst in der Nationalen Volksarmee der DDR ablehnend gegenüberstanden, konnte er einfach nicht verstehen. Seinem Vaterland, egal, welchem, hatte man zu dienen. Dass ich solchen Dienst in jeder Armee ablehnte und den in der Nationalen Volksarmee schließlich verweigerte, nahm er kommentarlos hin. Von mir, dem eingeheirateten Gaukler, erwartete er wohl sowieso nichts Besseres.

Bei all seinen Gewissheiten, die er durch die Zeitläufte gerettet hatte, war er alles andere als ein Fanatiker. Im Gegenteil – er ließ über fast alles ruhig mit sich reden, ohne sich allerdings in seinen Überzeugungen im Geringsten verunsichern zu lassen. Im Ton blieb er bei aller Liebe zum Militärischen immer zivil und wahrte auch im Streit noch die Formen. Seine weniger konservativ eingestellte Frau nannte er manchmal, wenn sie ihm allzu heftig widersprach, »Kommunistin«. Das gehörte für ihn wohl zu den schlimmsten Schimpfwörtern. Im Übrigen war er ein wunderbarer Plauderer. Gerade seine Kriegsgeschichten – vor allem die vom Ersten Weltkrieg – waren amüsant anzuhören. Tote kamen darin nicht vor. Von Kameradschaft war die Rede, von einem insgesamt eher lustigen Soldatenleben.

Wir haben uns später – ich war ja nun mal in der Familie – sogar gut verstanden. Unsere Meinungsverschiedenheiten haben wir – mit den Jahren immer müheloser – ausgeschwiegen oder mit einem leicht besserwisserischen Lächeln als Skurrilität des jeweils anderen auf sich beruhen lassen. Ich fühlte mich, trotz meiner prinzipiell linken Ansichten ausgesprochen wohl in der eher großbürgerlichen Welt meines Schwiegervaters. Die andere Meinung wurde hier zwar auch nicht geliebt, aber doch geduldet. Das war in unseren linken Kreisen nicht immer so selbstverständlich.

Beinahe herzlich wurden unsere Gespräche, wenn wir auf die DDR zu schimpfen kamen – er von der eher kaisertreuen Warte aus, ich mehr von der linksintellektuellen Seite her. Wir hatten einen gemeinsamen Gegner, und das verband über alle Standesunterschiede hinweg. Aber das war etwas, was DDR-Bürger der verschiedensten Überzeugungen und unabhängig von sozialer Herkunft immer geeint hat – man wusste, wogegen man war, ohne sich auf ein Wofür-auch-immer einigen zu müssen. Das schuf ein Klima des gegenseitigen Vertrauens und gab einem bei aller Ratlosigkeit doch ein gewisses Gefühl von Geborgenheit.

An der grundsätzlichen Haltung zum Staat DDR änderte auch eine hohe staatliche Auszeichnung, wie es der Nationalpreis war, nichts. Das weiß ich auch von anderen, mir bekannten Nationalpreisträgern. Selbst mein durch und durch »reaktionärer« Schwiegervater schrieb an Erich Honecker, nachdem er von diesem einen staatlichen Glückwunsch zu seinem neunzigsten Geburtstag erhalten hatte, dass es ihm ein »Herzensbedürfnis« sei, sich dafür persönlich bei ihm als Staatsratsvorsitzenden zu bedanken. Dabei war er auch mit 90 nicht nur bei guter Gesundheit, sondern auch bei klarem Verstand. Auch der Kommunist Honecker war eben als Staatsratsvorsitzender in gewissem Sinne eine Autorität.

Sein König und mein Staatsratsvorsitzender

Sie hatten vieles gemeinsam, sein letzter sächsischer König und mein vorletzter Staatsratsvorsitzender. Beide – der letzte Friedrich August von Sachsen, wie der vorletzte Erich der DDR – waren leidenschaftliche Jäger und Skatspieler. Auch die Liebe zu militärischen Aufmärschen und Fackelzügen verband sie. Wenn sie durch ihr Land reisten zu allerlei Betriebsbesichtigungen oder Denkmalseinweihungen, dann hatten Behörden und Betriebe zu schließen, damit das Volk Spalier bilden konnte, und die Herrscher was zu winken hatten. Beide legten großen Wert darauf, von ihrem Volk geliebt zu werden. Das allerdings gelang dem lockeren Sachsen-König unvergleichlich viel besser als dem stocksteifen Staatsratsvorsitzenden.

Ihr Verhältnis zu Kunst und Kultur war von ähnlicher Schlichtheit geprägt. Vom König erzählte man, dass er bei ernsteren Kunstanlässen meist eingeschlafen sei. Sein Lieblingsstück im Dresdner Schauspielhaus soll *Der Raub der Sabinerinnen* gewesen sein. Ob Honecker überhaupt ein Lieblingsstück hatte, ist nicht bekannt. Das »Lied vom kleinen Trompeter, dem lustigen Rotgardistenblut«, soll er immer wieder gern gesungen haben oder das alte FDJ-Lied »Bau auf, bau auf, Freie Deutsche Jugend, bau auf«. Beide – König und Staatsratsvorsitzender – mussten allerdings, das gehört nun mal zum Herrscheralltag quer durch alle Systeme, bei allerlei offiziellen Anlässen immer wieder gute Miene machen zu unvermeidlichem Spiel, das ihnen da als künstlerische Umrahmung zugemutet wurde. Ihre gemeinsame Vorliebe für Blasmusik ergab sich schon aus beider Jagdleidenschaft.

Zu den sie verbindenden Pflichten gehörte unter anderem die Eröffnung der regelmäßig stattfindenden Dresdner Kunstausstellungen. Honecker konnte man bei solchen Eröffnungen in den DDR-Fernsehnachrichten ausführlich bewundern. Das gehörte zur sozialistischen Hofberichterstattung. Es war äußerst komisch zu beobachten, wie der kleine Mann so angestrengt wie vergeblich versuchte, bei den anschließenden Rundgängen, immer an der Bilderwand entlang, wenigstens etwas Kunstverständnis vorzutäuschen. Er lauschte ergeben den Erläuterungen der begleitenden Malerfunktionäre, wenn sie ihm die ausgestellten Kunstwerke näher zu bringen versuchten. Dass er mit der ganzen modernen Malerei nichts anzufangen wusste, war ihm zwar deutlich anzusehen, aber die Mühe, trotzdem so zu tun als ob, war doch nicht zu übersehen. Dabei hatte ja vorher schon eine strenge Auswahlkommission dafür zu sorgen, dass da nichts gezeigt würde, was den Landesherren allzu sehr überfordern könnte. Künstlerisch, wie natürlich auch politisch.

Darf man den zahlreichen anekdotischen Überlieferungen glauben, so machte König Friedrich August gar kein Hehl aus seiner Abneigung gegen allen modernen Schnickschnack in der Kunst. Einmal soll er – das gehört zu Hans Reimanns schönsten Anekdoten über ihn – vor einem Bild stehen geblieben sein, auf dem die Wiese blau und der Himmel grün gemalt waren. Als er den Maler nach dem Sinn solcher Farbgebung fragte, erklärte dieser: »Majestät, ich sehe das so.« Der königliche Kommentar lautete schlicht aber bestimmt: »Da hätten'se nich Maler wer'n soll'n.«

Ich bin sicher, Honecker hatte bei so manchem Bild so manchen DDR-Malers ähnliche Gedanken. Aber im Gegensatz zur souveränen Schlichtheit des echten sächsischen Königs, versuchte Honecker so angestrengt wie vergeblich, einen König zu spielen, und blieb dabei doch immer nur der echte saarländische Dachdecker, dessen proletarisches Kunstverständnis über das Schalmeienspiel nie hinausgegangen war.

Gemeinsam wiederum ist beiden ungleichen Herrschern, dass sie zum Schluss, als das Volk in Sachsen gegen sie auf die Straße ging, auf dieses Volk nicht schießen ließen. Friedrich August 1918 nicht in Dresden und Honecker 1989 nicht in Leipzig. Während sich der König von seinem damals kurzzeitig ungehorsamen Sachsenvolk mit den unvergesslichen Worten »Macht eich eiern Dreck alleene!« verabschiedete, musste der gestürzte SED-Chef selbst noch den Mann zu seinem Nachfolger vorschlagen, der ihn gerade gestürzt hatte. So bewiesen der Sachse am Ende Größe und der Saarländer Parteidisziplin, die er wohl auch für Größe hielt.

Von Honecker ging damals das Gerücht, dass er sich noch am Tage seiner Absetzung in die Schorfheide zur Jagd fahren ließ. Das dürfte aber auch sein letzter Jagdausflug gewesen sein. Aus einem privilegierten Rentnerdasein, mit dem er an diesem Tage vielleicht noch gerechnet hatte, wurde nichts mehr. Keine Staatsjagd, nicht mal ein Skatabend im Genossenkreis sollte ihn über den Machtverlust hinwegtrösten. Aus der Palastrevolution im Politbüro der SED wurde kurz darauf ein weit über Sachsen hinausreichender Volksaufstand, der auch die stürzte, die ihren obersten Genossen gerade gestürzt hatten. Dass er als oberster Arbeiter- und Bauernführer seines Arbeiter- und Bauernstaates einmal von eben diesen Arbeitern und Bauern verjagt werden würde, damit hatte Honecker wohl in seinen schlimmsten Angstträumen nicht gerechnet. Er schien wirklich geglaubt zu haben, von denen, die für ihn so lange Spalier gestanden hatten, auch geliebt zu werden.

Auch König Friedrich August schien seinen Sachsen die ganze Revolution bis zur letzten Minute nicht so recht zuzutrauen. »Ich habe den Leiten nischt gedahn, und die duhn mir ooch nischt«, soll er gesagt haben, als seine Minister ihn vor den Aufständischen warnten. Noch am Morgen des 8. November

1918, die Unruhen hatten längst die Residenz erreicht, ließ er sich des schönen Wetters wegen mit seiner Schwester, Prinzessin Mathilde, durch die Dresdner Heide kutschieren. Am Abend desselben Tages musste er sich dann von seinen treuen Ratgebern erst mühsam überzeugen lassen, dass es nun höchste Zeit wäre, die Koffer zu packen. Als es dunkel wurde, ließ er also sein Auto kommen und verließ das Dresdner Schloss, um – auf dem Umweg über sein Jagdschloss Moritzburg und Schloss Gutenborn in der Lausitz – Schutz zu suchen in seinem schlesischen Exil Sibyllenort, einem der schönsten und größten Schlösser in Deutschland. Im Gegensatz zu Honecker besaß der König auch außerhalb seines Herrschaftsbereiches mehrere Ausweichschlösser, die auch nach erfolgter Revolution in seinem Besitz blieben. Und mit ihm reisten immer mehrere Bedienstete, darunter ergebene Chronisten, die die königlichen Fluchtwege für die Nachwelt dokumentiert haben.

Auch Honeckers Flucht wurde von allerlei Journalisten begleitet. Diese Begleitung allerdings glich eher einer Verfolgungsjagd. Die Bilder vom gejagten Staatsratsvorsitzenden a.D. hatten zwar kaum Nachrichtenwert, befriedigten aber das Rachebedürfnis seiner ehemaligen Untertanen, die es ihm jetzt ganz besonders übel zu nehmen schienen, dass sie ihm so lange zugejubelt hatten. Er, ohne dessen Bild vorher kaum eine Zeitung oder Nachrichtensendung des DDR-Fernsehens denkbar war, versuchte nun vergeblich, sich den Kameras und Mikrofonen zu entziehen.

Als die untreuen Untertanen des Monarchen am 10. November 1918 in Dresden die Republik ausriefen, taten sie das nicht etwa vom Balkon des Königsschlosses aus, sondern – wie sich das für brave sächsische Revolutionäre gehörte – im Zirkus Sarrasani.

Der König aber konnte ungestört und von seinem schon wenig später reuigen Sachsenvolk eher verehrt als verfolgt, noch 14 Jahre lang seinen Freizeitgeschäften nachgehen, die hauptsächlich aus Reisen, Jagen und Skat spielen bestanden. Seine zahlreichen Reisen führten ihn immer mal wieder durch Sachsen. Und seine Untertanen a.D. jubelten ihm nun wieder zu wie in guten alten Monarchie-Zeiten. Bei so einer unangemeldeten Jubelfeier auf dem Leipziger Hauptbahnhof soll Majestät das Coupé-Fenster seines Salonwagens geöffnet haben, nicht etwa, um sich für den Jubel zu bedanken, sondern um so vorwurfsvoll wie ironisch zu bemerken: »Ihr seid mir scheene Rebubliganer.« Auf seine Visitenkarte hat er, so sagt man, nach seiner Abdankung schreiben lassen: »Friedrich August, König ohne Sachsen«.

Erst am 18. Februar 1932 ereilte den gestürzten Landesvater ein ganz und gar friedliches Ende in seinem weichen schlesischen Schlossbett. Noch am Vorabend soll er beim Skatspiel gewonnen haben und deshalb bei bester Laune eingeschlafen sein.

Honecker wurde von seinen Genossen nicht nur aus seinem Haus in Wandlitz verjagt, er wurde von seiner eigenen Justiz dann vom Krankenbett direkt ins Gefängnis verbracht. Nachdem ihn diese Justiz aus Mangel an Erfahrung mit nichtsozialistischer Rechtsprechung hatte freilassen müssen, wurde er nun vom Zorn desselben Volkes gejagt, von dessen Jubel er sich kurz zuvor noch hatte täuschen lassen. Ausgerechnet in einem Pfarrhaus fand der Atheist dann das bisschen Schutz und Obdach, das ihm seine eigenen Genossen nicht hatten gewähren wollen oder können. Seine Konten waren gesperrt, und sein einziges Schloss »Hubertusstock« war sowieso immer nur »Volkseigentum« gewesen. Was das bedeutete, wurde ihm nun wohl, da er selbst nur noch Volk war, auf eher tragische Weise bewusst. Immer hatte er sich nur um die Macht gekümmert. Die persönliche Eigentumsfrage scheint er, der vorher so viel Privateigentum hatte verstaatlichen lassen, nie gestellt zu haben. Bis zum 15. Dezember 1989 hatte er – nach eigener Aussage – ganze 184 000 DDR-Mark zusammengespart und erwartete neben seiner Rente als Verfolgter des Naziregimes eine Mindestrente von 517 Mark.

Der abgedankt habende sächsische König schickte – kaum angekommen in seinem Schloss – die ersten, noch ganz und gar harmlosen Vermögensforderungen nach Dresden. Er verlangte – fröhlicher Lebemann, der er im Gegensatz zum trockenen Honecker war –, ihm 400 Flaschen Wein aus seinem Dresdner Weinkeller ins schlesische Exil zu schicken. Es muss wohl an der noch leicht revolutionär eingetrübten Stimmung in Dresden gelegen haben, dass man ihm statt der verlangten 400 Flaschen nur ganze 200 bewilligte.

Das scheint den lebensfrohen Monarchen derart verärgert zu haben, dass er nur ein Vierteljahr später – in einer »Denkschrift« – Entschädigungen in Millionenhöhe verlangte. Mit seinem auf 25 Millionen Mark geschätzten Vermögen war er ja einst der reichste Mann in Sachsen gewesen. Von all ihren Reichtümern wurden den Wettinern in einem geheimen Kabinettsbeschluss vom Mai 1919 schließlich 15 Millionen Mark Kapitalien und eine monatliche Grundrente von 260 000 Mark zugesprochen. Das unter den Kriegsfolgen leidende Volk durfte davon natürlich nichts wissen. Es hätte der Sachsen Liebe zu ihrem König Abbruch tun können. Als bekannt wurde, dass ihm 1924 noch einmal 300 000 Goldmark als Abfindung gezahlt wurden, kam es in Dresden, Leipzig und Chemnitz sogar zu großen Protestkundgebungen. Und nirgendwo war der Widerstand gegen die »Fürstenabfindung« im Jahre 1926 größer als im ehemaligen Königreich Sachsen.

Aber als dann die überlebt habenden Wettiner sofort nach Ende der kommunistischen Herrschaft wieder in ihr Sachsenland kamen, wurden sie daselbst von den Enkeln der ehemaligen Untertanen auf das Untertänigste begrüßt. Die Wiedersehensfreude dauerte allerdings nur so lange, bis ihre ganz neuen alten Forderungen nach Rückgabe von oder Entschädigung für allerlei fürstliches Eigentum bekannt wurden. Man traf sich – so ist das nun mal im Rechtsstaat – vor Gericht wieder. Dass die Wettiner dabei nicht leer ausgingen, versteht sich von selbst.

Honecker bekam nach allerlei missglückten Fluchtversuchen statt einer Abfindung von der nun vereinigten westdeutschen Justiz einen Haftbefehl zugestellt und landete in einem Gefängnis, in dem er als Kommunist zu Nazizeiten schon einmal eingesessen hatte. Dass er vom Gericht nicht mehr zu seiner verdienten Haftstrafe verurteilt werden konnte, lag daran, dass die von eben diesem Gericht bestellten Ärzte feststellen mussten, dass er diese Strafe aus Krankheitsgründen sowieso nicht mehr würde antreten können. Er wurde für verhandlungsunfähig erklärt. So durfte er zu Frau und Tochter nach Chile ausreisen, wo er – Glück für die Mediziner – kurz darauf an der diagnostizierten Krankheit auch wirklich starb. Schließlich hatte man den Angeklagten vor Gericht mehrmals verdächtigt, Altersschwäche und Krebserkrankung nur heimtückisch vorzutäuschen.

Anders als weiland der Göring-Witwe wurde der Witwe Honecker von der Bundesrepublik keine Witwenrente zugesprochen. Kurz vor dem Tod ihres Mannes war es einem deutschen Kamerateam gelungen, das Ehepaar Honecker mit versteckter Kamera noch einmal in ihrem chilenischen Kleingarten zu filmen. Da sah ich nun im Fernsehen meinen gewesenen Staatsratsvorsitzenden und Generalsekretär, aus dessen Hand ich einst den Nationalpreis empfangen hatte, beim Sprengen des Gartens. Er muss sich etwas ungeschickt angestellt haben, jedenfalls nahm Frau Margot – sichtlich genervt – ihm einfach den Gartenschlauch aus der Hand, und er wehrte sich nicht. Das Bild hat sich mir tief eingeprägt. Selbst den Gartenschlauch ließ er sich zum Schluss aus der Hand nehmen – mein einst so allmächtiger Staatschef.

Ich durfte ihm dann einen Nachruf für die *Frankfurter Hefte* schreiben. Dem habe ich auch heute wenig hinzuzufügen.

Bruder Honecker

Wer hätte gedacht, dass einer wie ich einmal einem wie ihm einen Nachruf schreiben dürfte – der Satiriker dem Staatsoberhaupt. Solche Schmach erfährt wohl auch der kleinste Diktator nur, wenn er vorher gestürzt worden ist. Nun ja, im eigentlichen Wortsinn erfährt er es ja auch gar nicht mehr. Ich spreche hier von Atheist zu Atheist.

Mein Nachruf gilt den Hinterbliebenen, also auch mir – einem von 16 Millionen ehemaligen DDR-Bürgern. Wir sind die Konkursmasse des eingegangenen Unternehmens, das er – wenn schon nicht mit unserer Billigung, so doch mit unserer Duldung – so lange geleitet hat. Ich gebe zu, ich habe ihm seinerzeit, wie andere auch, oft den Tod gewünscht, weil nur sein Tod Veränderung im ewigen Mief dieses Arbeiter- und Bauernstaates erhoffen ließ. Die biologische Lösung nannten wir das damals zynisch, als wir nicht zu hoffen wagten, dass dieses Staatsvolk der Mitläufer – ich auch – sich jemals zu zivilem Ungehorsam nach östlichem Vorbild durchringen würde.

Kurz bevor sich dieser zivile Ungehorsam im ganzen Volk durchgesetzt hatte, war Honecker von seinen engsten Mitläufern im Politbüro schon in vorauseilendem Ungehorsam gestürzt worden. Mit ihm war der Schuldige an allem, was wir erduldet hatten, gefunden. Und nun wollte Krenz uns grüßen als Reformpatriot und Wendeheld. Kein unschuldiger Kampfgenosse bot damals dem einen schuldigen Diktator auch nur Asyl an. Ja, die von ihm einst berufene Justiz erwählte ihn sofort zum Angeklagten und verfolgte Honecker bis an sein Krankenbett. Das Wort Justizirrtum erwies sich wieder mal als reine Tautologie. Dass sich der vom Generalsekretär zum einfachen Nicht-mehr-Genossen degradierte Honecker dieser Justiz durch Flucht zu entziehen suchte, verstand ich nur zu gut. Führer sind nur selten mutiger als die Geführten, sobald sie die Führung verloren haben. Ich empfand zum ersten Mal tiefes Mitgefühl mit ihm und die alte Verachtung für meinesgleichen, die nur zu gern dahin treten, wo sie vorher hineingekrochen waren.

Dem kleinen Bruder Honecker blieb schließlich nur noch die Flucht zum großen Bruder. Aber aus dem ewigen Bruderbund war inzwischen eine Rette-sich-wer-kann-Bewegung geworden, und so blieb dem ehemaligen DDR-Bürger Honecker nur übrig, was anderen DDR-Bürgern vorher übrig geblieben war – die Flucht in eine westliche Botschaft.

Ihm verhalf diese Flucht aber nicht mehr in die Freiheit. Schließlich war er vor keiner Diktatur davongelaufen, sondern vor dem nun endlich gesamtdeutschen Rechtsstaat, der in seinem Falle offensichtlich nicht Rente, sondern Rache wollte. Rache für ein in tiefen Unschuldsgefühlen aufgewühltes Ostvolk, dem der Rechtsstaat nun endlich mal beweisen wollte, dass er nicht nur mit den kleinen Mauerschützen, sondern auch mit dem großen Staatsratsvorsitzenden fertig würde.

Dass dieser Staatsratsvorsitzende a.D. schon sehr alt und sehr krank war, konnte für die Justiz nur bedeuten, dass sie ihm kurzen Prozess machen müsste. Dass er während dieses Prozesses in einem Gefängnis untergebracht war, in das ihn schon mal eine andere deutsche Justiz gesperrt hatte – mein Gott, eine gewisse Kontinuität kann man deutscher Justiz eben nicht absprechen. Klar war ja ohnehin, dass es sich bloß um einen symbolischen Prozess würde handeln können, mit einem symbo-

lischen Angeklagten und einem symbolischen Urteil. Im Namen eines symbolischen Volkes. Schließlich hatten die Mediziner herausgefunden, was die Juristen nicht glauben wollten – Honeckers Lebenszeit war schon so begrenzt, dass man ihn ohnehin zu nichts mehr verurteilen konnte, womit er zu bestrafen wäre.

Ich bin dem Rechtsstaat dankbar, dass er wenigstens die Medizin das sein lässt, was der Justiz so schwer zu fallen scheint – human. Die Medizin bewahrte die Justiz und uns alle vor dem Irrtum, mit der Verurteilung des EINEN alle andern freisprechen zu können.

Im deutschen Justizvollzug wäre vermutlich ein Märtyrer gestorben. In Chile starb ein alter Mann und nicht mehr.

Ihren toten König holten die Sachsen sofort wieder heim. Am 18. Februar 1932 war er in Sibyllenort gestorben. Am 23. Februar statteten sie ihm in der Katholischen Hofkirche zu Dresden eine wahrhaft majestätische Begräbnisfeier aus. Die Einzelheiten dazu hatte der König kurz vor seinem Tod selbst noch in sein Testament diktiert. Zutritt hatten nur geladene Trauergäste und »Offiziere in Uniform«. Der *Dresdner Anzeiger* berichtete am nächsten Tage ausführlich von der gewaltigen Anteilnahme der Bevölkerung. Starke Polizeikräfte mussten aufgeboten werden, um das trauernde Sachsenvolk fern zu halten von der noblen Trauergesellschaft, die der ergreifenden Gedächtnisrede von Prälat Müller, dem Hofkaplan und Skatbruder des Königs, lauschte. »Zahlreiche Solokräfte der Staatsoper hatten sich für diese besondere Feier in den Chor der Staatsoper eingereiht. Von jenseits der Elbe dröhnte dumpf der Trauersalut der Artillerie.«

Außer der königlichen Familie waren auch zahlreiche Vertreter anderer deutscher Fürstenhäuser erschienen. Und der greise Reichspräsident Hindenburg hatte seinen Sohn, den Oberst von Hindenburg, als seinen offiziellen Vertreter geschickt. Für den ehemaligen Kaiser war Prinz Eitel von Preußen angereist. Die Staatsregierung, die städtischen Körperschaften und alle Reichs- und staatlichen Behörden, die Hochschulen des Landes, das Diplomatische Korps – sie alle ließen es sich nicht nehmen, dem toten König die letzte Ehre zu erweisen.

Es waren in der Tat »scheene Rebubliganer«, die da ihren gestürzten König zu Grabe trugen.

Der Verbleib von Honeckers Asche ist nach wie vor unbekannt. Die Urne soll dem Vernehmen nach im Haus seiner Witwe in Chile stehen. Er selbst soll noch den Wunsch geäußert haben, in Deutschland begraben zu werden. Ob das einmal – und sei es nur bei Nacht und Nebel – geschehen wird, ist ungewiss.

Die Herrscher und ihre Narren

Als der König einmal – natürlich in Zivil – durch Dresden spazierte, sah er, wie einem Kutscher das Pferd durchging. Von Pferden verstand Friedrich August als passionierter Jäger etwas. Es gelang ihm, das Pferd aufzuhalten. Der Kutscher, ein Dresdner Fleischermeister, dankte dem König, den er als solchen nicht erkannte, für seine geistesgegenwärtige Hilfe und fragte: »Bist wohl ooch ä Fleescher?« Darauf der König: »Ä wo, ich sähe bloß so aus.«

Gäbe es nicht diese Anekdoten, von Friedrich August hätte die Nachwelt wohl kaum etwas im Gedächtnis behalten. Irgendwelche staatsmännischen Verdienste sind nicht bekannt. Zu dringend erforderlichen Reformen in Sachsen schien er genauso wenig Neigung verspürt zu haben wie später der fast allein regierende Honecker in seiner DDR.

Zu Friedrich Augusts Lebzeiten vermittelten diese gern erzählten, volkstümlichen Geschichten den sächsischen Untertanen das schöne Gefühl, einen König zu haben oder wenigstens gehabt zu haben, der so ganz einer der ihren war. Ein König zum Anfassen. Aus unerforschlichen Gründen bewundert der kleine Mann den großen am meisten dafür, dass er auch nur ein Mensch ist, einer wie du und ich.

Für den Rest des deutschen Reiches waren die Geschichten von diesem komischen »Geenich« aus Dresden wohl nur ein willkommener Beweis für sächsische Einfalt. Noch im DDR-Kabarett genügte es, einen Parteisekretär sächsisch sprechen zu lassen, um ihn lächerlich zu machen. Das funktionierte erstaunlicherweise auch in Sachsen. Von seiner Begegnung mit dem König damals in Leipzig erzählte mein Schwiegervater auch so eine Schnurre, die in Reimanns Anekdotensammlung gepasst hätte. Man hatte für das Gruppenfoto mit König einen Stuhl für Majestät bereitgestellt. Aber er sagte nur: »Nu ihr Klabbser, wenn ihr euch nich setzt, hock ich mich ooch nich offn Stuhl.« Und blieb stehen.

Von Honecker gab es ein paar Witze, wie es sie vorher von Ulbricht und anderen Spitzengenossen auch gegeben hatte. Es waren im Grunde immer die gleichen. Man brauchte – wie in den Amtsstuben die Bilder – in den Witzen nur die Namen auszutauschen. Der eigentliche Reiz dieser Witze bestand darin, dass sie verboten waren. Solches Verbot wurde in frühen DDR-Zeiten noch streng gehandhabt – da konnte man für einen politischen Witz sogar ins Gefängnis kommen. Später gehörten sie zum festen Repertoire fast aller ostdeutschen Wohnstuben und Stammtische.

Auch die Genossen erzählten sie weiter und hatten dabei das schöne Gefühl, etwas Verbotenes zu tun, ohne irgendeine Strafe fürchten zu müssen. Die unzähligen DDR-Witzsammlungen, die dann nach der Wende erschienen sind, lesen sich heute eher fad und langweilig. Der gute alte DDR-Witz ist eben ohne den konspirativen Ton, den wir einst in allen Lautstärken beherrschten, auch nicht mehr das, was er mal war.

Hans Reimanns Anekdoten-Büchlein *Dr Geenich* erreichte unendlich viele Auflagen, unter anderem wohl auch deshalb, weil bekannt wurde, dass es Versuche gab, dem Autor den Vortrag seiner harmlosen kleinen Geschichten verbieten zu lassen. Der geschäftstüchtige Verleger Steegemann, mit dem sich der kaum weniger geschäftstüchtige Reimann später in anderer Sache vor Gericht erbittert gestritten hat, hatte eine verkaufsfördernde Idee. Am 31. März 1923 schickte er dem König ein Exemplar einer als »Fürstenausgabe« deklarierten Edition der Anekdoten auf Japan-Bütten in Maroquinleder. Dazu schrieb er seiner Majestät: »... Ich bitte ganz ergebenst, mir die Frage huldvollst erlauben zu wollen, ob Euer Majestät gegebenen Falles sich bereit finden lassen möchte, einige Exemplare dieser Ausgabe mit Euer Majestät Namenszug zu versehen und so auch äußerlich Euer Majestät Zustimmung zu diesem Buche, dessen echter Verfasser ja Euer Majestät ohnehin sind und bleiben, zu geben. In Ehrfurcht Euer Majestät ganz gehorsamer Paul Steegemann.«

Der angeblich so volkstümliche und humorvolle König hatte zwar den so gehorsamen Verleger keiner Antwort gewürdigt, aber er tat ihm einen viel größeren Gefallen. Er verklagte den Verfasser Hans Reimann. Eine bessere Reklame konnte der sich gar nicht wünschen.

Auf dass die Geschichte schön im Gedächtnis des Lesepublikums bleibe, hat der Verleger den ganzen lustigen Vorgang umgehend in einem weiteren Buch dokumentiert, in Hans Reimann, *Mein Kabarettbuch*, Paul Steegemann-Verlag Hannover und Leipzig, Copyright 1924.

Und da lese ich – viele Jahre Kabarettautor im Lande Walter

Ulbrichts und Erich Honeckers – etwas mir nur allzu Vertrautes. Der gute alte König wehrte sich gegen das, was er als Verunglimpfung seiner hohen Person empfand, mit den gleichen Mitteln, mit denen sich später auch die Staatsratsvorsitzenden der größten und schönsten DDR dieser Welt gegen unbotmäßige Kritiker zu wehren pflegten – mit Protestschreiben aus allen zur Verfügung stehenden Kreisen der werktätigen Bevölkerung.

Der »gemeinsame Betriebsrat sowie der Arbeiter- und Angestelltenrat der Herrschaft Sibyllenort« protestierten in einer von der Presse veröffentlichten und an den Herrn Polizeipräsidenten, den Magistrat und den Herrn Stadtverordneten-Vorsteher zu Breslau gerichteten Entschließung gegen die »Verunglimpfung des früheren Königs von Sachsen«, der ihr jetziger Brotgeber war. In ihrem Protestschreiben heißt es sehr schön: »Wir halten es für unsere Ehrenpflicht, einen Mann wie unsern Brotherrn, der zu bescheiden ist, um aus seiner stillen Zurückgezogenheit herauszutreten und gegen solche Angriffe auf seine Person mit gesetzlichen Mitteln vorzugehen, der immer hilfsbereit die Not vieler Armen zu lindern sucht, der stets den Bedürfnissen seiner Arbeitnehmer nach Möglichkeit Rechnung trägt, in Schutz zu nehmen.«

Auch der noch viel bescheidenere Erich Honecker ließ sich bei jedem Angriff auf seine Person, seine Partei oder seinen Staat – das war ja irgendwie alles eins, also seins – umgehend von seiner Arbeiterklasse in Schutz nehmen. Die protestierte sozusagen auf Knopfdruck in Leserbriefen oder auf spontanen Betriebsversammlungen, bis er dann gar nicht anders konnte, als das verbieten zu lassen, was die weiten Kreise der Bevölkerung auf sein Geheiß verbieten zu lassen gefordert hatten. Es konnte auch vorkommen, dass sich in einem Kabarett-, Kino- oder Theatersaal empörte Kampfgruppen der Arbeiterklasse oder klassenbewusste Jugendliche in blauen FDJ-Hemden unter das verblüffte Publikum mischten, um eine ihn, Erich Honecker, und damit alle Werktätigen der DDR beleidigende Aufführung zu verhindern oder wenigstens lautstark gegen sie zu protestieren.

In Breslau erging dann auch am 18. Oktober 1923 auf Antrag des Herrn Oberst a.D. Albrecht von Thaer, der den viel zu bescheidenen König a.D. vor Gericht vertreten hatte, die einstweilige Verfügung: »Dem Antragsgegner wird bei Vermeidung einer Haftstrafe für jeden Fall der Zuwiderhandlung verboten, den Herrn Antragsteller betreffende Anekdoten, sei es aus dem von ihm verfassten Buch ›Dr Geenich‹, sei es sonstige Anekdoten, vorzutragen oder sonstwie zu verbreiten.«

Reimann – das schreibt er selbst in seiner Autobiographie *Mein blaues Wunder* – nahm die Verfügung nicht ernst. Im Gegenteil – er trug sie in vollem Wortlaut zu Beginn seiner Breslauer Veranstaltung vor. Das Publikum jubelte und hörte dann mit umso größerer Begeisterung die soeben verbotenen Anekdoten. Das geschah im Jahre 1923. Doch als der Autor ein Jahr später wieder in Breslau auftreten wollte, wurde er tatsächlich direkt vor seinem Auftritt verhaftet und für ein paar Tage eingesperrt. Das brachte ihm ein großes Presseecho und viel neue Popularität ein.

Die Folgen solcher Verfügungen oder Verbote waren damals die gleichen wie später zu Honeckers Zeiten – nichts war so interessant wie das, was verboten war oder eventuell verboten werden könnte. Ich bin auf viele Bücher oder Theatervorstellungen erst aufmerksam geworden, nachdem ich in der Presse gelesen oder gerüchteweise gehört hatte, dass die Partei etwas an ihnen auszusetzen hätte. Nichts Gedrucktes verbreitete sich in der DDR so schnell wie ein verbotenes Buch. Allein das Gerücht, irgendetwas sollte verboten werden, genügte, dass jeder dieses Etwas lesen, sehen oder hören wollte.

Mag sein, dass der Geenich nicht begriffen hat, welchen Nachruhm er dem Reimann einmal zu verdanken haben würde. Der Autor und sein Verleger waren ihrem König wohl umso dankbarer, dass er ihnen außer seinen komischen Aussprüchen nun auch noch diese hübsche Justizposse geschenkt hatte. Zensur hatte und hat eben immer einen großen Unterhaltungswert.

Wir DDR-Satiriker verdankten der Zensur ganz allgemein natürlich auch viel von unserer Popularität. Aber von unserm König Honecker persönlich verklagt zu werden, diese Ehre wurde meines Wissens keinem von uns zuteil. Jedenfalls drang davon nichts an die Öffentlichkeit. Bei uns wurde auch nicht erst verklagt, es wurde gleich verboten. Fast immer unter Ausschluss der Öffentlichkeit. Mein höchstes Verbot, und das erfuhr ich selbst nur hinter vorgehaltener Hand, stammte vom Chef der Staatssicherheit, Erich Mielke. Darauf war und bin ich zwar stolz. Aber irgendeinen Vorteil brachte es mir nicht, von so hoher Stelle verboten zu werden. Mielkes Verdikt erreichte meinen Text, bevor er veröffentlicht werden konnte. Der Stasi-Chef hat es mir auch nicht etwa persönlich erteilt, sondern ließ es mir von anderer Stelle, ziemlich weit unten, mitteilen und zwar grußlos. Der Rechtsweg war ausgeschlossen, jeder Widerspruch sinnlos.

So etwas Unangenehmes ließen die obersten DDR-Chefs grundsätzlich von den unteren Organen vollstrecken, die – wenn es eilte – manchmal selbst erst nachträglich erfuhren, was sie gerade wieder verboten hatten. So musste Ende des Jahres 1988 der Postminister der DDR aus der Morgenpresse erfahren, dass er am Abend zuvor eine sowjetische Zeitschrift verboten hatte, die seines obersten Chefs Unwillen erregt hatte.

Komische private Äußerungen von Honecker, die man zu Anekdoten hätte verarbeiten können, wurden nicht bekannt. Im Kabarett genügte es, einfach seinen Tonfall zu kopieren, und das Publikum jubelte. Was er so auf Parteitagen gesagt hat, stand zwar überall gedruckt, aber dass das je einer wirklich gelesen hätte, wage ich zu bezweifeln. Parteidokumente wurden in der DDR »studiert«, aber nicht gelesen. Dass der Staatsratsvorsitzende so viel weniger Heiterkeit ausgelöst hat als dr Geenich, liegt auch nicht nur daran, dass der sächsische Dialekt so viel komischer ist als der saarländische. Es liegt wohl eher daran, dass er – im Gegensatz zum Geenich mit den vielen komischen Eigenheiten – eher ein Mann ohne Eigenschaften war. Das Komischste, was man von ihm – allerdings erst nach der Wende – erfuhr, war seine Vorliebe für Softpornos. Die ließ er sich von den Genossen der Staatssicherheit aus dem Westen besorgen. Diese ausführenden Genossen waren eben nicht nur für den Schutz, sondern auch für die umfassende Versorgung und Betreuung der führenden Genossen in Wandlitz zuständig. Selbstverständlich unterlagen sie einer strengen Schweigepflicht und durften keinem weitererzählen, was sie ihren weisen Führern da aus dem Westen ranschaffen mussten. Honecker selbst gab später zu Protokoll: »Wenn uns heute vorgeworfen wird, der Bevölkerung Wasser gepredigt, aber selbst Wein getrunken zu haben, das heißt, feudal gelebt zu haben, kann ich nur sagen, und das aus vollem Herzen, dass das nicht stimmt.« Nun ja, direkt feudal sind Softpornos ja nun auch wieder nicht.

Einen einzigen wirklich komischen Satz von Honecker habe ich im Gedächtnis behalten. Den wiederholte er oft genug auch im Fernsehen, wenn er sich von irgendwem verabschiedete: »Alles Gute, auch im persönlichen Leben!« Welches Leben es neben dem persönlichen noch geben sollte, ist mir bis heute ein Rätsel geblieben. Was er zu mir bei der Verleihung des Nationalpreises gesagt hat, habe ich vergessen. Vielleicht hat er gar nichts gesagt. Denn was hätte er mir auch sagen können? Wir kannten uns ja nicht. Dass er je einen Text von mir gelesen oder gehört hatte, halte ich für ganz und gar unwahrscheinlich. Dass er überhaupt mal in einem Kabarett war, kann ich mir nicht vorstellen. Zu seinen Vorlieben gehörte Satire bestimmt nicht. Er war eine ganz und gar ironiefreie Persönlichkeit.

Vom »persönlichen Leben« unseres Staatsratsvorsitzenden wusste man fast nichts. Und was gerüchteweise bekannt wurde, durfte weder gedruckt noch sonstwie öffentlich verbreitet werden. Er hauste mit den anderen obersten Parteiführern hinter den Mauern der Politbürosiedlung Wandlitz. Dass sie einander nicht ausstehen konnten, haben die entmachteten Greise dann übereinstimmend zu Protokoll gegeben. Ich hatte das immer vermutet. Der unbeschreibliche Wandlitzer Luxus aber, von dem in der Bevölkerung Wunderdinge erzählt worden waren, bestand – das wurde nach der Wende mit Empörung zur Kenntnis genommen – aus Messingmischbatterien in Bad und Küche. Gewöhnliche DDR-Bürger mussten sich mit solchen aus Kunststoff begnügen. Und sie tranken dort heimlich westliches Büchsenbier, während das Volk nur östliches Flaschen- oder Fassbier zu kaufen bekam. Auch Südfrüchte bekamen die hohen Genossen wohl mehr als wir, und Videorecorder hatten sie lange vor uns. Vielleicht aßen sie sogar Erdbeeren im Winter. Seit ich nun selbst weiß, wie die schmecken, fällt es mir schwer, sie im Nachhinein um solchen Luxus zu beneiden.

Fast jeder von ihnen besaß irgendwo im Wald ein mit allerlei Luxus, aber wenig Geschmack ausgestattetes Jagdgrundstück mit entsprechendem Wach- und Bedienungspersonal. Ihre Ferien verbrachten die obersten Genossen gewöhnlich, abgeschirmt von jeder Öffentlichkeit, auf einer winzigen Insel im Greifswalder Bodden. Dort waren sie einander ausgeliefert wie in Wandlitz. Das kann so sehr erholsam nicht gewesen sein. Wenn sie zur Arbeit fuhren, dann wurden sie in großen Westautos – Bonzenschleudern genannt – durch die für sie abgesperrten Straßen der

Hauptstadt befördert. Die Häuser an der »Protokollstrecke« waren, nur so weit die Augen der alten Genossen reichten, bunt angemalt. Was außerhalb ihres begrenzten Blickfeldes verfiel, mussten sie nicht mitansehen. Ist es ein Wunder, dass ihr DDR-Bild weit schöner war als das unsere?

Auch von einem »persönlichen«, also privaten Leben der neben Honecker führenden Genossen stand zumindest nichts in der Zeitung. Hier und da tauchten immer mal irgendwelche Gerüchte auf. So wurde dem einen oder andern nachgesagt, er sei Alkoholiker. Mich verwunderte es eher, dass sie das nicht alle wurden, da in ihrem Wandlitzer Altenheim. In den Medien strahlten sie farblose Langeweile aus. Was sie sagten, war so belanglos wie austauschbar. Nein, auch zu großen Bösewichtern fehlte ihnen das Format. Selbst Mielke wirkte nicht wie ein großer böser Staatssicherheitsminister, eher wie ein kleiner, böser Hauswart, der unter Verfolgungswahn litt.

Von Honecker wusste man gerüchteweise, dass er, bevor er seine Margot in zweiter oder dritter Ehe heiraten durfte, ein Parteiverfahren wegen Ehebruchs über sich hatte ergehen lassen müssen. Das Gerücht besagte ferner, dass dieses Parteiverfahren damals von einem Genossen geleitet wurde, der später erster Sekretär der SED-Bezirksleitung Leipzig geworden ist. Deshalb soll Honecker dann, als er oberster Partei- und Staatschef wurde, dafür gesorgt haben, dass der Bezirk Leipzig in der Mittelvergabe benachteiligt wurde. Was wiederum zur Folge gehabt haben soll, dass Leipzig mehr als andere Städte in der DDR dem Verfall preisgegeben wurde. Ob das alles mit jenem Parteiverfahren etwas zu tun hatte oder nicht, vermag ich nicht zu beurteilen. Aber dass ausgerechnet die Messestadt Leipzig zur Honecker-Zeit mehr verfiel als andere vergleichbare DDR-Städte, das war nicht zu übersehen.

Ich bin als Kind der hochschwangeren Margot Feist – das war

ihr Mädchenname – einmal begegnet. In den Fünfzigerjahren gab es in Dresden ein Pioniertreffen, zu dem ich »delegiert« wurde. Sie war damals so was wie unser Oberpionier. Jedenfalls durfte ich ihr – das war eine Auszeichnung – die Hand geben. Aufgefallen ist mir schon damals dieses gütig-wissende Lächeln, mit dem unsere führenden Genossen ihr tiefes Verständnis für die Sorgen der kleinen Leute zu erkennen gaben. Was mich – wie alle kleinen Leute – damals besonders beeindruckte, war natürlich, dass sie auch nichts Besonderes war und mir kleinem Finsterwalder Jungpionier die Hand gab, als sei das gar nichts Besonderes.

Viele Jahre später – sie war schon Volksbildungsministerin und ich Schauspieler am Berliner Kindertheater – habe ich sie einmal im Zuschauerraum des Deutschen Theaters in Berlin gesehen. Damals ging das Gerücht um, sie habe ein Verhältnis mit einem der Schauspieler dort. Auch von Erich Honecker gab es immer mal solche Gerüchte von kleineren Liebschaften. Das stand natürlich in keiner Zeitung und interessierte, soweit ich mich erinnere, auch kaum einen. Die Honeckers waren für uns – wie die anderen Spitzengenossen – reine Funktionsträger und sonst gar nichts. Schon damals war auch für DDR-Bürger jedes europäische Königshaus weitaus interessanter als die triste Kleinbürgerherrlichkeit der eigenen Landesfürsten.

Ganz anders verhielt es sich einst mit dem Interesse der Sachsen am Privat- und vor allem Liebesleben ihrer Monarchen. Der Kronprinz Friedrich August hatte seine spätere Gemahlin, Luise von Toscana, ausgerechnet da kennen gelernt, wo er nach seinem Sturz das Exil verbringen sollte – auf jenem Schloss Sibyllenort in Schlesien. Ihre Verlobung und erst recht ihre Vermählung 1891 in der Wiener Hofburg waren gesellschaftliche Ereignisse, die nicht nur von der sächsischen Öffentlichkeit mit dem gleichen Interesse verfolgt wurden wie heutzutage jede

Prinzenhochzeit im demokratischen Europa. Der biedere Sachse und die lebenslustige Wienerin aus dem Hause Habsburg galten als Traumpaar. Öffentlich gefeiert wurde auch die Geburt jedes der sechs Kinder des hohen Paares. Die Prinzessin erfüllte mit diesem reichen Kindersegen und ihrem ausgeprägten Wiener Charme alle Erwartungen, die man damals in eine künftige Landesmutter setzte.

Aber mehr als fürstliche Eheschließung und Kindstaufen erregte die sächsische Öffentlichkeit ein Skandal. Die sehr populäre, zukünftige Königin von Sachsen fing, nachdem sie ihrem Gatten die vielen Kinder geboren hatte, ein Techtelmechtel mit einem Klavierspieler und Komponisten aus Florenz an, einem Herrn Toselli. Während der Gemahl – vermutlich zur Jagd – in Schlesien oder auf Schloss Moritzburg weilte, soll sie sich mit ihrem Pianisten auf Schloss Pillnitz zum Liebesspiel getroffen haben. So eine Homestory stellte alle Politik in den Schatten. Schließlich floh die Ehebrecherin mit ihrem Liebhaber in die Schweiz und teilte dem Hofe per Depesche mit, dass sie nicht die Absicht habe, zu ihrem Gemahl nach Dresden zurückzukehren. Möglicherweise hatte sie nebenbei auch ein Verhältnis mit dem Hauslehrer ihrer Kinder. Nur von ihm, einem belgischen Sprachlehrer namens André Giron, war nämlich in der offiziellen Scheidungsverlautbarung des Hofes die Rede. Toselli wurde darin gar nicht erwähnt. In Dresden jedenfalls gab es – ähnlich wie später in London, als sich Lady Di und Prinz Charles trennten – die wildesten Gerüchte. Wie die Angelsachsen ihre Diana, so verehrten auch die Obersachsen ihre Luise von Toscana.

Man hielt sie nicht nur für intelligenter als ihren etwas einfältigen Mann. Von ihr erwartete man auch, dass sie mit ihren liberalen Ansichten Einfluss auf die reformfeindliche Politik des verknöcherten Dresdner Hofes nehmen würde. Als der von ihr verlassene Gemahl im Jahre 1904 schließlich König wurde, bildete sich sogar eine Art Bürgerinitiative, die lautstark Luises Rückkehr und ihre Anerkennung als Königin forderte. Für die entsprechende Petition hat man ganze 100 000 Unterschriften gesammelt. Die meisten sollen übrigens von Frauen gestammt haben. Überall im Handel tauchten »Luisen-Bilder« auf. 150 000 solcher Starpostkarten mit ihrem Bildnis sollen verkauft worden sein. In den Geschäften lagen ihre Fotos aus, bis die Polizei einschritt und die Devotionalien konfiszierte. Die Prinzessin musste auf ihre sächsische Staatsangehörigkeit verzichten. Als Gegengabe erhielt sie eine jährliche Leibrente von 40 000 Mark. Irgendwann haben die Sachsen sie dann wohl doch vergessen und schenkten all ihre Liebe nun wieder ihrem allein erziehenden Landes- und Familienvater. 1947 starb sie – vergessen und verarmt – in Brüssel.

Schon 1902 – kurz nachdem bekannt geworden war, dass Luise ihren Friedrich verlassen hatte – versammelten sich die Dresdner Landeskinder – statt über den gehörnten Ehemann zu lästern – in großer Anzahl auf dem Schlossplatz, um ihren künftigen Landesherrn nun erst recht hochleben zu lassen. Er zeigte sich pflichtgemäß auf dem Balkon des Schlosses, um für die Huldigung zu danken. Als ihn aber einer seiner Höflinge dann fragte, ob es nicht ein wunderbares Gefühl sei, so in der Gunst des Volkes baden zu dürfen, soll er – das berichtet eine weitere Anekdote – nur gesagt haben: »Escha, ich due den Leiten doch bloß leid.«

Sachsens Kriegshelden

Kaiser Wilhelm behandelte seinen »lieben sächsischen Bruder« immer etwas von oben herab. »Mehr August als Friedrich« hatte er spöttisch von ihm gesagt. Das hinderte den August aber nicht, seinem Wilhelm immer die Treue zu halten. Überhaupt verhielten sich die deutschen Fürsten damals ihrem obersten Vorsitzenden gegenüber kaum anders, als es später die Mitglieder des SED-Politbüros der DDR ihrem Kaiser Honecker gegenüber taten. Da konnten Erich der Einzige und Wilhelm der Zweite ihre Mitfürsten noch so brüskieren, die kleinen Fürsten duckten sich. Widerspruch war in beiden Systemen nicht vorgesehen – weder im Feudalsozialismus der DDR, noch im real-existierenden Kaiserreich. Vom eigenen Gottesgnadentum erfüllt, ließen die kleineren Führer keinen Zweifel an dem ihres jeweils obersten Chefs zu. Was zu Monarchiezeiten Gottesgnadentum hieß, nannte man im Realsozialismus dann die »Weisheit der Führung«.

Von den Kriegsvorbereitungen des Kaisers wusste der Sachsenkönig schon sehr früh, auch wenn er das später, als der Krieg verloren war, bestritten hat. Das haben gestürzte Herrscher so an sich. Auch Honecker hat nach seinem Sturz von nichts gewusst, was da in seinem Lande vorgegangen war. Die weitgehend realistischen Berichte der Staatssicherheit, die auf seinem Schreibtisch gelandet waren, hatte er nach eigener Aussage für reine Feindpropaganda gehalten. Denn was er da zu lesen bekam, stand ja ähnlich auch in der Westpresse.

Als Friedrich August seines Kaisers Kriegspläne im Jahre 1909 schriftlich vorgelegt bekam, schrieb er an den Rand: »Staatsgeheimnis. Würde es nicht gehalten, so Gefahr für das deutsche Reich möglich.« Er widersprach seinem Wilhelm nicht nur nicht, der populäre Bürgerkönig, den die Dresdner vor allem als treu sorgenden Familienvater erlebten, er sorgte sich insgeheim eifriger als andere deutsche Fürsten um die Aufrüstung. Er tat eben alles, um seinem großen Bruder in Berlin zu gefallen. Auch das hatte Honecker mit ihm gemeinsam. Bis Gorbatschow kam, versuchte er alles zum Gefallen seines großen Bruders in Moskau zu tun. Schließlich verdankte er seinen Aufstieg zum obersten SED-Chef dem Moskauer Generalsekretär Breschnew.

Gab es im Jahre 1906 ganze 29 Infanteriebataillone in Sachsen, so sorgte der König dafür, dass es 1913 schon 82 waren. Die Zahl der Feldbatterien erhöhte sich in derselben Zeit von 16 auf 62. Und weil er – wie sein oberster Kriegsherr auch – mit einer Art Blitzkrieg rechnete, also einem deutschen Sieg nach wenigen Wochen, kümmerte er sich nicht weiter um das Sanitätswesen. Das wäre dann – kurz nach Kriegsbeginn – auch beinahe zusammengebrochen, hätten die bayerischen Waffenbrüder nicht ausgeholfen.

Auch Honecker widersetzte sich als Vorsitzender des Nationalen Verteidigungsrates der DDR den militärischen Anordnungen seines großen Bruders in Moskau nicht. Von besonderem Aufrüstungseifer kann bei ihm aber kaum die Rede sein. Eher widerwillig stimmte er der Stationierung der SS-20-Raketen in der DDR zu, sprach sogar öffentlich von »Teufelszeug«. So sehr er militärische Aufmärsche, große Wachaufzüge und Marschmusik zu lieben schien, ein Kriegstreiber war er bestimmt nicht.

Aber die seiner Meinung nach als Friedensbewegung getarnte DDR-Opposition schien er genauso zu fürchten, wie man im »Roten Königreich Sachsen« einst die Kriegsgegner gefürchtet hatte. Bei der Probemobilmachung im Februar 1913 lag in Dresden bereits ein Verzeichnis der Personen bereit, »die bei Erklärung des verschärften Kriegszustandes zu verhaften sein werden«. Nach dem Krieg fand man die Pläne. Dabei stellte sich heraus, dass man in Sachsen die angeblichen oder tatsächlichen Kriegsgegner strenger überwacht und sich auf deren Internierung intensiver vorbereitet hatte als irgendwo sonst in Deutschland. Perfekter als in Preußen. In den Akten der Staatssicherheit fand man – knapp 80 Jahre später – ähnliche Listen von »feindlich-negativen Kräften«, die im Ernstfall in Internierungslager zu sperren wären.

Mein Dresdner Freund Wolfgang Schaller, mit dem ich ein halbes Jahr zuvor den Nationalpreis von Honecker überreicht bekommen hatte, rief mich im Frühjahr 1989 entsetzt an. Er hatte nicht nur von der Existenz solcher Listen erfahren, er wusste auch, dass er auf so einer Liste der zu Internierenden stand. Ich versuchte ihn mit der Vermutung zu trösten, dass ich sicher auch auf so einer Liste stehen würde. Aber das seien, meinte ich, doch nur Sandkastenspiele von verrückt gewordenen Stasileuten. Wir wären einfach zu viele.

Zu den geplanten Sicherheitsmaßnahmen kam es in der DDR nicht mehr, weil wir in der Tat zu viele geworden waren und die ganze DDR in sich selbst zusammenfiel. Im Königreich Sachsen war es auch nicht zu den geplanten Verhaftungen gekommen, weil unter der Kriegsbegeisterung der Landeskinder jeder Widerstand zusammengebrochen war. König Augusts Landeskinder marschierten geradewegs ins Massengrab, wir in die Bundesrepublik. Beides geschah mehr oder weniger ungewollt.

Mein Schwiegervater weilte bei Kriegsausbruch im fernen Taschkent. Sein Vater, der auf dem Leipziger Brühl einen Pelzhandel betrieb, hatte ihn ein Jahr zuvor dorthin geschickt. Er sollte in der Taschkenter Dependance einer befreundeten Leipziger Pelzfirma seine Ausbildung als »Pelzwarenmanipulant« vervollkommnen. Dort lernte er Russisch. Als ich ihn kennen lernte, hatte er noch Tolstois *Krieg und Frieden* in der Originalsprache in seinem Bücherschrank stehen und behauptete, den ganzen dicken Roman so auch gelesen zu haben.

Bei Ausbruch des Krieges wurde er von den russischen Behörden in Taschkent als feindlicher Ausländer interniert. Doch es gelang ihm, von dort zu fliehen. Ohne irgendwelche Papiere zu besitzen, gab er sich als russischer Offizier aus. Seine Sprachkenntnisse müssen also nahezu perfekt gewesen sein. Bei Kontrollen durch russische Militärpolizisten habe er großzügig Zigaretten verteilt, erzählte er. Da habe man ihn dann gar nicht mehr nach einem Ausweis gefragt. So gelangte er auf abenteuerlichen Wegen nach Petersburg, wo er sich in der amerikanischen Botschaft Ausreisepapiere verschaffte. Da er in New York geboren war, bekam er ohne Schwierigkeit einen amerikanischen Pass, der es ihm erlaubte, auf ebenso abenteuerlichen Umwegen über das neutrale Schweden und Italien in die USA zu reisen.

Dort ließ er sich in der kaiserlichen Botschaft einen deutschen Pass ausstellen, um nun endlich in die Heimat zurückzukehren und von hier aus für Kaiser, König und Vaterland wieder nach Russland in den Krieg zu ziehen. Die Fluchtgeschichte ließen wir uns alle immer wieder gern erzählen, und er erzählte sie mindestens so gern, wie wir sie hörten. Die Einzelheiten waren jedes Mal ein bisschen anders. Er war ein guter Erzähler und schmückte seinen Bericht immer wieder mit neuen Details. Als ich ihn einmal taktlos fragte, warum er denn nicht lieber im friedlichen New York geblieben sei, statt in so einen sinnlosen Krieg zu ziehen, erntete ich einen verächtlichen Blick. So etwas konnte nur ein vaterlandsloser Geselle fragen. Seine Tochter, die den Russischunterricht in der DDR nicht mochte, versuchte er mit dem Satz zu motivieren: »Man muss die Sprache seines Feindes kennen.«

Wie meinen Schwiegervater muss auch den sächsischen König der Kriegsausbruch überrascht haben, obwohl er von dessen Vorbereitung schon so lange wusste, ja sogar aktiv daran beteiligt war. Er befand sich gerade im Urlaub in Taufers und kehrte nun umgehend nach Dresden zurück. Am 2. August 1914, am zweiten Kriegstag also, schickte er als erster deutscher Fürst dem großen Bruder Wilhelm in Berlin ein Jubeltelegramm: »Es drängt mich, Dir zu sagen, dass meine Sachsen Dir kriegsbereit zujubeln.«

Er war 1912 vom Kaiser selbst in einer äußerst feierlichen Zeremonie zum Generalfeldmarschall des Deutschen Reiches ernannt worden. Nachdem ihm Kaiser Wilhelm den Marschallstab mit allem Pomp und militärischem Trallala überreicht hatte, soll er nur gesagt haben: »Danke schön! Was trinken wir denn nu da druff?« Trotz seines militärischen Ranges zog er selbst nicht in den Krieg. Als einziger deutscher Landesfürst übrigens. Er blieb in Dresden und ging – wofür die Dresdner ihn so liebten – am Sonntag mit all seinen Kindern in der Stadt spazieren, kehrte ins erstbeste Kaffeehaus ein und bestellte wie ein ganz gewöhnlicher Kaffeesachse »ä Schälchen Heeßen und ä Stickchen Eierschecke«. Seine wunderbare Begründung fürs Zuhausebleiben lautete, er wolle für alle Sachsen da sein, nicht nur für die Soldaten.

Natürlich besuchte er seine tapferen Kämpfer hin und wieder an der Front. Im ersten Kriegsjahr, als die Niederlage noch nicht abzusehen war, reiste er ganze sechsmal zu ihnen, um sie mit seiner königlichen Anwesenheit in ihrer Kriegsbegeisterung zu bestärken. Mit abnehmender Siegeszuversicht wurden dann allerdings seine Frontbesuche seltener, bei denen er ohnehin den Militärs eher im Wege gestanden haben soll. Als 1915 die sächsischen Truppen wegen ihrer militärischen Misserfolge vom obersten Heerführer unter preußisches Kommando gestellt wurden, tat das der Treue des Sachsen Friedrich August zu seinem Preußen-Kaiser keinen Abbruch. Als sich 1917 die militärische Lage immer weiter verschlechtert hatte, warf man ihm im Reichstag in Berlin sogar vor, im Salonwagen an die Front gereist zu sein und aus Prestigegründen bei seinen Visiten das Leben seiner Soldaten zu gefährden. Der König reagierte prompt – er ließ Weisung an die Presse erteilen, den Salonwagen künftig nicht mehr zu erwähnen.

Zu Reimanns Königsanekdoten gehört auch die von einem Lazarettbesuch im Jahre 1917. Da blieb Majestät am Bett eines Beinamputierten stehen, um ihn nach seinem zivilen Beruf zu fragen. »Sparkassenbeamter« lautete die Antwort. Darauf bemerkte der humorvolle Monarch: »Nu, da gönnse froh sein, dasse geen Landbriefträger sind.«

Von den fünf Millionen seiner Landeskinder fielen im Ersten Weltkrieg 212 783, verwundet wurden 334 000. Der König übernahm die Verantwortung, indem er jede Mitschuld an Krieg und Kriegsvorbereitung leugnete. Im offiziellen Hofjournal steht als letzte Eintragung vom 2. November 1918: »Morgens hat der König einen Ritt durch die Dresdener Heide unternommen, von 11.00 bis 12.30 Uhr im Schloss Regierungsgeschäfte erledigt und sich dann nach Wachwitz ins Wochenende zurückgezogen.« Auf seine Jagdausflüge hat er auch in den letzten Tagen des Krieges, die zugleich die ersten Revolutionstage waren, nicht verzichtet.

Dass mein Schwiegervater seinem König im Krieg begegnet wäre, ist schon deshalb ausgeschlossen, weil er sonst mindestens ebenso stolz davon erzählt hätte wie von seiner ersten Begegnung zehn Jahre zuvor in Leipzig. Er konnte ja auch infolge russischer Internierung und wegen der langen Fluchtwege erst relativ spät ins Feld ziehen. Als Freiwilliger Offiziersanwärter. Dass ihm das überhaupt gelungen war, erfüllte ihn auch 50 Jahre später noch mit sichtlicher Genugtuung. Von irgendwelchen Schrecken des Krieges an der Ostfront hat er nichts erzählt. Dass er und seine Kameraden schon manchmal Angst vor den Russen gehabt hätten, gab er zu. Da aber die Angst der Russen vor den deutschen Soldaten noch viel größer gewesen sei, konnte er sie mit seinen tapferen Leuten doch meist in die Flucht schlagen. Nach allem, was ich von ihm hörte, hatte er sein schlimmstes Kriegserlebnis erst zu Kriegsende, als ihm nämlich diese

»selbsternannten« Soldatenräte auf dem Leipziger Hauptbahnhof die Rangabzeichen von der Uniform rissen.

Die aus solcher Insubordination entstandene Weimarer Republik konnte er natürlich lange Zeit nicht akzeptieren. Als enttäuschter Frontkämpfer war er dem ganz und gar nicht republikanisch gesinnten »Stahlhelm« beigetreten und hatte sich am Kapp-Putsch beteiligt. Wenn er davon – meist ganz am Rande – erzählte, saß ich ziemlich sprachlos dabei. Vieles, wovon er sprach, kannte ich ja aus dem Geschichtsbuch. Da allerdings waren Gut und Böse, Richtig und Falsch ganz anders besetzt als in seinen Erzählungen.

Wäre das nicht mein weltläufiger Schwiegervater gewesen, den ich inzwischen als friedfertigen, gebildeten und durchaus toleranten Mann kennen gelernt hatte, er hätte für mich das Bild des Reaktionärs par excellence abgeben müssen, wie er in meinem Geschichtsbuch stand. Aber ich sah ihn – wie alle im Leipziger Haus – als »guten Bürger« und wunderbaren Geschichtenerzähler, der mit manchen schrulligen Ansichten ein bisschen aus der Zeit gefallen war.

Die richtige und die falsche Seite

Seit ich weiß, was mir so alles hätte passieren können, bin ich sehr misstrauisch, wenn einer über anderer Leute Versagen spricht und meint, das hätte ihm nicht passieren können. Nachdem ich in der DDR gelernt hatte, über die Mitläuferei und Angepasstheit unserer Eltern in der Nazizeit den Kopf zu schütteln, musste ich nach 1989 lernen, den Kopf über mich und meinesgleichen zu schütteln. Das hat mich – schon aus Selbsterhaltungstrieb – nachsichtiger gemacht, wenn ich von anderer Leute Vergangenheit höre. Die Erkenntnis der eigenen Gewöhnlichkeit kann einen eben auch außergewöhnlich vorsichtig im Urteil über andere machen. Mein Gott, was hatte ich mir zu DDR-Zeiten darauf eingebildet, das Maul etwas weiter aufgerissen zu haben als andere, eben nicht immer nur geschwiegen zu haben, wo andere um lächerlicher Vorteile willen oder einfach nur aus Feigheit das Maul hielten. Nur zu gern hatte ich mich für einen Mut bewundern lassen, der nichts kostete. Schließlich kannte ich doch die Grenzen meiner Narrenfreiheit, die ich – bewusst oder unbewusst – letztlich nicht überschritten habe.

Und nun musste ich mich plötzlich selbst fragen: Was habe ich alles mit mir machen lassen? Oft genug ohne überhaupt zu merken, dass ich da – zuerst vielleicht ganz empört, dann aber höchstens noch resigniert – Dinge mit mir geschehen ließ, die man als mündiger Bürger nie hätte hinnehmen dürfen. Aber als ich dann das Kopfschütteln der vollmundigen Bundesbürger über mich und meinesgleichen sah, erkannte ich mich wieder. So selbstgewiss hatte ich auch mal über andere geurteilt.

Die Ausrede, dass man in der DDR ja doch nichts machen konnte, kann ich für mich nicht in Anspruch nehmen. Zu den deprimierendsten Erfahrungen der Nachwendezeit gehörte die triste Erkenntnis, dass ich viel weniger mutig war, als ich mir eingebildet hatte. Dass ich eben nicht der konsequente Widerständler war, als der ich mir manchmal vorgekommen war, wenn ich Dinge öffentlich aussprach, die sonst kaum einer zu sagen wagte. Das waren die glücklichen Momente, die einem natürlich im Gedächtnis bleiben. Der Alltag war anders. In den 40 Jahren DDR hatte ich mich eben wie andere auch ganz unmerklich an viele Beschränkungen, an diese schleichende Entmündigung gewöhnt, die ich nie hätte akzeptieren dürfen. Ich habe manches sogar gegen besseres Wissen nach außen verteidigt. Bin treu zur »Volkswahl« gegangen und habe mir noch etwas darauf eingebildet, die Wahlkabine zu betreten, also den Stimmzettel nicht einfach zu falten und in die Urne zu werfen, wie es Usus war. Im Grunde war meine Rolle, ohne dass ich das merkte, oft genug eher die eines nützlichen Idioten. Die Leute, die zu uns ins Kabarett kamen, gingen danach ja nicht etwa auf die Barrikade. Im Gegenteil, sie waren wie wir froh darüber, dass ein paar Dinge ausgesprochen worden waren, die nicht in der Zeitung standen. Unser ganzes Kabarett war ein Ventil für den ständig wachsenden Unmut der Leute. Mehr war es nicht. Das sage ich mir im Nachhinein. Damals war auch für mich vieles einfach so, wie es eben war, weil es so lange so war. Der Ärger über die allgegenwärtige Zensur, der ständige Kampf mit ihr gehörten für mich zu meinem Leben in der DDR wie für andere Leute der Frust über fehlende Ersatzteile. Das war eben so. Man regte sich auf wie alle und regte sich genauso wieder ab. Man verzweifelte manchmal, aber am Ende fand man sich immer wieder ab. Das ist keine Entschuldigung, wohl aber eine Erklärung. Die DDR war unser Schicksal. Dass ich sie einmal überleben würde, konnte ich mir nicht vorstellen.

Hinzu kommt, dass mir die Summe der Ungerechtigkeiten auf beiden Seiten ähnlich groß schien. Die DDR war – so schlimm manches auch gewesen sein mag – eben nicht einfach das Reich des Bösen. Der bis zum Mauerfall dauernde Kalte Krieg wurde nicht von Gut gegen Böse geführt, sondern von zwei grauen Machtblöcken. Gelogen wurde auf beiden Seiten. Im Westen nicht ganz so offensichtlich wie bei uns. Wir waren nicht nur die unterdrückten, Not leidenden Opfer, die in Geiselhaft gehalten wurden. Auch in der DDR wurden wir schließlich nicht gelebt. Wir haben gelebt.

Es war meine Entscheidung, dort zu bleiben, weil ich meinte, dort gebraucht zu werden. Da störte ich wenigstens. Das bekam ich oft genug zu spüren, und das gab mir das schöne Gefühl einer Daseinsberechtigung und einer Wichtigkeit, die ja nicht nur eingebildet war. Als man mir einmal unverblümt die Ausreise mit der ganzen Familie anbot, habe ich empört, aber auch geschmeichelt abgelehnt. Mich sollten sie – wenn schon – rausschmeißen. Freiwillig wollte ich nicht gehen. Aber nicht einmal das haben sie getan. Also so gefährlich, wie ich mir manchmal vorgekommen war, kann ich nicht gewesen sein. Ich nicht für das System, und das System für mich auch nicht.

Die Wende ertappte mich dann folgerichtig auf der falschen Seite. Dass Leute wie ich immerhin ein bisschen mitgeholfen hatten, diese Wende herbeizuführen, änderte nichts daran, dass wir hier geblieben und immer wieder Kompromisse eingegangen waren, über die unsere kompromisslosen West-Satire-Brüder und -Schwestern nur den Kopf schütteln konnten. Wir hatten in der Sklavensprache geschrieben, unsere windelweichen Halbwahrheiten durch die Blume der Zensur geflüstert, während sie alles riskierten und ihre knallharten Wahrheiten kompromisslos in eine schockierte Öffentlichkeit schleuderten. Die Journalisten, die uns einst für unseren Mut zu Diktaturzeiten gar nicht laut genug loben konnten, was uns hier nur immer zusätzlichen Ärger mit unseren Aufpassern einbrachte, entdeckten bald nach der Wende unsere zimperliche Weinerlichkeit. Ost-Literatur und -Kunst ganz allgemein wurde endlich von denen, die sie hochgelobt hatten, als das entlarvt, was sie schon immer war – überschätzt, angepasst, staatsnah.

Vor allem aber wird uns zum Vorwurf gemacht, dass wir die Einheit nicht wirklich wollten. Und das stimmt sogar. So, wie sie dann förmlich vollstreckt wurde, wollten viele von uns die Einheit nicht. Eben keinen bedingungslosen Anschluss an die alte Bundesrepublik. Dass der nicht gut gehen konnte, haben wir zumindest geahnt. Hier sind ja nicht nur zwei sehr unterschiedliche Landesteile zusammengeschmissen worden, hier hat man Menschen mit geradezu konträren sozialen Erfahrungen in einen Topf geworfen und wundert sich immer noch, dass sie nicht längst zusammengefunden haben. Statt erst mal die Unterschiede zur Kenntnis zu nehmen, sollte über Nacht zusammenwachsen, was sich so viele Jahrzehnte auseinander gelebt hatte. Statt aufeinander zuzugehen, sollten wir Ostdeutschen in einer ganz und gar unveränderten Bundesrepublik aufgehen. Das System DDR hatte abgewirtschaftet. Daraus zog man den Kurzschluss, dass das System Bundesrepublik keiner Veränderung mehr bedurfte. Es wurde bis zur letzten Durchführungsbestimmung auf den Osten übertragen.

Das ließen die Ostdeutschen zunächst nicht nur widerspruchslos mit sich geschehen, das forderten sie lautstark auf den Straßen: »Helmut, nimm uns an die Hand und führ uns ins gelobte Land!« Dieser Satz stammt nicht aus einem Kabarettprogramm. So was riefen erwachsene Menschen unter wehenden Fahnen auf Sachsens Straßen. Alles, was DDR war oder auch nur an sie erinnerte, sollte so schnell wie möglich verschwinden. Damit wollte man nie wieder etwas zu tun haben. Unter anderem auch aus Scham darüber, dass man an dieser Vergangenheit auf der falschen Seite mehr, als einem jetzt lieb sein konnte, beteiligt war. Den schwarz-rot-goldenen Fahnen mit dem herausgeschnittenen DDR-Emblem sah man an, dass da ein Loch entstanden war, in das man noch mal fallen würde.

Als man sich dann von fast allem verabschiedet hatte, was einen an die eigene Vergangenheit noch hätte erinnern können, fehlte etwas. Auch denen, die da so laut nach Helmuts führender Hand gerufen hatten. Nachdem die DDR-Spuren weitgehend beseitigt waren, kam dann der zuerst zaghaft geäußerte Spruch auf: »Es war nicht alles schlecht in der DDR.« Weil man nun nämlich feststellte, dass auch in der Bundesrepublik nicht alles gut war. Und je weniger die reale Bundesrepublik dem vom Werbefernsehen geprägten Bild der Ostdeutschen von ihr entsprach, desto größer wurde nicht nur die Enttäuschung. Es kamen die eben noch verdrängten Erinnerungen an eine DDR auf, die nun – so plötzlich wie vorhersehbar – gar nicht mehr ganz schlecht war. Im Gegenteil. Was waren wir damals doch für ein warmherziges Kollektiv! Da gab es solchen Egoismus gar nicht wie jetzt in dieser Ellenbogengesellschaft. Da hat man einander geholfen, wenn Not am Manne war. Jeder hatte seinen Arbeitsplatz. Die Rente war niedrig, aber sicher. Auf sein Auto musste man zwar lange warten, aber umso größer war dann die Freude, wenn man es abholen konnte. Man lebte so ruhig, ohne Angst und ohne alle Schuldgefühle. Aus der Politik konnte man sich heraushalten. Je weiter die DDR zurückliegt, desto schöner werden die Erinnerungen an sie. Noch sind wir nicht so weit, dass unter Honecker alles besser war. Aber unsere Kathi Witt macht uns keiner nach.

Der normale Westdeutsche kann über diese anhaltende Ostalgie-Welle, soweit er bei der *SUPERillu* nicht sein Geld macht, nur den Kopf schütteln. Er braucht sich nicht an eine versunkene Welt zu erinnern. Seine Welt ist ja nicht untergegangen. Die ist noch da wie eh und je. Sie wäre auch heute noch so gesund wie in Wirtschaftswunderjahren, müsste der Westen nicht immer noch so viel Geld in das Milliardengrab Ost stecken. Für Leute, die mit Geld einfach nicht umgehen können. Das ist nämlich der wahre Grund dafür, dass jetzt sogar der Westen Gefahr läuft, in den wirtschaftlichen Abgrund gezogen zu werden. Der Aufbau Ost wurde zwar ausschließlich von westdeutschen Politikern und Wirtschaftsfachleuten organisiert. Aber auf die Erfahrungen der Eingeborenen hatte man einfach verzichten müssen, weil die nun mal keine Ahnung von einer florierenden Marktwirtschaft hatten. Dabei hatte man ihnen doch von Anfang an gesagt, wie man ganz schnell zu blühenden Landschaften kommt: Ärmel aufkrempeln und zupacken. Trotz so lebensnaher Ratschläge ist der Osten bis heute nicht aus dem Knick gekommen.

Noch immer weiß der Fachmann im Westen, was der Laie im Osten unter seiner Anleitung falsch macht. Als Ostdeutscher wird man auch heute noch das Gefühl nicht los, wie ein unmündiger Patient behandelt zu werden, dem kundige Fachärzte erst sagen müssen, wo es ihm wehtut, und die deshalb natürlich auch viel besser wissen, was ihm zum Gesundwerden fehlt. Dem gesunden Westdeutschen aber braucht man nur immer wieder mitzuteilen, wie viel er für den kranken Ostdeutschen bezahlen muss, damit er den endlich von Herzen lieben lernt.

Wer hier heute überhaupt noch von der DDR spricht, gerät sofort in den Verdacht, sie wiederhaben zu wollen. Im Gegenzug wird alles, was im Osten des vereinigten Deutschland nicht klappt, von denselben Leuten, die uns Nostalgie vorwerfen, als Folge unserer DDR-Vergangenheit erklärt. Die zunehmende Gewaltbereitschaft im Osten hat ihre Ursache nicht etwa in der zunehmenden Jugendarbeitslosigkeit und in allgemeiner Perspektivlosigkeit unserer heutigen Gesellschaft. Ursache ist vielmehr, um das primitivste Beispiel zu nennen, das kollektive Getöpft-worden-sein in der DDR-Kinderkrippe, die Unterdrückung der Individualität im Bildungswesen von damals. Und je mehr man dieser Vergangenheit anlastet, desto leidenschaftlicher wird sie jetzt von denen verteidigt, die sie erlebt und erlitten haben.

Vielleicht ist die DDR eben, gerade weil man sie aus den verschiedensten Gründen so schnell vergessen und am liebsten ungeschehen machen wollte, nicht aus den Köpfen zu kriegen. Sie ist noch längst nicht »erzählt«. 17 Millionen Menschen kann man nicht einfach über Nacht assimilieren. Auch nach dem Krieg brauchte es sehr lange, bis wir mit den Umsiedlern –

so hießen bei uns die Vertriebenen – und sie mit uns einigermaßen zurande kamen. Die waren damals ja auch nicht mit so offenen Armen empfangen worden, wie man das heute gern behauptet. Und sie haben auch selbst lange genug »gefremdelt«. Warum sollen Ost- und Westdeutsche sich heute nicht auch noch manchmal fremd sein? Das muss kein Nachteil sein. Wir müssten nur akzeptieren, dass der andere von der anderen und nicht von der falschen Seite kommt. Und für diese andere Seite müssten wir uns natürlich auch interessieren, gerade für das, was da anders war und deshalb vielleicht noch ist.

Ich weiß ja, diesen ganzen Ost-West-Kram können viele schon nicht mehr hören, gerade weil er noch längst nicht aufgearbeitet ist. Es stimmt, dass die Zukunft wichtiger ist als alle besonnte oder verteufelte Vergangenheit. Aber damit wir wenigstens die Zukunft einmal gemeinsam haben, müssen wir das, was uns gegenwärtig noch trennt, erst mal zur Kenntnis nehmen. Und zwar ohne die Seiten wechseln zu müssen.

Die Russen kommen

Als die Russen in Finsterwalde kampflos einmarschierten, war ich gerade vier Jahre alt. Das Bild, das ich von ihnen hatte, stammte von den Plakaten, die ich vor ihrem Einmarsch überall in der Stadt gesehen hatte. Darauf waren sie als finstere Untermenschen dargestellt, mit Furcht erregenden Mongolengesichtern und einem Messer zwischen den Zähnen. Dass die wirklichen Russen auf den Straßen von Finsterwalde diesem Bild dann doch nicht ganz entsprachen, änderte lange Zeit nichts an den Gefühlen, die wir für sie beziehungsweise gegen sie empfanden. Sie waren die Verkörperung des Bösen für uns.

Als Fünfjähriger sah ich, wie sie einen Deutschen durch die

Stadt jagten und erschossen. Es wurde erzählt, der Deutsche sei ein SS-Offizier gewesen. Was das war, wusste ich nicht. Aber dass man sich vor den Russen in Acht zu nehmen hatte, das wusste ich. Immer wieder gab es Gerüchte, dass sie den oder jenen »abgeholt« hätten, um ihn nach Sibirien zu verschleppen. Dass sie Uhren und Fahrräder klauten, wurde überall erzählt.

Als meine Mutter dann, um uns zu ernähren, für die Russen nähte, lernte ich ein paar von ihnen als fast normale Menschen kennen. Das wären die guten Ausnahmen, die es überall gäbe, hieß es. Sie waren ausgesprochen freundlich zu Kindern, schenkten uns immer mal ein Stück Brot und lächelten uns zu. Manchmal aber zogen sie betrunken in Horden durch die Stadt, und wir sahen aus sicherer Entfernung zu, wie brutal die russische Militärpolizei auf die eigenen Soldaten einprügelte. Alle persönlichen Kontakte zwischen Russen und Deutschen waren – über solche Dienstleistungen wie Nähen hinaus – verboten.

Trotzdem hatte sich eine Freundin meiner Mutter heimlich mit einer russischen Offiziersfamilie angefreundet. Das waren, sagte sie, gute Russen, gebildet und zivilisiert wie Deutsche. Der Mann sprach sogar fließend Deutsch.

Als wir sie einmal besuchten – heimlich natürlich –, traf ich zum erstenmal einen russischen Jungen in meinem Alter. Er hatte viele schöne Buntstifte und malte damit schreckliche Kriegsbilder. Ich hatte inzwischen gelernt, dass man als gutes deutsches Kind friedliche Blumen und Blätter zu malen hatte. Vor seinen Bildern erschrak ich. Da waren russische Flugzeuge zu sehen, erkennbar am roten Stern, die deutsche Hakenkreuzpanzer bombardierten. Die Deutschen malte er mit schrecklich verzerrten Fratzen. Meist liefen sie vor seinen schön gemalten Russen ängstlich davon.

Die Familie verschwand bald wieder aus Finsterwalde. »Nach Sibirien«, sagte die Freundin meiner Mutter. Die wenigen guten

Russen wurden wie die vielen armen Deutschen von den bösen Russen in die Verbannung geschickt. Von bösen Deutschen hörte ich nichts. Wenn man damals in Finsterwalde von Verbrechen sprach, waren sie immer nur von Russen oder marodierenden polnischen Zwangsarbeitern verübt worden. Was ein Zwangsarbeiter war, wusste ich nicht. Die Finsterwalder Nachkriegswelt war ganz und gar nicht heil. Aber man wusste genau, wer gut und wer böse war. Zu den gehassten russischen Besatzern kamen bald ihre deutschen Helfershelfer hinzu. Das waren die Kommunisten. Darunter konnte ich mir lange Zeit nichts vorstellen. Auf der Straße erkannte man sie nicht, und in unserem engeren Bekanntenkreis gab es sie nicht.

Als ich etwas älter war, erfuhr ich von meiner Mutter, dass ihr eigener Vater so ein Kommunist sei. Sie sagte das mit deutlicher Verachtung. Zuerst sei er Sozialdemokrat gewesen, kurz vor 33 Kommunist geworden, und schon ein paar Jahre später sei er in die NSDAP eingetreten. »Und jetzt spielt er wieder den Kommunisten. Werdet bloß nie wie euer Großvater!« Diesen Satz habe ich noch heute im Ohr. In eine Partei einzutreten, das galt bei uns geradezu als unsittlich.

Erst sehr viel später erfuhr ich, weshalb mein Großvater wahrscheinlich in die Nazipartei eingetreten war. Er hieß Grünberg und stand wegen seines Namens im Verdacht, jüdischer Herkunft zu sein. Im Zuge der von den Nazis geforderten Ahnenforschung gelang es ihm mit einem Trick, seine »arische« Herkunft zu beweisen. Schon sein Großvater – das hatte er schriftlich – war selbstständiger Schuhmachermeister in Berlin gewesen. Handwerksmeister durften Juden nach den Zunftgesetzen seinerzeit nicht werden in Deutschland. Außer in Preußen. Diese Ausnahme war den Nazis entgangen. Eine solch liberale Gesetzgebung hatten sie ihrem Friedrich, den sie den Großen nannten, nicht zugetraut.

Mein Schwiegervater, der Pelzhändler vom Brühl, war nie in der NSDAP. Aber sich vor den Russen zu fürchten, hatte er allen Grund. Er hatte nämlich wegen seiner ausgezeichneten Russischkenntnisse im Krieg ein Regiment übergelaufener Armenier und Aserbaidschaner befehligt. Wäre er der Roten Armee in die Hände gefallen, hätte er mit der Todesstrafe rechnen müssen. Für ihre Überläufer und deren Kommandeure kannten die Russen nach dem Krieg kein Pardon.

Er hatte Glück. Nach der Kapitulation 1945 war er mit seiner Truppe, aus Frankreich kommend, in Bayern gelandet. Von dort konnte er sich zu Fuß nach Leipzig retten. Die Stadt war anfangs von Amerikanern besetzt. Vor denen musste er sich weit weniger fürchten als vor den Russen. Englisch war ja sozusagen seine Muttersprache, und nach amerikanischem Recht besaß er sogar noch die US-Staatsbürgerschaft. Als aber dann die Amerikaner Sachsen geräumt hatten und die Russen einzogen, war er in höchster Gefahr. Seiner Verhaftung entkam er nur dank der Geistesgegenwart seiner treuen Haushälterin. Sie wohnte zu jener Zeit noch im Haus der Familie, in dem ich später meine Studentenbude haben sollte. Als die russische Militärpolizei am frühen Morgen an der Haustür klingelte, öffnete sie und erkannte sofort die Gefahr. Sie schrie, so laut sie konnte, dass der gesuchte Herr Praetorius nicht im Hause sei. Bevor die Soldaten eindrangen, gelang es ihm, durch das Schlafzimmerfenster und den Garten hinterm Haus zu fliehen. Die Geschichte dieser wundersamen Rettung durch die zeternde Haushälterin gehörte zum reichhaltigen Repertoire der immer wieder gern erzählten Familiengeschichten.

Die Haushälterin war als junges Fräulein – sie bestand auch im Alter darauf, Fräulein genannt zu werden – in die Familie gekommen und blieb ihr bis zu ihrem Tode treu. Für meinen Schwiegervater schwärmte sie geradezu. In seiner schicken

Uniform sei er im Krieg der schönste Mann der ganzen Straße gewesen, hat sie mir erzählt. Jetzt nannte sie ihn stolz den »Chef«. Wenn sie einer ihrer manchmal kuriosen Behauptungen Nachdruck verleihen wollte, fügte sie in ihrem konsequenten Leipziger Sächsisch nur hinzu: »Das is orwiesen – dr Chef sacht's ooch!« Damit war jeder Widerspruch von vornherein sinnlos. Die Autorität des Chefs stand für sie außerhalb jeden Zweifels.

Auf dem Dachboden des Leipziger Hauses befand sich, versteckt hinter allerlei ausrangierten Möbeln und Gerümpel eine große Holzkiste. Darin und in einem Schrank auf halber Treppe lag alles, was mein Schwiegervater von seiner militärischen Karriere aus dem Ersten und Zweiten Weltkrieg gerettet hatte – Uniformen, Rangabzeichen, Orden, Ehrensäbel, alles, was ihm lieb und teuer war. Die Enkel hatten die Schätze beim Herumstöbern entdeckt. Dass sie so gern und oft mit seinem Allerheiligsten spielten, wussten alle im Haus, bis auf ihn selbst natürlich. Nicht einmal die Haushälterin regte sich darüber noch auf. Sie sagte nur: »Basst bloß off, dass dr Chef euch nich erwischt. Dann gönndr was erläbn!«

Dass er sich nach dem Krieg, nachdem er der Verhaftung durch die Russen nur knapp entgangen war, von seinen militärischen Erinnerungsstücken nicht getrennt hat, zeigt, wie wichtig ihm diese Insignien seiner soldatischen Karriere gewesen sein müssen. Zu Zeiten der Weimarer Republik war er als Frontsoldat des Ersten Weltkrieges Mitglied des deutsch-national geprägten »Stahlhelm« geworden. Als dieser Stahlhelm 1933 in der SA aufgehen sollte, hat er sich allerdings nicht übernehmen lassen. Von den wenigen »echten Nazis« in der Familie sprach er immer mit Verachtung. Aber in der Naziwehrmacht zu dienen, das war eine patriotische Selbstverständlichkeit für ihn.

Als ich ihn kennen lernte, war er für einige Zeit Mitglied der LDPD, einer der lächerlichen DDR-Blockparteien. Auf meine verblüffte Frage, wie sich das denn zusammenreime, antwortete seine Frau achselzuckend: »Es gibt eben Männer, die immer irgendwo drin sein müssen.«

Wenn es mal wieder anders kommt

Ich war noch Kind, und der Krieg war erst ein paar Jahre vorbei, da hörte ich diesen Satz zum ersten Mal, der eigentlich ja nur ein Halbsatz ist, aber als ganze Drohung gemeint war: »Wenn es mal wieder anders kommt!« Was das damals in der »SBZ«, der sowjetisch besetzten Zone, bedeuten sollte, war klar: Wenn die Kommunisten abgewirtschaftet hätten, dann würde man mit ihnen abrechnen. Das war eine Warnung an alle, die vielleicht vorhatten, mit denen gemeinsame Sache zu machen. Diese Warnung wurde damals nicht laut ausgesprochen, aber zu Hause und im Bekanntenkreis hörte ich sie häufig. Damals glaubten in Ostdeutschland noch viele, dass sich das »Russensystem« nicht halten würde. Schließlich hatte man mit der Niederlage Nazideutschlands ja gerade erst erlebt, von wie kurzer Dauer auch ein tausendjähriges Reich sein konnte. Mit dem hatte man sich – das war einem zumindest im Unterbewusstsein noch klar – etwas zu sehr eingelassen. Anfangs hatte man zwar auch von den Nazis gedacht, dass sie sich nicht halten würden. Aber dann hielten die sich doch, und man musste sich eben arrangieren und irgendwie mitmachen. Natürlich nur dem äußeren Anschein nach. Dass es in Finsterwalde aktive Nazis gegeben hätte, davon habe ich nie etwas gehört.

Die Lehre, die man nun aus den jüngsten Erfahrungen zog, lautete nicht etwa: »Nie wieder Nationalsozialismus.« Man sagte vielmehr: »Nie wieder Politik.« Denn wie schnell man jetzt schon wieder auf die falsche Seite hätte geraten können, sah man ja sehr bald. Am 17. Juni 1953. Hätten nicht die sowjetischen Panzer eingegriffen, wäre doch schon wieder Schluss gewesen mit der kommunistischen Herrschaft in Deutschland. Da hielt man sich besser zurück und wartete ab für den Fall, dass es »mal wieder anders kommen würde«.

Auch später – die Mauer war gebaut, die Welt eingeteilt in Ost und West – hörte ich den Satz immer mal wieder und sagte ihn auch selbst. Aber das war jetzt nur noch reine Ironie. Adenauer hatte den Osten längst aufgegeben. Er wollte »lieber das halbe Deutschland ganz, als das ganze halb«. Die deutsche Zweistaatlichkeit gehörte lange vor der diplomatischen Anerkennung der DDR zur europäischen Normalität. Der französische Nobelpreisträger François Mauriac hatte es auf den Punkt gebracht: »Ich liebe Deutschland so sehr, dass ich froh bin, dass es zwei davon gibt.« Der Westen hatte uns aufgegeben. Man musste sich da, wo man war, einrichten. Wer jetzt noch davon sprach, dass es mal wieder anders kommen könnte, der machte sich lächerlich. Zu den wenigen, die so etwas trotzdem noch ernsthaft aussprachen, gehörte mein Schwiegervater. Aber der behauptete ja auch, unterm Kaiser sei alles besser gewesen. Er war einfach von gestern, ein »ewig Gestriger«. Nein, wir Realisten wussten, noch kurz bevor die Mauer fiel, ganz genau, was die Realitäten waren in Europa. Dass er die Wende, an die er so ganz allein so lange geglaubt hatte, nicht mehr selbst erleben durfte, war tragisch.

Er hatte im Laufe seines langen Lebens so viele Wenden erlebt und – vom Standpunkt der jeweiligen Sieger betrachtet – immer auf der falschen Seite gestanden. Die erste war jene Novemberrevolution nach dem ersten verlorenen Weltkrieg. Da hatte sein König Friedrich August von Sachsen, angesichts der revoltierenden Landeskinder noch konsterniert gefragt: »Derfen die denn das?« Mein königstreuer Schwiegervater fand natürlich, dass die das nicht durften. Auch als sein König mit der weisen Bemerkung »Macht eich eiern Dreck alleene« schon aufgegeben und der Kaiser sich nach Holland abgesetzt hatte, gab er nicht auf, sondern schloss sich dem Stahlhelm an. Jetzt versuchte er noch mit Leuten wie Kapp und Ludendorff die ganze Revolution rückgängig zu machen. Nachdem das schief gegangen war, kehrte er in sein bürgerliches Leben zurück und fand sich schließlich mit den demokratischen Verhältnissen der Weimarer Republik ab. Die Linken warfen dieser Republik vor: »Der Kaiser ging, die Generäle blieben«, aber gerade das hat meinen Schwiegervater wohl mit dieser Republik versöhnt.

Die zweite Wende, Hitlers Machtergreifung, hielt er zunächst nur für eine Geschmacksverirrung, die sich schnell von selbst erledigen würde. Ein Gefreiter als Führer, schon das konnte gar nicht seinen Vorstellungen von geordneten Verhältnissen entsprechen. Aber nachdem die gesamte deutsche Generalität sich diesem Gefreiten gefügt hatte, gab es für ihn offenbar keinen Grund mehr, das nicht auch zu tun. Er wurde wieder – was er so gerne war – Soldat und tat, was er für seine selbstverständliche Pflicht hielt: Er verteidigte sein Vaterland – was auch immer daraus geworden war.

Die dritte, für ihn vermutlich schlimmste aller Wenden, war dann die bedingungslose Kapitulation der deutschen Wehrmacht im Mai 1945 und die Machtübernahme durch die Kommunisten in Ostdeutschland. Dass er nicht in den Westen gegangen war wie die meisten aus der Familie, hat mich immer gewundert. Veränderungen hat er ja auch in seiner persönlichen Umgebung nie geliebt. Aber die Veränderungen, die ihn jetzt in Leipzig erwarteten, waren doch viel einschneidender, als es ein Umzug nach München oder Stuttgart hätte sein können. Dass er blieb, lag entweder einfach nur an seinem Beharrungsvermögen oder eben wirklich an seiner festen Überzeugung, dass sich der kommunistische Spuk irgendwann von selbst auflösen würde. Zum ersten Mal sollte er – gegen alle weltpolitische Logik – Recht behalten. Und ausgerechnet diese Wende durfte er nicht mehr erleben.

Wir besserwisserischen Zweifler erlebten nun, was wir nicht für möglich gehalten hatten – eine deutsche Wiedervereinigung ohne Wenn und Aber. Und was taten wir? Wir mäkelten nur herum, wollten keinen »Anschluss unter dieser Nummer«, nämlich nach dem Artikel 23 der Verfassung der Bundesrepublik Deutschland. Der sah unseren bedingungslosen Beitritt zur Bundesrepublik vor, eine einfache Rückgabe ohne Entschädigung. Wir Kleinmütigen hatten zwar unsere Regierung noch selbst gestürzt und damit die Voraussetzung für die ganze Vereinigung geschaffen, aber die Bedingungen, zu denen sie dann erfolgte, legten andere fest. Der formal ausgehandelte Einigungsvertrag beruhte auf einer innerwestdeutschen Übereinkunft. Bundesminister Schäuble verhandelte im Beisein von DDR-Staatssekretär Krause mit sich selbst. Und eine überwältigende Mehrheit der Ostdeutschen war mit allem einverstanden, wenn man nur schnell genug an die D-Mark kam. Sie würde – daran glaubte man fest – alle Probleme lösen.

»Wenn es mal wieder anders kommt«, gehörte dann zu den ersten Witzen nach dieser vorläufig letzten Wende in Ostdeutschland. Dass es jetzt noch mal anders kommen könnte, daran glaubten selbst die höheren Stasi-Offiziere in meiner Nachbarschaft nicht mehr. Mit Kreide hatten sie hier noch Anfang 1990 an eine Häuserwand geschrieben: »DDR – wann setzt du dich endlich zur Wehr?« Aber das waren jetzt die Ewiggestrigen, die sich vor dem Volkszorn verstecken mussten. Über sie wurde dann, nachdem der erste Zorn verraucht war, bestenfalls noch gelächelt. Inzwischen gehen sie hier friedlich spazieren. Alles, was sie jetzt noch fordern, ist eine höhere Rente, und dafür nutzen sie – ziemlich erfolgreich übrigens – alle rechtsstaatlichen Mittel. Sie sind längst angekommen in dieser Bundesrepublik, die zu bekämpfen einmal ihr »Klassenauftrag« war.

Wir sind also scheinbar wieder einmal am »Ende der Geschichte« angelangt. Nachdem die kapitalistische Ideologie einen überwältigenden Sieg über die kommunistische errungen hat, spricht der aufgeklärte Kapitalist gern vom Ende aller Ideologien. Kapitalismus ist jetzt Staatsreligion, da können die Leute glauben, was sie wollen. Seine Macht ist ausschließlich von dieser Welt. Das Jenseits überlässt er gern den Christen, Muslimen, Juden, und was es sonst noch so gibt in der Welt des Aberglaubens. Der Kapitalismus benötigt keinen Gottesbeweis. Das Kapital ist sich selbst Beweis genug. Auf einen Glauben ist der real-existierende Kapitalismus nicht angewiesen. Seine Macht ist real genug. Sein Himmel ist der Weltmarkt. Seit der Kommunismus tot ist, muss er nichts mehr beweisen. Moral ist kein kategorischer Imperativ mehr. Apostel wie Esser, Ackermann und die anderen Bankvorstände und Aufsichtsräte beweisen uns täglich: Wir leben längst in postmoralischen Zeiten. Was die höheren Werte sind, das kann man vom Dax ablesen.

Marx hat einst in weiser Voraussicht gesagt, die Einzigen, die den Kommunismus besiegen könnten, wären die Kommunisten selbst. Das ist ihnen auf eine überzeugende Weise gelungen. Nun sind logischerweise allein die Kapitalisten noch in der Lage, auch den Kapitalismus zu besiegen. Das ist gar nicht so weit hergeholt, wie es im Moment vielleicht noch den Anschein hat. Der Sieg über den Kommunismus ist den Kapitalisten nämlich nur scheinbar so gut bekommen, wie sie heute meinen. Um die Voraussetzungen für den eigenen Untergang zu schaffen, müssen sie jetzt im Grunde nur noch zu Ende führen, was sie nach dem Sieg über die kommunistische Konkurrenz begonnen haben. Den Ausbau ihrer absoluten Alleinherrschaft in Wirtschaft und Politik. Wer unter ihnen die Regierung stellt, kann ihnen ja heute schon egal sein. Das einst so scheue Reh Kapital muss längst nicht mehr fliehen vor irgendwelchen wachstumshemmenden Forderungen der Gewerkschaften. Die nicht mehr aufzuhaltende Globalisierung erlaubt es ihm, seine Produktionsstätten überall da anzusiedeln, wo man seine Bedingungen akzeptiert. Alle hier noch gültigen Gesetze des menschlichen Zusammenlebens können außer Kraft gesetzt werden mit der einfachen Drohung, dahin zu gehen, wo solche Gesetze sowieso nicht gelten. Mit den technischen und strategischen Möglichkeiten des 21. Jahrhunderts hält der wahre Kapitalismus des 19. Jahrhunderts endlich wieder seinen Einzug.

Aber wenn wir da erst richtig gelandet sind, wo Marx mit seinem kommunistischen Manifest auf den Plan trat, bei der 60-Stunden-Woche etwa mit vollem Lohnverzicht in den Billiglohnländern Deutschland, China, Frankreich, Uganda, England, Bangladesch und so weiter, wenn also die Arbeits- und Lebensverhältnisse in der Ersten Welt denen der Dritten Welt angepasst sind, könnte es sein, dass das Gespenst des Kommunismus plötzlich wieder auftaucht. Denn dann gilt ja noch mal, was Marx im 19. Jahrhundert feststellte: »Ihr entsetzt euch darüber, dass wir das Privateigentum aufheben wollen. Aber in eurer bestehenden Gesellschaft ist das Privateigentum für neun Zehntel ihrer Mitglieder aufgehoben; es existiert gerade dadurch, dass es für neun Zehntel nicht existiert. Ihr werft uns also vor, dass wir ein Eigentum aufheben wollen, welches die Eigentumslosigkeit der ungeheuren Mehrzahl der Gesellschaft als notwendige Bedingung voraussetzt.«

Niemand sollte sagen, dass es so weit nicht kommen könnte. Auch der Kommunismus hatte einmal vor, das Ende aller Geschichte zu werden, und es gab – nehmt nur die reine Lehre – keinen vernünftigen Grund, dass er das nicht hätte werden können. Aber der Kommunismus ist daran zugrunde gegangen, dass er eben keiner geworden ist. Der Kapitalismus dagegen könnte daran zugrunde gehen, dass er wirklich einer wird. Wir sprechen uns wieder, wenn es mal wieder anders gekommen ist.

Was tut man, wenn es anders kommt?

Die einfachste Antwort auf diese einfache Frage ist: Man passt sich an. Gerade neue Verhältnisse provozieren oft die ältesten Verhaltensweisen. Ohne Anpassung hätte die Menschheit nicht überlebt. Zu viel Charakter hat schon manchen Helden das Leben oder wenigstens die Karriere gekostet. Zu wenig Charakter dagegen hat selten dem Betroffenen geschadet. Brecht hat seinen Galilei, nachdem er vor der Inquisition kapituliert hatte, ausrufen lassen: »Unglücklich das Land, das Helden nötig hat.« Demnach müssten wir im Augenblick hier in einem ganz glücklichen Land leben. Heldentum wird nirgendwo verlangt, und Charakter bringt zwar nicht unbedingt Vorteile, ist aber auch nicht verboten. Da, wo ich herkomme, konnte es manchmal schon etwas gefährlich sein, Charakter zu zeigen. Das habe ich gewiss nicht immer getan, aber manchmal schon. Heute allerdings muss ich zugeben, die Momente, in denen ich solchen Charakter gezeigt habe, wurden erst im Rückblick zu den glücklichen Momenten, an die man später so gern zurückdenkt. Alltag war öfter und von heute aus gesehen viel weniger glücklich.

Auch jetzt, da ich – wie gesagt – in einem Land lebe, in dem man nicht Held sein muss, um einigermaßen anständig über die Runden zu kommen, erlebe ich in meiner Umgebung durchaus nicht mehr Charakterstärke als zu Diktaturzeiten. Die Möglichkeiten, die Bürger zu disziplinieren, sind im demokratischen

Kapitalismus vielfältiger, als man denkt, und gar nicht so viel subtiler als im undemokratischen Sozialismus.

Nein, man braucht keine Diktatur, um Mitläufer zu produzieren. Die – nennen wir sie mal so – harmlosen Mitläufer zeichnen sich ja geradezu dadurch aus, dass sie gar nicht erst nach der Richtung fragen. Sie brauchen nur den richtigen Vordermann. Und den wechseln sie dann auch relativ mühelos, wenn er sich als falsch herausstellt. Das nennt man Lernfähigkeit. Ein Leben ohne Vordermann hält der Mitläufer für Stillstand. Dafür wird er in jedem System verachtet, obwohl kein System – auch kein demokratisches – ohne ihn überleben könnte. Und keiner von uns Nichthelden kann ein System, wenn es nur lange genug besteht, überleben, ohne irgendwann ein bisschen mitzulaufen. Das weiß ich aus vierzigjähriger Erfahrung, die ich auch heute immer wieder bestätigt finde.

Als Satiriker hat man es normalerweise bei einem Systemwechsel leichter, als es Beamte oder Funktionäre haben. Deren Aufgabe besteht nun mal darin, eine Politik, die sie nicht unbedingt erfunden haben, mit der sie nicht mal immer einverstanden sein müssen, im Alltag umzusetzen. Die können sich, wenn's anders kommt, allenfalls darauf herausreden, Schlimmeres verhüten gewollt zu haben. Und wer das Schlimmste nachweislich nicht verhütet, sondern vollstreckt hat, der muss sich dann eben auf die höhere Befehlsgewalt seiner Vorgesetzten berufen. Nur ganz besonders geradlinige Charaktere suchen nicht erst nach einer Ausrede, sondern bekennen ungebrochen: »Was früher Recht war, kann heute nicht Unrecht sein.«

Wir Spaßmacher dagegen tun ja selbst nichts, können also danach auch nichts so ganz falsch gemacht haben. Wir meckern nur an allem und jedem herum und dürfen schon von Amts wegen mit keinem System gemeinsame Sache machen. Wer seinen kritischen Beruf nur einigermaßen ernst nimmt, der muss sein eigenes Nest zuerst beschmutzen, kann also logischerweise in keinem System so richtig staatsnah werden. Sollte man meinen. Böse Ausnahmen können diese schöne Regel allerdings nicht immer bestätigen. Was man uns in jedem System mit Recht vorwerfen kann, ist, dass wir die Leute zum Lachen bringen über Dinge, die sie eigentlich empören sollten. Insofern sind wir immer und überall systemerhaltend, auch wenn unsere Kritik von den Kritisierten oft genug als zersetzend empfunden wird. Wir haben normalerweise gar nicht vor, Systeme abzuschaffen. Dazu reichen unsere Mittel nicht. Wir wollen sie allenfalls etwas besser, also erträglicher gestalten. Genau diesen Vorwurf habe ich mir zu DDR-Zeiten oft machen lassen müssen. Ohne eine andere Antwort darauf zu finden als den Verweis auf unsere Vorläufer: Das ist so spätestens seit Aristophanes, der die Athener Polis nicht etwa kritisierte, um sie abzuschaffen, sondern um sie zu erhalten. Auch er wusste schon, dass man, um etwas zu erhalten, es verändern muss.

Ich habe meine Witze auch meist über Dinge gemacht, die mich vorher empört hatten. Brecht hat seinen verzweifelten Galilei-Satz in anderem Zusammenhang variiert – »Glücklich das Land, in dem man keinen Humor braucht«. Von so einem glücklichen Land habe ich bis heute nichts gehört. Und wir Spaßmacher bringen die Leute in der Tat nur zum Lachen über all das, was sie und wir allein nicht ändern können.

Sich über die Mächtigen wenigstens lustig machen zu dürfen, ist ja auch ein Trost. Wenn aber diese Mächtigen versuchen, den kleinen Leuten auch noch den Spott zu verbieten, wird der Spaß am Trost unvergleichlich viel größer. Auch bei den eher liebenswürdigen als herabsetzenden Geenich-Anekdoten von Hans Reimann lachten seine Untertanen ja über die Gewöhnlichkeit seiner Majestät. Allein der sächsische Dialekt zog ihn in ihren Augen herab. Selbst die Sachsen fanden es komisch, dass ihr hochwohlgeborener Landesherr gesächselt hat wie sie selbst. Das war später mit dem gar nicht liebenswürdigen und auch nicht hochwohlgeborenen Ulbricht in der DDR nicht anders. Dass die Witze über ihn auch noch verboten waren, das machte sie nur umso beliebter. Mit seinem missglückten Versuch, dem Kabarettisten Reimann die Verbreitung seiner Anekdoten verbieten zu lassen, bewies der als so humorvoll und leutselig bekannte König auch nur, dass vieles von seinem Humor unfreiwillig gewesen sein muss.

Für Satiriker war die Zeit der Weimarer Republik ganz offensichtlich eine eher glückliche Zeit. Offiziell gab es keine politische Zensur. Aber trotzdem waren da immer wieder Versuche, allzu beleidigende satirische Texte, Theaterstücke oder bildliche Verunglimpfungen zu verbieten. Der Vorwurf der Gotteslästerung zählte damals zu den gebräuchlichsten Verbotsanträgen. Diese Art von nicht eingestandener, aber doch immer wieder versuchter Zensur gab den ganzen schönen Satireveranstaltungen der Weimarer Zeit vom Kabarett bis zur gedruckten Glosse oder Karikatur eben auch die nötige Wichtigkeit in der öffentlichen Wahrnehmung, die zu einer wirklichen Kleinkunst-Blüte gehört. Satire ganz ohne Zensur ist nun mal nur der halbe Spaß. Das merkt man der heute weitgehend auf Comedy-Niveau heruntergekommenen Satire immer deutlicher an.

Aus Gründen, die noch keiner so genau erforscht hat, war und ist Satire, anders als in Frankreich, in Deutschland immer links. Tucholsky sprach von der »anatomischen Merkwürdigkeit« Deutschlands – »es tut mit der Rechten und schreibt mit der Linken«. Aber die da ins Kabarett gingen, die zahlenden Zuschauer, ohne die auch das beste linke Kabarett nicht hätte bestehen können, waren bestimmt nicht nur die eingetragenen linken Parteigänger. Es gehörte offensichtlich zum guten bürgerlichen Ton, sich über die eigene Bürgerlichkeit lustig zu machen. Mag Satire auch in Deutschland ein linkes Ding sein, den Humor, sie auszuhalten, haben wir nicht gepachtet. Ich gestehe, mich sogar besonders geschmeichelt gefühlt zu haben, als mir vor einiger Zeit ein Bundestagsabgeordneter der CSU schrieb, dass er zwar ganz anders denke als ich, aber meine satirischen Einlassungen gerade deshalb so anregend fände. Das ist für einen, der aus einem Lande kommt, wo es als Schande galt, »wenn deine Feinde dich loben«, eine echte Genugtuung. Andersdenkende müssen heute nicht automatisch gleich Feinde sein. Das tröstet ein bisschen hinweg über den Verlust einer Doppelsinn stiftenden Zensur.

Auch mein allem Linken ganz und gar abgeneigter Schwiegervater ging damals ins Kabarett und wusste manche Pointen noch auswendig, als ich ihn kennen lernte. Und diese Pointen waren ganz und gar nicht wie er – kaisertreu nämlich. Sein absoluter Favorit unter allen Spaßmachern war Hans Reimann. Und der war zu jener Zeit links. Dabei ein Sachse, wie er im Buche steht, mit diesem seltsam pessimistischen Witz, der – trotz des so ganz anderen Dialekts – manchmal verblüffende Ähnlichkeit mit dem jiddischen Witz hat. Reimann, der sich so wunderbar über seine sächsischen Mitbürger und damit über sich selbst lustig zu machen verstand, war ein Meister der sächsischen Selbstverhohnepipelung. »Der Sachse strotzt von Gutmütigkeit; Gutmütigkeit ist aber die Karikatur der Güte«, heißt es da zum Beispiel. Kurt Tucholsky schrieb ihm in den Zwanzigerjahren des letzten Jahrhunderts ein kurzes Vorwort für einen Band seiner *Sächsischen Miniaturen*, und da steht als letzter Satz: »Diese Drucksachen sind beste Literatur.« Das sind sie zum großen Teil auch heute noch, so zeitlos wie sächsisch. Für heutige Begriffe wirken sie allerdings eher unpolitisch-gemütlich.

Aber so wurden sie längst nicht immer empfunden. Sächsische Patrioten fühlten sich hier und da schon mehr als auf den

Schlips getreten, wenn Reimann behauptete, die Sachsen hätten »ganz Deutschland vor der auswärtigen Menschheit kompromittiert«. Sie seien, wie ihr Dialekt, »breiig, schwapplich, verwaschen«. Ein gewisser Professor Winter, der sich gern »der Meißner Goethe« nennen ließ, beschimpfte den Nestbeschmutzer damals im *Meißner Tageblatt* als »Sachsenschänder, der seinen Knaatsch auch in Weinkabaretts und im Tingeltangel vorträgt und ein Hohngelächter über die ekelhaften Sachsen erweckt«. Weiter heißt es da sehr schön: »Das sächsische Volk, so weit es nicht zum Fanatismus verhetzt gewesen ist, hat den König und seine Kinder gern gehabt; sie waren populär, und niemand hätte ihnen ein Leid angetan, wenn sie bei Ausbruch der Revolution in Dresden oder auf einem ihrer Schlösser geblieben wären.« Das hatte ja auch der König selbst vermutet, bevor er dann auf Anraten seiner Minister doch lieber ins Exil ging: »Ich hab den Leiten nischt gedahn, und die duhn mir ooch nischt.« So weit ist das alles ganz gemütlich, wie sächsischer Patriotismus gelegentlich auch sein kann. Ähnlich harmlos klingt dann auch der Vorwurf des Professors, Reimann lege als Leipziger dem Dresdner Friedrich August das Leipziger Idiom in den Mund, was »der richtiggehende Sachse erst umrechnen muss, wenn er es verstehen will«. Der Streit um den einzig richtigen sächsischen Dialekt tobt zwischen Dresdnern und Leipzigern auch heute noch, also lange nach der deutschen Wiedervereinigung. Überhaupt schimpfen die Leipziger am liebsten auf die Dresdner, weil die so furchtbar sächseln, während die Dresdner dasselbe an den Leipzigern ganz und gar unerträglich finden. Das Verhältnis zwischen Leipzig und Dresden wird sich auch in Jahrhunderten so wenig entspannen wie das zwischen Köln und Düsseldorf, Rostock und Schwerin, Thum und Ehrenfriedersdorf, Zürich und Basel.

Aber zurück zum Herrn Professor Winter aus Meißen. Der

erhebt einen Vorwurf gegen Reimann, der – nicht nur wenn man weiß, wozu er sich dann im Dritten Reich hinreißen ließ – mehr als anstößig klingt: »Kein Wunder wenn in antisemitischen Kreisen behauptet wird, Herr Reimann sei Jude. An die gehässige, giftige Art Heines und Börnes erinnert in der Tat seine Schreibweise. Nur der Geist dieser beiden genialen Juden fehlt Herrn Reimann. Wenn er wirklich Jude sein sollte, so könnten sich seine wohlgesinnten und gerecht urteilenden Glaubensgenossen bei ihm bedanken für die wuchtige Tracht Holz, die er zu dem Scheiterhaufen herbeigebracht hat, auf dem die Antisemiten, Hakenkreuzler, Nationalsozialisten usw. das ganze Judentum verbrennen möchten.«

Abgesehen von der Ungeheuerlichkeit, die solche Drohung für uns heute haben muss, enthält der Vorwurf gegen den Nichtjuden Reimann genau das, was alle Antisemiten, besonders die, die sich gar nicht dafür halten, den Juden seit Jahrhunderten vorwerfen – selbst schuld zu sein am Antisemitismus. Wenn die so sind – giftig und gehässig –, müssen sie sich nicht wundern … Und die gerecht urteilenden Glaubensgenossen können sich bei ihnen nur bedanken, wenn sie verbrannt werden.

Ein paar Jahre, bevor ich meinen Schwiegervater und durch ihn den Namen Hans Reimann kennen lernte, hatte ich in Victor Klemperers *LTI. Notizbuch eines Philologen* von einem bösen Aufsatz eines »sächsischen Witzboldes« Hans Reimann gelesen. Klemperer, der am 13. Februar 1945 während des furchtbaren Bombenangriffs auf Dresden der sicheren Deportation in ein Vernichtungslager entgangen war, war noch auf der Flucht vor den Nazis, als ihm ein Exemplar der, so schreibt er, »früher durchaus niveauhaltenden Velhagen & Klasing-Hefte Jahrgang 1944« in die Hand fiel. Daraus zitierte er: »Der Glaube der Juden ist Aberglaube, ihr Tempel ein Klublokal und ihr Gott ein allmächtiger Warenhausbesitzer … Die Neigung zum Übersteigern wuchert dermaßen im jüdischen Hirn, dass es oft schwer fällt, zwischen Ausgeburten morscher Intellektualität und plattfüßiger Blödelei zu unterscheiden.«

Ich brauchte sehr lange, bis ich die beiden Reimanns – die »herrliche Ulknudel«, von der mein Schwiegervater so geschwärmt hatte und den »sächsischen Witzbold«, den Klemperer zitiert hatte – zusammenbrachte. Das *LTI* von Klemperer war über Jahrzehnte mein Vademekum gewesen. Schon zu Oberschulzeiten hatte ich es von einer Lehrerin geschenkt bekommen. Immer wieder las ich selbst darin oder las meiner Familie daraus vor. Und immer wieder nahm ich mir vor, so ein Buch – unter vergleichsweise wahrhaft komfortablen Lebensumständen in der DDR – über die Sprache dieses »Vierten Reiches« zu schreiben. So wenig man beide Diktaturen vergleichen kann, ohne von den unvergleichlichen Unterschieden zu sprechen, die sprachlichen Ähnlichkeiten waren erschreckend. Deshalb habe ich Klemperers Buch immer wieder in die Hand genommen. Ich bin bestimmt nicht der einzige DDR-Schriftsteller, der sich vorgenommen hatte, die DDR-Sprache so zu dokumentieren, wie er es mit der Sprache in Nazideutschland getan hatte. Meines Wissens hat es leider keiner wirklich getan. Nachträglich ist so etwas, nur auf Gedächtnis und Quellenmaterial fußend, kaum noch zu machen. Es fehlen die Umstände, das direkte Erleben, um zu ähnlich erschütternder Genauigkeit zu kommen wie Klemperer. Genauso aufschlussreich dürfte es heute sein, die Sprache der Bundesrepublik zu untersuchen. Allgemein übliche Sprachregelungen dienen doch auch hier oft genug als Mittel, politische und soziale Zusammenhänge zu verschleiern. Wer macht den Versuch, unserem System durch Sprachanalyse auf den demagogischen Grund zu kommen? Das Ergebnis dürfte entlarvend sein.

Erst als ich vor nicht allzu langer Zeit Carl Zuckmayers *Ge-*

heimreport las, wurde mir endgültig klar, dass die beiden unvereinbaren Reimanns zu einer Person gehörten. Ich las das, was ich von ihm vorher schon gelesen hatte, noch einmal, jetzt allerdings mit etwas anderen Augen, und besorgte mir alles, was ich in Antiquariaten oder im Internet fand. Wenn ich ältere sächsische Kollegen nach Reimann fragte, erfuhr ich von den wenigen, die seinen Namen noch kannten, allenfalls, dass da mal was gewesen sei in der Nazizeit. Was gewesen ist, wusste keiner genau zu sagen. Im Internet fand ich zum Beispiel einen empörten Kommentar zu einer Besprechung des Zuckmayer-Textes. Da schreibt ein Harald Dzubilla am 23. Mai 2004 unter anderem: »Alles, was dort über Hans Reimann geschildert wird, ist von A bis Z ein Fake… Wer hat ein Interesse daran, Reimann im Namen von Zuckmayer zu verunglimpfen? Ich habe Reimann gut gekannt. Er war ein Anti-Nazi, und zwar sein Leben lang. Und seine besten Freunde waren Juden, denen er im Dritten Reich vielfach geholfen hat, wenigstens wirtschaftlich zu überleben.«

Wie gesagt, seit meiner eigenen Wende-Erfahrung und den mit ihr verbundenen tausend Denunziationen und Verdächtigungen, den vielen gerechtfertigten und ungerechtfertigten Vorwürfen, den ebenso vielen Selbstrechtfertigungen vom kleinen IM bis zu den auch nicht so sehr großen Honeckers, Mittags oder Schabowskis, bin ich sehr vorsichtig geworden im Urteil über anderer Leute Versagen. Mein mit dem Nationalpreis gekrönter DDR-Lebenslauf ist ja auch keine Heldengeschichte. Und die Sache mit Reimann ist doch, wie man in der Bundesrepublik gerne sagt, »längst gegessen«. Wen interessieren so olle Kamellen noch? Und schließlich – de mortiis nihil nisi bene. Das sagt Reimann übrigens auch, nachdem er in seinem *Blauen Wunder* dem verstorbenen Verleger Steegemann alles das nachsagt, was er für sich nicht gelten lassen will. Dieser habe nach deren Machtergreifung feige mit den Nazis paktiert und sich im Nachhinein als Opfer ausgegeben, indem er ihn – Reimann – denunzierte.

Hätte man nicht den Zuckmayer-Text ausgegraben, kein Schatten wäre mehr auf Reimann gefallen. Kein Klappentext auf seinen auch heute noch erscheinenden Büchern enthält irgendeinen Hinweis auf irgendeinen braunen Fleck in seiner Vergangenheit. Kein Wort davon findet sich in seiner Biographie vom Munzinger-Archiv. Und muss man sich nicht die Frage stellen, ob das, was der Emigrant Zuckmayer da über die Nichtemigranten, noch dazu für einen Geheimdienst, verfasst hat, nicht auch so etwas wie eine Denunziation ist? Für ein Honorar von ganzen 450 Dollar. Und stecken Zuckmayers Aufzeichnungen nicht auch voller Irrtümer? Über Veit Harlan, den Regisseur des schlimmsten antisemitischen Hetzfilms *Jud Süß* und dessen Frau Hilde Körber schreibt er zum Beispiel: »Ich habe von zuverlässigen Leuten aus der Nazizeit nur Gutes von ihm gehört.«

Stammte also sein ganzes Denunziantenwissen nur vom »Hörensagen«? Dass dem nicht so ist, beweisen die mit sehr deutscher Gründlichkeit erarbeiteten Anmerkungen, die nicht nur alle Irrtümer Zuckmayers auflisten, sondern genau belegen, was durch andere Quellen zu belegen ist. Dass man sich auch mit dem genauesten Quellenstudium der Wahrheit nur annähern kann, habe ich eingangs selbst gesagt.

Vielleicht verhielt es sich mit Reimann ja auch ähnlich wie mit meinem Großvater. Der ist doch vielleicht wirklich nur in die NSDAP eingetreten, um sich vom Verdacht jüdischer Herkunft freizukaufen, also sein Leben zu retten. Damit wären seine so schnell wechselnden Parteizugehörigkeiten, über die meine Mutter noch lange nach seinem Tod verächtlich geredet hat, doch mehr als erklärt. Sie hatte zu dieser Zeit ja keinen Kontakt zu ihrem Vater. Wenn ich sie als Kind fragte, warum er überhaupt Ahnenforschung betrieben hätte, hat sie nur gesagt: »Das mussten ja alle.« Ihre Abneigung gegen ihren Vater hatte ganz andere Gründe als die politischen. Könnte er sie da oben in ihrem gemeinsamen Atheistenhimmel jetzt nicht der üblen Nachrede zeihen?

»Ihr habt ja keine Ahnung, ihr wart ja nicht dabei.« Wie oft habe ich das schon gedacht, wenn ich Westdeutsche über uns und die DDR reden hörte. Und wie oft mag mein Schwiegervater das gedacht haben, wenn wir seine schönen Geschichten aus der guten alten Kaiserzeit belächelten. Wie froh war und bin ich, dass ich zu Zeiten der Stalinschen Säuberungen nicht als kommunistischer Emigrant in Moskau gewesen bin. Die nach der Wende veröffentlichten Protokolle von Parteiversammlungen emigrierter deutscher Schriftsteller in Moskau lesen sich wie geheime Gerichtsverhandlungen. Wie sie einander denunzierten, den anderen ans Messer lieferten, nur um nicht selbst ans Messer geliefert zu werden, das steht da schwarz auf weiß und ist doch bestimmt auch nur die halbe Wahrheit. Um sich einigermaßen menschlich verhalten zu können, braucht man eben auch einigermaßen menschliche Verhältnisse. Wer nie im Glashaus saß, der hat leicht Steine werfen.

Wie wäscht man sich rein?

Von meinem Großvater habe ich außer ganz wenigen nichts sagenden Briefen und Fotos nur ein paar Kindheitserinnerungen. Als ich ihn kennen lernte, war er schon ein unter Asthma leidender alter Mann, der stark rauchte und auch noch Alkoholiker war. Ich hatte ihn trotzdem gern, und es hat mir wehgetan, wenn meine Mutter schlecht über ihn sprach. Er war, nach allem, was sie von ihm erzählte, kein guter Vater gewesen. Ein guter Großvater war er für mich dann schon, wenn auch nur für kurze Zeit. Er war übrigens der Einzige, der damals mit mir über Politik sprach. Das heißt, er konnte unbändig auf die kapitalistischen Kriegstreiber im Westen schimpfen, ging aber natürlich »rüber«, um Zigarren zu kaufen. Von der Nazizeit sprach er wie alle anderen in meiner Umgebung damals nicht. Und ich war zu jung, um ihn zu fragen.

Als die Mauer gebaut wurde, war er schon lange tot. Ob der Kommunist Erich Grünberg nicht doch nur aus rein opportunistischen Gründen Mitglied der Nazipartei geworden war, weiß ich nicht. Ich glaube es nicht, auch wenn es weder für die eine, noch für die andere Version Beweise gibt. Dass er als »PG« jemanden denunziert oder sich überhaupt als Nazi hervorgetan hätte, das hat auch meine Mutter nie behauptet. Aber den einen Satz hat sie immer wiederholt: »Werdet bloß nicht wie euer Großvater.« Unter anderem dieser Satz hat mich davor bewahrt, jemals auch nur auf den Gedanken zu kommen, ich könnte in »die Partei« eintreten.

Von Hans Reimann, der übrigens niemals Mitglied der NSDAP war, weiß ich nur, was ich über und von ihm gelesen habe. Dabei gefällt mir das von ihm Geschriebene weitaus besser als alles, was ich über ihn gelesen oder gehört habe. Er war in der Tat ein begnadeter Humorist. Das kann man heute noch nachlesen. Wenn humoristische Texte nach 80 Jahren noch wirken, dann müssen sie einfach gut sein.

Auch sein *Blaues Wunder*, das Lebensmosaik eines Humoristen, wie er es im Untertitel nennt, habe ich wieder und wieder gelesen, um dem Menschen Reimann auf die Spur zu kommen. Und habe nur immer wieder den trostlosen Eindruck, hier versucht sich einer zu rechtfertigen für etwas, was er um keinen Preis zugeben will. Sein großes Erzähltalent, seine Pointensicherheit verlässt ihn dabei völlig. Auch dass er mal ein »linksintellektueller Publizist« war, der immerhin in Blättern wie der *Weltbühne* gedruckt wurde, ist nirgendwo mehr zu erkennen. Sein Urteil über die Russen, denen er bei seinem Fronteinsatz als Unterhaltungskünstler für die deutsche Wehrmacht begegnet war, lautet so: »Die Russen haben eher Bammel vor Stock und Peitsche als vor einem lappigen Granatwerfer. Denn was gilt ihnen das Totgeschossenwerden? Im Osten sind Erfahrungen unbrauchbar. Der Ostler hat kein Ich – nur ein Wir. Er lebt nicht, er wird vegetiert. Er ist vernagelt, doch tierisch schlau …« Das schrieb er nicht etwa unter dem Druck der Nazis, sondern ganz und gar freiwillig Ende der Fünfzigerjahre in seinen Erinnerungen. Und es klingt doch gar nicht weniger bösartig und rassistisch als sein vernichtendes Urteil über die »morsche Intellektualität und plattfüßige Blödelei« der Juden.

Sich selbst beschreibt er als sächsische Ulknudel, als geschäftstüchtiges Schlitzohr, das sich so durchgewurschtelt hat, während andere immer wieder versuchten, ihn um den Ertrag seiner Arbeit zu bringen. Zu Nazizeiten schwebte er – das betont er unablässig – immer wieder in Lebensgefahr, wurde überall verboten und durfte trotzdem in allerlei NS-Zeitschriften wie *Brennessel* oder *Kladderadatsch* veröffentlichen. Dafür dass er selbst vor der Mitarbeit in einem der übelsten Naziorgane, dem *Schwarzen Chor*, einem Organ der Reichsführung SS, nicht zurückschreckte, findet er die freundliche Begründung: »Spatzen, wenn sie'n sicheres Fleckchen brauchen, quartieren sich am besten bei 'ner Vogelscheuche ein.«

Dabei schmückt er sich mit allen großen Namen der Weimarer Kabarettszene, von Tucholsky über Ringelnatz, Karl Valentin und Max Pallenberg bis zu Erich Weinert. Und er betont immer wieder, wie viele Juden unter seinen Freunden und Mitarbeitern waren, mit wie vielen er auch nach 1945 wieder in freundschaftlichen Kontakt getreten ist. Das, was den Klemperer an seinem »Judentext« für Velhagen & Klasing so entsetzt hat, nennt er einfach »ein paar garstige Bemerkungen«, die er – wieder einmal unter Lebensgefahr stehend – kurz vor Weihnachten 1943 verfasst habe. Ein SS-Mann – schreibt er – hätte ihn nämlich bei Goebbels denunziert wegen »fortgesetzten Umgangs mit Juden«. Da musste er sich so rasch wie möglich ein Alibi verschaffen. »Ich stöberte in meinen Mappen, entdeckte eine Sammlung jüdischer Anekdoten, wählte achtzehn aus, machte dazu garstige Bemerkungen, tippte den Beitrag am selben Tag …« Und dann richtet er an den willigen Leser die Frage: »Wie hätten Sie sich in meiner prekären Lage verhalten? Was würden Sie in meiner Bredouille getan haben? Bitte vergegenwärtigen Sie sich, wie viel ich (im nazistischen Sinne) auf dem Kerbholz hatte! Denken Sie daran, dass Stalingrad hinter uns lag, und dass sich jeder vernünftige Mensch an den Fingern ablesen konnte, wie der Krieg ausgehen würde! Ich jedenfalls, der ich zu keiner Zeit zum Nachdenken verfügte, hoffte inständig, dass der Artikel seine Schuldigkeit tun möge.« Das tat er. Nicht nur bei den Nazis, sondern auch bei Leuten wie Klemperer, die sich auf der Flucht vor diesen Nazis befanden.

Dass Reimann Umgang mit Juden hatte, im Kleinkunstmilieu haben musste, steht außer Zweifel. Das deutsche Kabarett der Weimarer Zeit war ohne jüdische Autoren und Akteure gar nicht denkbar. Sie gehörten zu den Besten unter den Satirikern. Viele von ihnen sind emigriert, die in Deutschland blieben, wurden umgebracht. Dass er nicht jeden jüdischen Kontakt sofort abgebrochen hat, als die Nazis an die Macht kamen, rechnete er sich als besonders verdienstvoll an.

Weshalb er selbst nicht emigriert ist, obwohl er sich doch als früher Nazigegner schon lange vor deren Machtergreifung so bedroht gefühlt hatte, das begründet er auf erstaunliche Weise:

»Als Jude hätte ich keinen Augenblick gezögert, Deutschland zu verlassen. Für einen Nichtjuden war erforderlich, dass er Geld besaß und auf die Hilfe von Verwandten und Freunden im Ausland rechnen durfte. Ferner musste man gesund und sprachgewandt sein. Englisch lag mir nicht...« Ihm fällt gar nicht auf, oder wusste er auch lange nach 1945 wirklich nicht, dass die meisten emigrierten Juden gerade dem ausgeliefert waren, was ihn als Nichtjuden zu emigrieren hinderte? Nämlich ohne Geld und Hilfe von Verwandten und Freunden im Ausland anzukommen, nicht immer gesund und ohne fremde Sprachkenntnisse.

Und dann fragt er sich, wie man in Nazideutschland weiterleben soll: »Sich tarnen? Mitmachen? Paktieren? Aber wie? Und wo lag die Grenze, die den Opportunismus von der Charakterlumpigkeit schied? War jemand (vom Nazistandpunkt) so vorbelastet wie ich, durfte er gewärtigen, dauernder Kontrolle unterworfen zu werden.«

Vorbelastet war er vom Nazistandpunkt aus ganz sicher. Er hatte Anfang der Zwanzigerjahre mit großem Erfolg eine Parodie auf Artur Dinters *Die Sünde wider das Blut* geschrieben – *Die Dinte wider das Blut*. Ein Zeitroman von Artur Sünder. Das *Berliner Tageblatt* nannte Reimanns Buch damals »ein glänzendes Pasquill. Der Roman Dinters ist ein miserables... Buch, sein Ungeist, seine falsche Kämpferpose und sein elendes Deutsch werden hier von ein paar Knallerbsen aus der Hand des sprühend witzigen Hans Reimann zur Strecke gebracht.« Diese Parodie von 1921 war 1924 schon in der vierzigsten Auflage erschienen. Dass die Nazis sich an ihren Gegnern grausam rächen würden, wenn sie erst mal an die Macht gekommen wären, daran ließen sie selbst nie einen Zweifel. Das hat andere Nazigegner freilich nicht gehindert, sie bis zum letzten Moment zu bekämpfen. Einer von ihnen war Erich Mühsam, der dann auch zu den ersten Opfern gehörte. War Reimann einfach nur klüger als seine leichtsinnigen Kollegen?

Auf jeden Fall muss Reimann die Rache der Nazis früher als andere geahnt und mehr als andere gefürchtet haben. Im Frühsommer des Jahres 1931 hatte er zunächst noch eingewilligt, Hitlers Machwerk *Mein Kampf* unter dem Titel *Mein Krampf* zu parodieren. Die Erfolg versprechende Idee dazu stammte von seinem alten Verleger Steegemann, eben dem, der Jahre zuvor so untertänig wie vergeblich den guten alten König Friedrich August von Sachsen um seine Mithilfe bei der Vermarktung des Anekdotenbüchleins gebeten hatte. Er legte Reimann einen Vertrag vor, den dieser sofort unterschrieb, noch ehe er das zu parodierende Werk gelesen hatte. Sein Verleger hatte ihm nur gesagt, er sei nach Lektüre der ersten Seiten darüber eingeschlafen. Reimann schreibt, ihm sei es nicht anders gegangen. Was dann folgte, klingt in seiner Beschreibung zumindest widersprüchlich.

Seine Absicht, eine Persiflage auf das Buch des Naziführers zu schreiben, wurde schnell bekannt. Paul Steegemann war ohne Zweifel ein geschäftstüchtiger Verleger und rührte die Werbetrommel schon, bevor sein Autor ein Wort zu Papier gebracht hatte. Dieser wiederum erzählte von seinem Plan bei einem harmlosen Spaziergang mit dem gar nicht harmlosen Nazibarden Hanns Johst. Der Himmler-Freund Johst riet ihm dringend ab: »Reimann, machen Se das nicht!« – »Warum?« – »Weil Sie garantiert totgeschlagen werden.« Ähnlich sollen sich auch andere geäußert haben, die von dem Buchprojekt hörten. In seiner Not wandte sich der zu Tode Erschrockene nun an den Rechtsberater des Schutzverbandes deutscher Schriftsteller und schrieb ihm zwei Briefe. Im ersten, den er sofort wieder zerrissen hat, aber im *Blauen Wunder* aus dem Gedächtnis zitiert, schreibt er: »Ich Rindvieh habe den Vertrag unterschrieben, weil ich es verdienstlich finde, dem Großmaul aus Braunau eins auf den Hut zu geben. Inzwischen wurde mir unverblümt mitgeteilt, dass mir hakenkreuzlerische Rowdies das Lebenslicht ausblasen würden, wenn ich es wagen sollte, die Nazibibel anzutasten. Was tut man, um sich heiler Haut aus der Bredouille herauszuwinden? Raten Sie mir.« Wie gesagt, diesen Brief konnte nur Reimann selbst kennen. Denn er hat ihn, wie er schreibt, sofort »in kleine Fetzen« zerrissen.

Bekannt dagegen wurde der Brief, den er dann wirklich abschickte. Da steht, dass er nach Lektüre des Hitler-Buches lieber zum Nationalsozialismus übertreten wolle, als sich an dem Werk des von ihm bewunderten Mannes zu vergreifen. »So glaubte ich, zwei Fliegen mit einer einzigen Klappe zu schlagen: Ich befreite mich von dem Vertrag und brauchte vor den braunen Männern keine Angst zu haben, denn die Kunde von meinem Rückzug würde in Parteikreisen unbedingt durchsickern.« Einen Durchschlag schickte er an seinen Verleger, der – wie zu erwarten – den Brief sofort in der Öffentlichkeit bekannt machte, aber seinen Autor gleichzeitig auf 30 000 Mark Schadensersatz verklagte. Damit hatte dieser nicht gerechnet.

»Das eine hatte zur Folge, dass man mich sowohl glorifizierte als auch anpöbelte. Aus einem Saulus war ein Paulus (›Reimanns Weg nach Damaskus‹) oder ein Abtrünniger geworden.« Weiter schreibt Paulus Reimann dann: »Wie töricht von St. mich zu verklagen! Dadurch machte er publik, dass es ihm lediglich um ein Geschäft ging… Übersah er, dass es nicht nur um mich geschehen war, falls die Nazis obenauf kamen, sondern ebenso sehr um ihn? Wahrlich, er hätte Grund gehabt abzuwarten, wie der Hase läuft und die Sache zu vertuschen.«

Den ersten Prozess 1932 verlor Reimann und wurde zu einer Geldbuße von 5000 Mark verurteilt. Zu seiner Verteidigung vor Gericht – darauf legt er Wert – hatte er sich einen jüdischen Anwalt genommen – »damit kein Zweifel an meiner Gesinnung aufkomme«. Dieser Dr. Rabbinowitsch legte für ihn noch Berufung gegen das Urteil ein. Dann kamen die Nazis an die Macht, und der Prozess verlief im Sande. Die anwaltliche Rechnung bekam Reimann 1934 von einem »arischen« Anwalt zugestellt, der die »jüdische« Praxis übernommen hatte. Was aus dem Juden Rabbinowitsch geworden ist, steht nicht in seinen Erinnerungen.

»Abgesehen davon, dass ich nicht eingelocht wurde, verspürte ich in der Folge keine Spuren irgendwelcher Protektion. Und das war vielleicht gut so. Andernfalls hätte ich, wie ich mich kenne, über die Stränge geschlagen und dafür gebüßt… Am 15. Oktober 1935 wurde dem Geschäftsführer der Reichskulturkammer mitgeteilt, Hitler habe den Auftrag gegeben, zu veranlassen, dass gegen mich nichts unternommen und mir nichts in den Weg gelegt werde, weil ich mich schon 1931 ihm gegenüber sehr anständig verhalten hätte. Von diesem Ukas erfuhr ich am 2. Februar 1948 durch meinen Anwalt in München. Während es im Dritten Reich nichts genützt hatte, schadete mir's dann in den Augen von Giftmischern.«

Unter diesen Giftmischern befanden sich außer seinem ehemaligen Verleger Paul Steegemann, den er bei den Nazis denunziert hatte, auch solche unglaubwürdigen Kollegen wie Erich Kästner und Hermann Kesten.

Opfer gibt es immer wieder

Ich kann mich nicht erinnern, in den 40 Jahren DDR wegen eines satirischen Textes jemals ernsthaft gefährdet gewesen zu sein. Nicht mal eingesperrt hat man mich. Ein einziges Mal drohte man mir mit einer Gefängnisstrafe. Das hatte aber nichts mit meinem Beruf zu tun, nur mit meiner Weigerung, Soldat zu werden. Damit war ich ja auch auf das Unverständnis meines Schwiegervaters gestoßen, und der war kein DDR-Freund. Ich kann mir aber vorstellen, dass er im Grunde seines Herzens Wehrdienstverweigerung auch in der DDR für ein strafwürdiges Vergehen hielt. Das Schlimmste, was einem wie mir in den letzten 20 Jahren DDR passierte, war das eine oder andere Verbot einzelner Texte. Und ein zeitweiliges Auftritts- und Aufführungsverbot, das allerdings nur auf Berlin beschränkt blieb. Trotzdem erzähle ich davon doch auch immer wieder gern, weil man – aus einer Diktatur kommend – in der ungewohnten Freiheit nicht ganz ohne Opfertätigkeit dastehen möchte. Wo alle Opfer sind, da mag man nicht nur als schäbiger Mitläufer dastehen.

Allerdings muss ich zugeben, in Dresden und anderswo in der DDR-Provinz durften zu meinen Berufsverbotszeiten nicht nur meine Kinderstücke weiter aufgeführt werden, auch im Kabarett wurden meine Texte außerhalb Berlins weiter gespielt. Vom Kulturministerium wurde ich zur selben Zeit sogar nach Äthiopien geschickt, um dort beim Aufbau eines Kindertheaters zu helfen und so den Ruhm des DDR-Theaters in die Welt zu tragen. Genauso haben die Nazis den Reimann, den sie zu Hause immer wieder verboten, ja mit dem Tode bedroht haben sollen, dann als Unterhaltungskünstler mit seinen lustigen Geschichten zur Frontbetreuung nach Italien, Finnland und Russland geschickt. Dort sollte er die tapferen deutschen Soldaten in ihrem Durchhaltewillen bestärken. Kraft durch Freude hieß das Unternehmen. Könnte es sein, dass die Diktatur der Nazis genauso wenig perfekt war wie die, die ich in der DDR erlebte? Da wusste die Linke oft genug nicht, was die Rechte verboten hatte. Schließlich trauten sich die verbietenden Behörden ja nicht einmal, ihre Verbote öffentlich zu machen. Denn offiziell gab es ja gar keine Zensur im Staate DDR. Und deshalb hat, wer heute so stolz ist, damals verboten gewesen zu sein, auch selten etwas Schriftliches in der Hand. Er kann also seine ganze Widerstands- oder wenigstens Opfertätigkeit nachträglich weder beweisen, noch die kleinste Entschädigung dafür einklagen. Bei wem auch? Nicht einmal nachträgliches Mitleid ist einem sicher.

Reimann schreibt 1959 über seine schwierige Lage im Jahr 1942: »Meine Stücke werden nicht aufgeführt, meine Bücher unterdrückt; der Film will nichts von mir wissen; Zeitschriften und Zeitungen lehnen meine Beiträge ab. Was macht man da?« Nun, man schreibt, was nicht abgelehnt oder unterdrückt wird – lustige Schnurren über den gewieften deutschen Landser draußen im Felde zum Beispiel. Durchhalte-Prosa. Von den unzähligen Verboten und all den Ablehnungen blieb – wie von meinem Berufsverbot – nur, was der Betroffene selbst darüber erzählen kann. Die zwei Bände *Lachendes Feldgrau*, 1942 beim Bremer Henry Burmester Verlag erschienen, die er gemeinsam mit Hans Riebau und Manfred Schmidt verfasste, sind heute noch über Internet oder in Antiquariaten erhältlich. Reimann ging es eben damals, wie es vielen von uns heute noch geht – die Beweise für den Opfermut verlaufen sich im Sande einer ungläubigen Nachwelt, während die kleinen Schwächen zwischendurch überall schwarz auf weiß nachzulesen sind, oder von solchen Giftmischern wie Hermann Kesten und Erich Kästner im Nachhinein weitererzählt werden.

Dass sich gleich nach der Wende in Ostdeutschland so viele Opfer meldeten, hatte wohl mit dem Bedürfnis zu tun, doch wenigstens eine saubere Opferakte vorweisen zu können, wenn es schon an Beweisen für aktiven Widerstand fehlen mochte. Hätte die Staatssicherheit geahnt, was sie mit ihren Aktenbergen bei der schaudernden Nachwelt für entsetzte Reaktionen auslösen würde, sie wäre wohl vor sich selbst erschrocken gewesen. Denn hätte es tatsächlich so viel Widerstand gegeben, wie in den Stasiakten steht, die DDR hätte lange vor 1989 zusammenbrechen müssen. Dass ausgerechnet Mielkes Hinterlassenschaft heute die Beweise liefert für damals gar nicht geleisteten Widerstand, liegt einfach daran, dass seine Behörde hinter jedem Falschparker, Nichtwähler oder Leserbriefschreiber einen Staatsfeind vermutete. So kam es, dass so viele unbescholtene Bürger erst aus diesen Akten erfuhren, dass sie Opfer waren, weil die Stasi über ihr Tun und Lassen heimlich Buch geführt hatte. Da ist jede dumme Bemerkung am Stammtisch oder im Bekanntenkreis notiert, jeder harmlose Westkontakt dokumentiert. Dass die 100 000 offiziellen und inoffiziellen Aufpasser diesen ganzen Unsinn überhaupt gesammelt und archiviert haben, beweist zwar die Perversität eines paranoiden Spitzelsystems, nicht aber, dass wir, die von ihm als potenzielle Gegner »Erfassten«, wirklich alle Opfer waren, nur weil wir das haben, was sich heute eine Opferakte nennt.

Jeder Vergleich mit den Opfern des Nationalsozialismus verbietet sich von vornherein. Von denen wurden nicht erst Akten angelegt, wenn man ihnen übel wollte. Die Nazis haben ihre Gegner erschlagen und allenfalls noch einen Totenschein für die Angehörigen ausgestellt. Die hinterlassenen Leichenberge der Nazis mit den Aktenbergen der DDR-Staatssicherheit vergleichen zu wollen, das ist pervers.

Viele von denen, die sich zu Wendezeiten und noch lange danach öffentlich mit ihren Stasiakten schmückten, waren so wenig Opfer oder gar Widerstandskämpfer, wie ich es war. Manchem genügte es für seine Widerstandsbiographie, dass er sich als junger Mensch einmal geweigert hatte, bei einer Schulveranstaltung das blaue FDJ-Hemd zu tragen und deshalb beinahe nicht zum Abitur zugelassen worden war. Und keiner hat gewagt, darüber zu lachen. Denn über Opfer lacht man nicht. Zwanzigjährige wussten von 40 Jahren Unterdrückung ihrer Meinungsfreiheit zu berichten. Und so manches verbotene Dichtertalent geriet ins Scheinwerferlicht einer literarisch gar nicht interessierten Öffentlichkeit, bis sich herausstellte, dass seine früher ungedruckten Meisterwerke auch in der freien Marktwirtschaft keinen Verleger fanden. Dann konnte es schon passieren, dass aus dem Opfer der politischen Zensur ganz schnell ein Opfer der Zensur des Marktes wurde.

Es gibt immer und überall Menschen, die von Natur aus Opfer sind. Aber die finden nur in Zeiten eines Umbruchs, also wenn es mal wieder anders kommt, eine zeitlich begrenzte Aufmerksamkeit einer eigentlich uninteressierten Öffentlichkeit. Wenn die Wende dann vollzogen ist und sich alle an die neuen Verhältnisse gewöhnt haben, werden auch die wirklichen Opfer der alten Verhältnisse umso leichter vergessen. Denn sie produzieren bei allen, die gut durchgekommen sind, nur schlechtes Gewissen. An den wenigen Gedenktagen werden sie noch mal kurz auf ihren kleinen Opfersockel gestellt. Da dürfen sie dann vor einem größeren Publikum, das jetzt vom eigenen Desinteresse tief betroffen ist, öffentlich ihr Schicksal beklagen und die Versicherung aller Festredner mit nach Hause nehmen, dass sich das künftig von Grund auf ändern würde. Dass es sich nicht geändert hat, darf beim nächsten runden Gedenktag von denselben Festrednern vor demselben Publikum mit ähnlicher Betroffenheit festgestellt werden.

In allerlei nachdenklich stimmenden Feuilletonbeiträgen wird auch außerhalb der Gedenktagsreihe hier und da mal beklagt, dass das öffentliche Interesse immer nur den Tätern gilt, während die Opfer fast immer unbeachtet bleiben. Da kann man dann lesen, wie unverfroren die alten Funktionsträger vor Gericht ziehen und erfolgreich gegen das kämpfen, was sie »Rentenstrafrecht« nennen, während ihre Opfer oft vergeblich um eine kleine Entschädigung ringen müssen. In die Schlagzeilen gelangen sie gewöhnlich nur noch, wenn sich herausstellt, dass einer von ihnen seine Opferrolle nur vorgetäuscht hat und eigentlich zum Täterkreis gehörte. Auch viele Jahre nach ihrer Auflösung hält die Stasi in ihrem unermesslichen Aktenbestand noch immer Überraschungen parat. Sie konnte ja offensichtlich selbst manchmal nicht zwischen Täter und Opfer unterscheiden. So kann es passieren, dass man von derselben Person heute eine Opfer- und morgen eine Täterakte findet. Jedenfalls geht auch heute kaum ein Sommerloch an uns vorbei, ohne dass eine neue alte Meldung aus dem längst aufgelösten Hause Mielke auftaucht.

Dass auch die freie Marktwirtschaft inzwischen hier ihre Opfer produziert, ist nur für den eine böse Überraschung, der einst von jenem goldenen Westen träumte, in dem der Wohlstand für alle floss. Die neuen Opfer heißen allerdings nicht mehr Opfer, weil heute jeder selbst schuld ist, wenn er mit den Verhältnissen nicht zurechtkommt. Man nennt solche Menschen jetzt, da wir endlich alle Englisch sprechen, Loser, Verlierer also. Das klingt irgendwie natürlicher. Wo Gewinner sind, da muss es ja auch Verlierer geben. Über die wird natürlich von keinem Verfassungsschutz hämisch Buch geführt. Die kennt man höchstens im Sozialamt. Ansonsten leben sie unbeachtet neben uns her als alte oder junge Sozialhilfeempfänger, Kinderreiche oder Alleinerziehende. Und wir haben uns daran gewöhnt, bei dem neuen Unrecht genauso wegzusehen, wie wir das beim alten getan haben. Nicht etwa, dass wir mit den Betroffenen kein Mitleid hätten. Wir sind heute nur viel zu sehr von der Angst besessen, selbst plötzlich zum Loser zu werden. Das bringt die Chancengleichheit in unserer Leistungsgesellschaft so mit sich. Wo der Tellerwäscher einst Millionär werden konnte, muss heute auch der Akademiker damit rechnen, dass Tellerwaschen für ihn zu einer zumutbaren Beschäftigung werden kann.

Also nicht nur eine wenig schöne Vergangenheit haben wir heute zu verdrängen. Auch die gar nicht so viel schönere Gegenwart kann man reinen Herzens manchmal nur noch ertragen, wenn man hier und da eben »vergisst, was doch nicht zu ändern ist«. Wollten wir uns heute nur über all die kleinen Ungerechtigkeiten im vergleichsweise harmlosen deutschen Alltag empören, wir kämen kaum dazu, die Segnungen unserer schönen Freiheit wahrzunehmen. Also trösten wir uns damit, dass eben jedes System seine Opfer produziert. Das ist wie mit den Mitläufern. Und mit den Tätern. Die wird es auch immer und überall geben.

Was es nicht zu allen Zeiten gab, das ist das schöne Recht auf freie Meinungsäußerung. Um seine Meinung zu äußern, muss man schon gar keine eigene mehr haben. Denn die Meinung des Einzelnen ist hier inzwischen so egal, dass sie keiner Rede mehr wert ist. Reimann dürfte sich heute ohne Gefahr für Leib und Seele über Sachsen, Juden und Russen äußern, wie ihm gerade zumute ist. Ich darf über Honecker, Kohl, Schröder, Merkel, Westerwelle, Polen, Türken, Schwule und Behinderte jeden Witz machen, der mir einfällt. Je grober der Witz, desto lauter wird er belacht. Keine Geschmacksgrenze schränkt das Recht auf freie Meinungsäußerung mehr ein.

Die einzigen Grenzen, die uns heute noch gesetzt sind, sind die von den Besitzverhältnissen bestimmten. Die allerdings sind kaum zu überwinden. Vor dem Gesetz sind wir zwar alle gleich. Aber schon vor Gericht ist Schluss mit der gesetzlichen Gleichmacherei. Der Rechtsweg steht allen offen, aber ihn betreten wollen, heißt, ihn bezahlen können. Dass Freiheit wichtiger sei als ein einigermaßen gesichertes Auskommen, das behaupten alle, die über so ein gesichertes Auskommen verfügen. Früher war es die bessere Zukunft, die uns entschädigte für alles, was die Gegenwart uns nicht bieten konnte. Heute ist es ein über allen gewöhnlichen Bedürfnissen stehender Freiheitsbegriff, der uns darüber hinwegtrösten muss, dass wir die eine oder andere Freiheit mangels finanzieller Möglichkeiten einfach nicht nutzen können. Die freiheitlich-demokratische Grundordnung findet in den herrschenden Besitzverhältnissen ihre streng begrenzte Vollendung. Aber auch Freiheiten, die man sich persönlich nicht leisten kann, gilt es zu verteidigen. Sagte man uns früher, Freiheit sei Einsicht in eine nicht näher beschriebene Notwendigkeit, so gilt heute: Freiheit ist Einsicht in die Notwendigkeit, das Eigentum derer zu schützen, die es besitzen.

Daran, dass es immer mehr Leuten an Einsicht in eine solche Notwendigkeit fehlt, könnte die ganze schöne demokratische Eintracht einmal scheitern. Anzeichen dafür sind heute – im Zeitalter der Agenda 2010 – schon deutlich erkennbar. Es kann der Reichste nicht in Frieden leben, wenn es dem armen Nachbarn nicht gefällt. Leute, die nichts zu verlieren haben als ihre Sozialhilfe, bedrohen den gesellschaftlichen Frieden. So gibt es jetzt schon in der vom Anspruchsdenken der Armen geprägten Bundesrepublik ganz neue Opfer, denen man irgendwann die Anerkennung als Verfolgte nicht mehr wird verweigern können. Die Opfer des grassierenden Sozialneids nämlich. Das sind Menschen, denen in einem vom Ladendiebstahl ruinierten Lande, ihre ehrlich verdienten Abfindungen für Leistungen geneidet werden, nur weil sie ihnen keiner nachweisen kann. Noch sind wir nicht so weit, dass sich unsere armen Leistungsträger in Ghettos einmauern müssen, um sich vor dem neiderfüllten Zorn der besitzlosen Leistungsverweigerer zu schützen. Noch können sie sich frei bewegen zwischen uns. Aber die Zeit ist nicht mehr fern, da wir in Deutschland das Elend des von privaten Wachmannschaften betreuten Wohnens in geschützten Reservaten haben werden. In Frankreich oder England gibt es bereits solche Sammellager, in denen sich die armen Reichen vor einer missgünstigen Umwelt verbarrikadieren lassen.

Wenn die Steinzeit-Gewerkschaften und die alten, unverbesserlichen Sozialisten, die es auch in der SPD noch gibt, nicht endlich aufhören, Hass zu säen mit ihrem scheinheiligen Gerede vom Sozialabbau, werden in allen größeren Städten Deutschlands Wandlitz-ähnliche Ghettos errichtet werden müssen, um die Verfolgten des deutschen Neidsystems vor dem Pöbel zu schützen. Die braven Bundeswehrsoldaten, die gerade damit begonnen haben, unsere Demokratie am Hindukusch zu verteidigen, werden das dann bei uns zu Hause tun müssen. In so einem Ernstfall dürfte eine Grundgesetzänderung kein Problem sein. Die Freiheit verteidigen wir inzwischen mit allen Mitteln und überall auf der Welt, warum also nicht zu Hause? Die Herausforderung des 21. Jahrhunderts besteht im Kampf gegen den Terror der Besitzlosen.

Die Gefahr, dass deutsche Leistungsträger wie Klaus Esser und Ron Sommer andernfalls mit ihren Familien in die Dritte Welt abwandern, weil man ihnen hier die Existenzgrundlage nehmen will, ist akut. Wenn die Vorstandsvorsitzenden von Siemens, Allianz und Volkswagen mitsamt ihren Aufsichtsräten und deren ganzer Kompetenz erst in den kongolesischen Dschungel abgewandert sein werden, ist es zu spät. Was soll aus dem Standort Deutschland werden, wenn die teuren Wirtschaftsbosse in die Billigwohnländer ziehen, weil sie dort nicht nur billiger, sondern auch ungestörter wohnen können? Kein Schwarzer neidet einem Weißen in Afrika seinen Luxus. Für den Slumbewohner gehört es seit Jahrhunderten zur Normalität, dass neben seiner schwarzen Elendshütte ein weißer Palast steht. Dem Schwarzafrikaner ist deutscher Sozialneid so fremd wie uns Deutschen die afrikanische Armut. Dort kennt man noch die Ehrfurcht vor den Wirtschaftsgöttern.

Was aber wird aus dem unflexiblen deutschen Arbeitnehmer, wenn ihn seine hochmotivierten Manager mit ihrem unersetzlichen Sachverstand im Stich lassen und ihre blühenden Industrielandschaften in den Hochwassergebieten von Bangladesch oder in der Sahara errichten? Noch ist nur das Kapital auf der Flucht vor den deutschen Lohnnebenkosten. Aber die Kapitalisten werden ihm irgendwann folgen müssen. Wenn erst die Vorstandsetagen leer geflüchtet sind, ist es zu spät. Wer wird denn noch den sechstürigen Mercedes oder Volkswagen mit Wegfahrsperre und Navigationssystem bauen können, wenn die Schrempps und Pierers uns im Stich lassen? Wer stellt noch Bauarbeiter ein, wenn sich die Bankvorstände keine Marmorpaläste mehr bauen lassen? Stehen nicht alle Räder still, wenn der BDI es will? Das sind die Fragen des lesenden Arbeitnehmers von heute.

Ich weiß sehr wohl die Freiheit zu schätzen, an der Bundesrepublik alles kritisieren zu dürfen, was ich als Unrecht empfinde. Mein Einverständnis mit diesem Staat, in dem die Wirtschaft regiert, wird – anders als in der DDR, wo eine Politbürokratie herrschte – nicht vorausgesetzt. Dass das Einverständnis der Bürger ganz allgemein kaum noch gefragt ist bei denen, die sich heute zur politischen Klasse zählen, zeugt allerdings weniger von Freiheit als von Gleichgültigkeit. Wo Beliebigkeit herrscht, wird Freiheit zum Popanz, und die Gleichgültigkeit des Staates gegenüber seinen Bürgern wird von diesen mit derselben Gleichgültigkeit dem Staat gegenüber beantwortet. Das führt dazu, dass der freiheitliche Staat Bundesrepublik seinen Bürgern genauso suspekt erscheint wie einst der vormundschaftliche Staat DDR. Die DDR hat der Bundesrepublik zumindest eines voraus – sie ist schon untergegangen.

Ich kann meine Situation mit der Gefährdung, in der sich Reimann befand oder zu befinden glaubte, ganz und gar nicht vergleichen. Die DDR war ohne Zweifel kein demokratischer Staat. Aber sie war keinesfalls eine auch nur annähernd so mörderische Diktatur wie der NS-Staat. Was man aber allzu gut vergleichen kann, das ist das Verhalten derer, die die zwölf Jahre des Dritten Reiches überlebt oder eben die 40 Jahre DDR überstanden hatten und sich danach zu rechtfertigen versuchten, indem sie sich zu Opfern stilisierten. Und da wird mir der Reimann, obwohl ich doch »nicht dabei war«, auf eine sehr unangenehme Art vertraut. Weniger durch das, was er im Dritten Reich getan oder nicht getan hat, vielmehr durch seinen ständigen Versuch, sich für das, was er nicht bestreiten kann, zu rechtfertigen. Alles, was ihm nicht schwarz auf weiß nachzuweisen ist, leugnet er ohnehin. Das ist sein Recht, wie es ja auch sein Recht war, alles zu tun, um von »denen« nicht totgeschlagen zu werden. Feigheit ist ein Menschenrecht. Ich weiß, wovon ich spreche, auch wenn mir noch keiner gedroht hat, mich totzuschlagen.

Dass man als Einzelner ja doch nichts machen kann – weder in der Diktatur, noch in der Demokratie –, der Satz muss immer herhalten, wenn man nicht zugeben will, dass es vor allem Feigheit oder Bequemlichkeit war, die einen hinderte, etwas zu tun oder zu lassen. Dass man auch zu Nazizeiten viel mehr hätte tun können, als getan wurde, beweisen die erst heute entdeckten »stillen Helden«. Leute, die gar nicht in Gefahr waren, den Gefährdeten, zum Beispiel untergetauchten Juden, zu Hilfe kamen und sich dadurch selbst aufs Höchste gefährdeten. Von denen wurde nach dem Kriege kaum gesprochen. Und sie meldeten sich nicht von sich aus, weil sie sich selbst nicht für Helden, sondern für normale Menschen hielten. Einem von der Deportation bedrohten Juden für ein paar Nächte Quartier zu geben, dafür war ein Mut nötig, den das Naziopfer Reimann in seinen Erinnerungen gewiss nicht verleugnet hätte. Stattdessen finden sich da immer nur vage Äußerungen über nicht abgebrochene Kontakte, von denen er aber, um sich nicht selbst zu loben, gar nicht reden will.

Ansonsten »blieb nichts übrig als: sich abseits halten, artig sein und sich in der Hoffnung durchwursteln, die braune Diktatur werde, sobald sie ihren Höhepunkt erreicht habe, mit Aplomb zusammenbrechen«. Zum Durchwursteln und Artigsein gehörte dann eben auch die Mitarbeit an Himmlers Kampfblatt *Schwarzes Korps* und die Denunziation seines ehemaligen Verlegers Paul Steegemann bei Will Vesper, einem besonders gefürchteten literarischen NS-Apologeten. Dass die Nazis Steegemanns Verlag wenig später schlossen, führt Reimann darauf zurück, dass er »als Filou und unsicherer Kantonist galt und sich allzu aufdringlich bei der NSDAP angebiedert hatte«. Das klingt bei einem Mann wie Reimann zumindest seltsam, da er sich doch lange vor seinem Verleger und bei den Nazis vor deren Machtergreifung öffentlich angebiedert hatte. Aus Angst, totgeschlagen zu werden. Solche Angst traute er seinem Verleger offensichtlich nicht zu. Der war ja 1931 noch so dumm, nicht zu sehen, »wie der Hase läuft«. Aus reiner Geldgier wollte er damals nicht erkennen, dass er »so wenig am Leben geblieben wäre wie ich, wenn ich die Parodie geschrieben hätte …« »Deshalb hat er denn auch nach 1933 die seltsamsten und, um auf meine Kosten die eigene Weste reinzuwaschen, nach 1945 die finstersten Manipulationen verübt.« Der seltsame Satzbau bei Reimann verweist wohl auf ebenso seltsame Zusammenhänge, die sich dem Leser des »Lebensmosaiks eines Humoristen« nur schwer erschließen.

Aller Humor verlässt Reimann aber, wenn er auf Hermann Kesten und Erich Kästner zu sprechen kommt. Die beiden »Giftmischer« hatten ihn nach dem Zusammenbruch des Dritten Reiches – wie zuvor schon Carl Zuckmayer in seinem *Geheimreport* – der übelsten Ranschmeißerei an die Nazis bezichtigt. Vor Kästner, der wie Reimann nicht emigriert war, hatte er sich bei einer zufälligen Begegnung im Frühjahr 1936 seiner Mitarbeit am *Schwarzen Korps* noch gerühmt. »Und nachträglich fiel mir ein, dass er kein Wort geäußert, nur schweigend die Kinnladen massiert hatte – er, der wie kein zweiter prädestiniert war, das Groteske der Szene zu würdigen. Wie anständig war da Hanns Johsts Verhalten gewesen. Johst mochte mich nicht und wusste, dass ich ihn nicht mochte. Trotzdem warnte er mich vor einer folgenschweren Unbesonnenheit. [Nämlich die Parodie auf Hitlers *Mein Kampf* zu schreiben.] Hingegen sog Kästner, der ja Negatives erfahren wollte, meine Worte gierig in sich auf und registrierte sie obendrein verkehrt. Weil es ihm in den Streifen passte. Dabei wusste er, dass wir, wie man neuerdings sagt, im gleichen Boot saßen, und wusste außerdem, wie schwer mir's gemacht wurde. Es gibt nichts Gutes, außer man tut es. Sicherlich. Als Gegengabe stifte ich ihm den Zweizeiler:

Wozu den Revolver, um Menschen zu morden?
Wie oft ist ein Mundwerk schon Mörder geworden!«

Kästners kurzes Epigramm ist mit dem gleichen Recht Allgemeingut geworden, mit dem Reimanns gereimte Antwort das nicht wurde.

Über Hermann Kesten, der ihn in seinem Buch *Meine Freunde, die Poeten* wie auch Kästner beschuldigt hatte, für das SS-Blatt geschrieben zu haben, schreibt Reimann: »Pervers, dass sich ehemalige Mitarbeiter besonders schäbig gegen mich verhielten! Aber es liegt in der menschlichen Natur, auch nur geringfügige Anwandlungen von Dankbarkeit oder Treue als lästig und den eigenen Wert mindernd zu empfinden. Kostet es uns schon Überwindung, kleine Schwächen und belanglose Fehler zu gestehen, um wie viel mehr wehrt sich ein Etwas in uns, begangenes Unrecht reuevoll einzusehen. Im Gegenteil. Wir sind so beschaffen, dass wir an jenen Opfern, deren Leid oder Ruin wir selbst verschuldeten, Rache nehmen, wenn sie die Stirn haben, sich zu wehren oder unsere Schofeltat anzuprangern.«

Das schreibt das »Naziopfer« Hans Reimann – wie gesagt – über den »Täter« Hermann Kesten.

Werner Finck, der von mir hochverehrte Kabarettkollege, hat dem Reimann ein überaus freundlich-nachsichtiges Vorwort für sein *Blaues Wunder* geschrieben. Im Gegensatz zu mir war Werner Finck nicht nur »dabei«. Er hat am eigenen Leib erfahren, dass man damals für einen harmlosen Witz ins KZ kommen konnte. Er beginnt sein Vorwort mit dem Satz: »Hans Reimann soll damals.« Und dann schreibt er mit der Nachsicht dessen, der »dabei war«, sich aber danach nicht zum Richter erheben will, von allerlei Verdächtigungen, denen Reimann nach dem Kriege ausgesetzt war. Er bescheinigt ihm, »dagegen« gewesen zu sein, also gegen die Nazis. »Bis auf einen Kniefall. Den hat er. Getan und zugegeben.«

Zum Schluss heißt es: »Der gewerbsmäßige Umgang mit Humor und Witz bringt es eben oft mit sich, dass die Falstaff-Frage, ob Ehre ein Bein ansetzen kann, vordringlicher wird als das ethische Postulat, dem Bösen zu widerstehen um jeden Preis. Und damals wurden Wucherpreise verlangt. In dubio pro Reimann.«

Wie gern ich dem Finck zustimmen würde, aber nachdem ich Reimanns Rechtfertigungen gelesen habe, meine ich: In dubio pro reo. Denn er ist es, der immer die anderen anklagt, um sich zu verteidigen. Gewiss war er auch ein Opfer der Nazis, aber ein gewissenloses. Auch solche Opfer gibt es.

Wie emigriert man nach innen?

In der DDR war das ziemlich einfach. Ohne das Wort von der inneren Emigration zu gebrauchen oder auch nur zu kennen, wurde sie von unzähligen DDR-Bürgern tagtäglich praktiziert. Das begann spätestens jeden Abend vor dem Fernsehapparat. Die beiden von der DDR produzierten Fernsehprogramme wurden zwar für alle gesendet, aber gesehen nur von der Minderheit, die kein Westfernsehen empfangen konnte. Und diese kleine Minderheit sah in der großen Mehrheit am liebsten die alten Ufa-Filme, die mit der DDR gar nichts zu tun hatten. Die meisten dieser heiteren Unterhaltungsfilme stammten aus finsteren Nazizeiten. Das sah man ihnen allerdings nicht mehr an. Sie stammten scheinbar aus ganz und gar unpolitischen Zeiten. Wenn dann nach diesen regelmäßig gesendeten »Montagsfilmen« die politische Sendung des zu Recht vergessenen Karl-Eduard von Schnitzler begann, merkte man das zuerst in den Dresdner Elektrizitätswerken. So viele zeitgleich abgeschaltete Fernsehapparate senkten den Strombedarf schlagartig. Im Wasserwerk dagegen musste dann mit Hochdruck gearbeitet werden, weil der Sachse im »Tal der Ahnungslosen« nach dem Montagsfilm erst mal aufs Klo ging, statt sich im »Schwarzen Kanal« vom guten Onkel Schnitzler Geschichten über den bösen Klassenfeind erzählen zu lassen, die er sowieso nicht glaubte.

Dass auch manche Sendungen des DDR-Fernsehens durchaus sehenswert waren, erfuhren viele Ostdeutsche erst, als es die DDR nicht mehr gab und der MDR sich zum Sendenachfolger des DDR-Fernsehens entwickelte. Da kann man sich also jetzt auf umgekehrtem Wege aus der Bundesrepublik in die innere DDR-Emigration begeben und vor dem Bildschirm von einem versunkenen Land träumen, das so schlecht, wie es damals schien, heute einfach nicht mehr ist. Solange es existierte, hatte man sich ihm zu entziehen versucht. Was einem damals aufgezwungen erschien, erscheint jetzt plötzlich altvertraut. Was einem, solange es erlebte Gegenwart war, grau und in seiner Eintönigkeit abstoßend erschienen war, wird jetzt – via Bildschirm – zu einer besonnten Vergangenheit, die man nicht mehr missen möchte. Die guten alten DDR-Stars erfreuen sich heute im Osten einer Beliebheit wie früher die Stars der Ufa-Traumfabrik. Das hätte den Dresdnern zu DDR-Zeiten mal einer prophezeihen sollen, dass die Zeit kommen würde, in der sie freiwillig DDR-Fernsehen gucken!

Auch über das Fernsehen hinaus, selbst im Arbeitsalltag konnte man sich dieser DDR entziehen, ohne sie zu verlassen. Die ökonomischen Zwänge waren gering. Irgendeine Arbeit fand man überall, um seinen Lebensunterhalt zu bestreiten. Notfalls zog man nach Mecklenburg, um Schafe zu züchten. Man töpferte oder machte in Textilkunst. Eine Nische zu finden, war nicht schwer. Zwar war in der DDR die Losung ausgegeben worden: »Jeden mitnehmen, keinen zurücklassen«, aber wohin man sich mitnehmen ließ und wo man doch lieber zurückblieb, das entschied der Einzelne fast immer für sich selbst. Wer Arbeiter war, gehörte sowieso zur herrschenden Klasse, musste sich also von keinem etwas vorschreiben lassen. Das, was auf den Transparenten stand, hatte mit der DDR-Wirklichkeit so wenig zu tun wie das, was auf den Titelseiten unserer Zeitungen zu lesen war. Die Wahrheit fand man im Anzeigenteil. Da ging es um das, was die Leute wirklich beschäftigte – um die fehlenden Ersatzteile, um Schwarzarbeit, ohne die die DDR-Wirtschaft schon viel eher hätte zusammenbrechen müssen, und es ging ums liebe Auto.

Auch leitende Genossen lebten damals nach der Devise: Dienst ist in der Dienstzeit, aber meine Datsche ist meine Datsche. Der offiziell propagierte sozialistische Wettbewerb glich eher einem gemütlichen Beisammensein. Mit Konkurrenzkampf hatte das jedenfalls nichts zu tun. Je mehr der Staat versuchte, sich in das Privatleben seiner Bürger einzumischen, desto entschiedener wurde die Abwehr. Das Bild vom allgegenwärtigen Staat und der Verbundenheit seiner Bürger mit diesem Staat war ein Trugbild, an das höchstens die führenden Genossen glaubten. Die Einzigen, die diese Überzeugung mit ihnen teilten, waren die Klassenfeinde. Während die Genossen spätestens im November 1989 allen Glauben an ihren Sozialismus verloren hatten, wird das DDR-Bild im Westen noch immer vom Aberglauben an die prägende Wirkung sozialistischer Propaganda bestimmt.

Eben weil es diese Wirkung nicht gab, ist die DDR so sang- und klanglos untergegangen. Wer konnte, ist ihr noch in den letzten Monaten, Wochen und Tagen davongelaufen. Aber die wesentlich häufigere Art der Republikflucht war immer die nach innen. Da gab es keine Mauer und keinen Todesstreifen. Da gab es nur die stille Verweigerung, gegen die keine Grenzsicherungsanlagen halfen, nicht mal die allgegenwärtige Staatssicherheit konnte sie verhindern. Als dann – ganz zum Schluss – die Staatsmacht unter dem lauten Protest der Demonstranten zusammenbrach, war die DDR schon längst an der stillen Verweigerung ihrer Bürger gescheitert.

Die innere Emigration begann meist schon im Kindesalter. In der Schule wurde der Lernstoff zwar nach den Vorschriften des Bildungswesens der DDR gelehrt. Aber zu Hause galten solche Vorschriften nicht. Da sprach man eine andere Sprache. Dass viele Kinder in Ostdeutschland zweisprachig aufwuchsen, war ein offenes Geheimnis. Im Kabarett haben wir das Thema immer wieder behandelt, und ich habe keinen Zensor erlebt, der das bestritten hätte. Das bisschen Parteichinesisch, das für den Staatsbürgerkundeunterricht und den Pioniernachmittag nötig war, lernten die Jugendlichen, ohne über den Sinn oder

Unsinn der Parteivokabeln nachzudenken. Der ständige Versuch der politischen Indoktrination war so hilflos, wie er wirkungslos blieb. Er bewirkte bei den meisten Jugendlichen nicht nur ein politisches Desinteresse, sondern offene Ablehnung gegen alles, was vom Staat kam. Da nützte kein noch so sicherer Ausbildungsplatz. Der kam ja auch vom Staat. Und was von dem kam, das war von vornherein nichts wert. Das heute beklagte Vermittlungsproblem der Bundesregierung mit ihrer Politik war 40 Jahre lang das Hauptproblem aller DDR-Regierungen. Sie konnten sich ihrem Volke, mit dem sie es doch so gut meinten, einfach nicht verständlich machen.

Der Einfluss der staatlichen Jugendorganisation FDJ auf die Jugendkultur war zum Schluss gleich null. Eine Null-Bock-Generation gab es im Osten wie im Westen. Aber die DDR-Jugendlichen hatten im Gegensatz zu ihren westdeutschen Altersgenossen noch eine Hoffnung – die auf den Westen nämlich. Da gab es die Freiheit, die mit dieser Freiheit verbundene Musik und die dazu passende Kleidung. Keine Gängelung durch irgendwelche alt gewordenen Jugendfunktionäre ging einem dort auf die Nerven. Es gab kein von der Partei verordnetes »frohes Jugendleben«. Da konnte jeder machen, was er wollte. Im Westen lag die Hoffnung auf ein selbstbestimmtes Leben. Von ökonomischen Zwängen machte man sich in der DDR kaum eine Vorstellung. In dieser Hinsicht waren die Alten, die sich von Helmut an die Hand nehmen lassen wollten, um ins Paradies zu kommen, nicht klüger als die Jungen, die sich von den »Phantastischen Vier« oder den »Ärzten« ähnliche Erlösung versprachen.

Ich habe diese in der DDR praktizierte Art von innerer Emigration lange Zeit verachtet. Sie bestand im Grunde ja nur darin, dass man sich aus allem heraushielt, zwar nicht mitmachte, aber letztlich viel zu vieles mit sich machen ließ. Das wollte ich als junger Kabarettschreiber nicht und später schon gar nicht mehr. Ich wollte eingreifen, so begrenzt die Möglichkeiten dazu auch waren. Wenigstens widersprechen, statt nur still mit der Schulter zu zucken. Am Theater und im Kabarett befand ich mich allerdings auch in privilegierter Umgebung. Künstler und Kulturschaffende genossen neben dem ungeteilten Misstrauen von Partei und Regierung auch das Privileg, sich kritischer gebärden zu dürfen als staatliche Leiter und Funktionäre. Wir galten nun mal in der Mehrzahl als unsichere Kantonisten, die man einerseits mit mehr oder weniger versteckten Drohungen zu disziplinieren und andererseits durch allerlei kleine Privilegien zu korrumpieren versuchte. Als parteiloser, freischaffender Autor war ich vielen Zwängen des Alltags nicht ausgeliefert. Ich musste keine öden Versammlungen über mich ergehen lassen, keine falsche Zustimmung zu Parteibeschlüssen heucheln. In den letzten Jahren, das hatte auch mit meinem Bekanntheitsgrad zu tun, sagte man mir so etwas wie Narrenfreiheit nach. Von der machte ich zwar, wo es ging, auch Gebrauch, aber befriedigt hat mich das nicht.

Eine Karriere, die mich in irgendwelche höheren Ämter befördert hätte, gehörte sowieso nicht zu meinem Lebensplan. Aber ich habe natürlich, um öffentlich wirken zu können, also im Theater oder Kabarett gespielt zu werden, auch immer wieder Kompromisse gemacht. Von manchen weiß ich erst heute, dass sie es waren. Ich habe es vorgezogen, die Wahrheit beziehungsweise das, was ich dafür hielt, lieber durch die Blume der Zensur zu sagen, als verzweifelt, aber kompromisslos zu schweigen. Der Zuspruch des Publikums und erst recht die Aufmerksamkeit der Zensur schienen mir Recht zu geben. Es klingt paradox, aber ein Verbot konnte motivierender sein als der zustimmende Beifall des Publikums. Mit einem Kabarettprogramm mal gar keinen Ärger mit den Ämtern zu bekommen, das konnte auch bedeuten, dass man einfach zu harmlos geworden war.

Die Fragwürdigkeit meiner Rolle zwischen Berufsverbot und Nationalpreis wurde mir oft genug bewusst und machte mich alles andere als glücklich. Hofnarr ist ja nicht gerade eine Heldenrolle, und der Narr ist selten eine lustige Person. Um nicht depressiv oder zynisch zu werden, ließ ich zeitweise Satire Satire sein und zog mich aufs Kindertheater zurück. Ich schrieb scheinbar harmlose Märchenstücke, hinter denen kein Zensor eine böse Absicht vermutete. Das war meine Art von innerer Emigration, in der ich es allerdings nie lange aushielt, obwohl sie äußerst komfortabel war. Ich ersparte mir nicht nur allen politischen Ärger. Von den Tantiemen für meine Kinderstücke konnte ich wesentlich besser leben als von den viel niedrigeren Honoraren für meine Kabarett-Texte. Die Kinderstücke wurden auch im Westen gespielt und brachten mir zwar kein Westgeld, aber das nach unserem Staatsratsvorsitzenden »Honni« genannte Zahlungsmittel, mit denen auch der DDR-Bürger im Intershop einkaufen durfte.

Es gab viele Gründe, aus der DDR zu fliehen. Nicht weniger Gründe gab es aber meiner Ansicht nach, hier zu bleiben. Ich blieb – wie der Sachse sagt – »nu grade«. Was für andere Leute Grund zur Flucht war, war für mich Grund zu bleiben – »nu grade« eben. Von existenzieller Bedrohung in der DDR konnte für mich – wie für die meisten der Flüchtlinge übrigens auch – keine Rede sein. Republikflucht dagegen bedeutete fast immer, dass man bewusst Lebensgefahr in Kauf nahm, nur um rauszukommen. Ich habe mehreren Freunden und Verwandten, die mir von ihren Fluchtabsichten erzählten, nicht nur deswegen abgeraten. Ich versuchte, sie zum Bleiben zu überreden. Immer vergeblich übrigens. Wer einmal mit der DDR abgeschlossen hatte, der war gewöhnlich nicht aufzuhalten. Oft genug waren das ehemals treue Genossen, die mich vorher – ebenso vergeblich – von den wunderbaren Vorzügen des sozialistischen Staates zu überzeugen versucht hatten.

Aus dem Zufall der Ostgeburt war für mich das bewusst angenommene DDR-Schicksal geworden. Hier meinte ich gebraucht zu werden, gerade weil ich hier störte. Natürlich spielten Familie und Freunde bei meiner Entscheidung eine mindestens ebenso wichtige Rolle. Auch die Entscheidung vieler Emigranten nach dem Ende der Nazizeit, in den Osten zu kommen, war für mich nicht unwichtig. Die Bücher von Anna Seghers und Arnold Zweig habe ich schon sehr früh gelesen. Kultur und Kunst wurden hier viel ernster genommen als in der Wohlstandswelt der Bundesrepublik. Brechts Berliner Ensemble wäre dort so wenig denkbar gewesen wie Felsensteins Komische Oper. Es waren in der Tat nicht alles nur schlechte Gründe, die einen wie mich in der DDR hielten.

Anders als für Hans Reimann oder Erich Kästner, die die Machtergreifung der Nazis als erwachsene Schriftsteller erlebt hatten, war die DDR nicht plötzlich über mich hereingebrochen. Ich bin in sie hineingewachsen. Ihre Vorzüge für Arme-Leute-Kinder wie mich, aber auch die sehr bald nicht mehr zu übersehenden Nachteile stellten sich erst im Laufe der Zeit heraus. Auch wenn ich manchmal an der DDR verzweifelte, mich für dieses Land schämte, verlassen wollte ich es bis zum Schluss nicht. Am liebsten hätte ich 1989 mit der ganzen DDR noch mal von vorn angefangen. Aber da wäre ich dann vermutlich mit ein paar Freunden hier allein zurückgeblieben. Von einem »dritten Weg« wollte keiner mehr etwas hören. Das Experiment »Wiedervereinigung« wurde mit Zustimmung einer übergroßen Mehrheit im Osten unter dem vom Westen ausgegebenen Motto »keine Experimente« durchgezogen.

Erich Kästner und Hans Reimann waren ausgewiesene Nazigegner, als Hitler an die Macht kam. Reimann konnte gerade noch rechtzeitig seine Nazigegnerschaft durch einen Kniefall vor dem Führer vergessen machen. Kästner musste zusehen, wie die Nazis seine Bücher öffentlich verbrannten. Trotzdem hat er Deutschland nicht verlassen. Zu Anfang vielleicht einfach nur, weil er – wie so viele – an ein schnelles Ende des braunen Spuks glaubte. Er emigrierte nicht nur nicht, er versuchte anfangs Freunde und Kollegen zum Bleiben zu überreden. Wenn sich Reimann von den Nazis so anhaltend bedroht fühlte, wie hätte sich Kästner erst vor ihnen fürchten müssen. Hatte er doch bis zum Schluss gegen sie angeschrieben und sie gegen ihn.

Für sie war und blieb er der »Kulturbolschewist« und »Asphaltliterat« par excellence, seine »Sudelgeschichte Fabian« galt ihnen als »Gedruckter Dreck«. Sein Gedicht »Wenn wir den Krieg gewonnen hätten« war in ihren Augen der reine Vaterlandsverrat. Dass Kästner sich schließlich vor den Nazis wirklich zu fürchten begann, nachdem sie ihn verhaftet, verhört und immer wieder verwarnt hatten, hinderte ihn nicht, auch dann noch von Auslandsaufenthalten nach Deutschland zurückzukehren. Mancher hat versucht, das mit der geradezu symbiotischen Beziehung zu erklären, die ihn mit seiner Mutter verband. Er selbst hatte nach 1945 viele Erklärungen, die allesamt ehrenwert, aber nicht wirklich überzeugend waren, wenn man bedenkt, in welche Gefahr er sich mit seinem Bleiben begeben hat. 1933 versuchte er sogar Hermann Kesten und Stefan Heym von der Emigration abzubringen mit der Begründung, es sei ihre »Pflicht und Schuldigkeit, dem Regime die Stirn zu bieten«. In seinem Fall erscheint es wie ein Wunder, dass er überlebt hat. »Augenzeuge der drohenden Tragödie des Jahrhunderts« wollte er sein. Das erklärte er 1945 einem amerikanischen Offizier, der ihn sehr kritisch über seine schriftstellerische Existenz im Dritten Reich befragte. »Ein Schriftsteller will und muss erleben, wie das Volk, zu dem er gehört, in schlimmen Zeiten sein Schicksal erträgt. Gerade dann ins Ausland zu gehen, rechtfertigt sich nur durch akute Lebensgefahr. Im Übrigen ist es seine Berufspflicht, jedes Risiko zu laufen, wenn er dadurch Augenzeuge bleiben und eines Tages schriftlich Zeugnis ablegen kann.« Das schrieb er Anfang 1946 in einem Artikel, den er *Gescheit und trotzdem tapfer* nannte.

Materielle Gründe können es nicht gewesen sein, die ihn in Deutschland hielten. Von den Tantiemen seiner in viele Sprachen übersetzten Kinderbücher hätte er die Emigration weitaus besser überleben können als die meisten seiner mittellosen Kollegen. Auch in Nazideutschland lebte er bis zum Kriegsbeginn fast ausschließlich von diesen Auslandstantiemen. Denn in Deutschland durfte er ja nicht mehr verlegt werden. Dass seine nach 1933 erschienenen Romane überhaupt noch in Deutschland verkauft werden durften, verdankte er nach eigener Aussage »dem heillosen Durcheinander« der für Literatur zuständigen Nazibehörden. Da wusste also ähnlich wie später in der DDR auch die eine Behörde nicht, was die andere gerade verboten hatte. Und anfangs fürchteten die Nazis noch das Urteil der Auslandspresse. Auch das haben sie mit den eigentlich nicht existiert habenden Zensurbehörden der DDR gemeinsam. Der Reichsindex der verbotenen Bücher trug den ausdrücklichen Vermerk »Streng vertraulich! Nur für den Dienstgebrauch«. Auch DDR-Schriftstellern wurde es gewöhnlich nur streng vertraulich mitgeteilt, wenn eines ihrer Bücher mal wieder nicht erscheinen durfte.

Beharrlich versuchten Kästner und seine ausländischen Verleger durch Ausnahmegenehmigungen das Durcheinander zu nutzen, um die Naziverbote zu umgehen. Um seine Aufnahme in die Reichsschrifttumskammer bemühte er sich mit Hilfe seines Anwalts mehrmals vergeblich. Am 18. Januar 1939 wurde ihm über seinen Anwalt endgültig mitgeteilt, dass eine Aufnahme des »Zersetzungsliteraten Dr. Erich Kästners in die Reichsschrifttumskammer unter keinen Umständen in Frage kommt«. Er habe Glück gehabt, »dass man im Jahre 1933 aus irgendeinem Grunde vergessen hat, ihn auf eine Reihe von Jahren in ein Konzentrationslager zu sperren und ihm so Gelegenheit zu geben, durch seiner Hände Arbeit sich sein Leben zu verdienen«.

Von da an gab es für ihn auch keine Möglichkeit mehr, seine Bücher wenigstens im Ausland erscheinen zu lassen. Anders als Reimann hat Kästner auch in höchster Notsituation nicht versucht, sich den Nazis durch eine nationalsozialistische Gefälligkeitsschreiberei anzudienen. Er schrieb nichts, dessen er sich später hätte schämen müssen, und blieb – mehr Widerstand war nicht möglich – »unpolitisch«. Marcel Reich-Ranicki nannte ihn später »Deutschlands Exil-Schriftsteller honoris causa«.

Dass er trotz der wiederholten Verbote in Nazideutschland noch einmal Geld verdienen durfte, verdankte er der Tatsache, dass fast alle namhaften und fähigen deutschen Schriftsteller emigriert waren, Goebbels aber für seine Ufa-Produktionen immer auf der Suche nach guten Drehbuchautoren war. Der Bekanntschaft mit dem Leiter der Filmabteilung im Propagandaministerium, Fritz Hippler, und dessen Protektion verdankte es Kästner schließlich, dass Goebbels einer zeitweiligen Aufhebung des Schreibverbots für ihn zustimmte. Unter dem Pseudonym Berthold Bürger durfte er das Drehbuch zum *Münchhausen*-Film schreiben. Davon wiederum erfuhr die eigentlich zuständige Reichsschrifttumskammer – so scheint es in Diktaturen halt zuzugehen – nichts. Als Hitler von Kästners Beteiligung am Drehbuch für den Ufa-Jubiläums-Film *Münchhausen* hörte, soll er getobt haben. Worauf Goebbels dann von seiner Zustimmung nichts mehr gewusst haben wollte und seinen Abteilungsleiter Hippler zum Sündenbock machte. Kästner wurde in einem Schreiben vom 14. Januar 1943 mitgeteilt, dass er nun wieder einmal »endgültig« nicht mehr berechtigt sei »als Schriftsteller tätig zu sein«. Damit war er in Nazideutschland das geworden, was Kurt Tucholsky in der schwedischen Emigration von sich gesagt hatte – ein »aufgehörter Schriftsteller«.

Dabei war Kästner bestimmt nicht zwölf Jahre lang moralischer Held im Untergrund. Er arbeitete durchaus nicht subversiv, nicht mal mit versteckten Anspielungen, wenn er für die Ufa schrieb. Er versuchte wie andere auch, irgendwie durchzukommen, und das konnte er nur, indem er ganz und gar unpolitisch blieb. Sicherlich wusste er um die das System stabilisierende Wirkung solcher harmlosen Unterhaltungsfilme, wie er sie für die Ufa schrieb, um nicht zu verhungern. Ein politisches Nischendasein war schließlich seine einzige Überlebensmöglichkeit. Anders als die meisten seiner emigrierten Freunde und Kollegen litt er im Dritten Reich keine materielle Not. Doch von seiner Gewissensnot und der ständigen Bedrohung eingesperrt oder umgebracht zu werden, hat er danach immer wieder berichtet.

Nicht alles, was er da im Nachhinein über sein Verhalten in der Nazizeit aufschrieb, muss stimmen. Da gibt es Lücken in der persönlichen Überlieferung, so manchen Erinnerungsfehler, zwar keinen schwarzen, doch so manchen weißen Fleck. »Man lebte immer weniger mit seinem Gewissen im Einklang. Viele wurden unsicher und schwach. Viele rannten, nur um dem Inferno in der eigenen Brust zu entfliehen, die alten Wahrheiten wie Beschwörungen hinausschreiend, ins Verderben und unter den Galgen. Die Ratlosigkeit des Gewissens, das war das Schlimmste.« Auch Erich Kästner war angewiesen auf das Wohlwollen von Leuten wie dem des Reichsfilmintendanten und Altnazi Fritz Hippler. Der berief sich nach dem Krieg natürlich nur zu gern darauf, dass er ihn seinerzeit bei Goebbels als Drehbuchschreiber durchgesetzt hatte. Von Kästner selbst verlangte er nach dem Krieg, »meine seinerzeitige Aktion für Sie entsprechend zu erwähnen«. Das sollte ihm bei seinen zahlreichen Entnazifizierungsverfahren und dem Versuch helfen, im bundesdeutschen Filmgeschäft wieder Fuß zu fassen. In einem Brief an Kästner erinnert er den inzwischen wieder prominenten Schriftsteller noch im Jahre 1957 dezent an dessen Besuch im Propagandaministerium, bei dem er ihm persönlich signierte Privatexemplare seiner Bücher geschenkt habe. Im Gegenzug hatte sich Kästner 1953, als es um seine Zulassung als Drehbuchautor in der Bundesrepublik ging, von Hippler eine eidesstattliche Erklärung ausstellen lassen, die seine politische Verfolgung während der Nazidiktatur bestätigte. Eine Hand wäscht die andere. Mit Hinweis auf den Ärger, den er mit Goebbels in Sachen Kästner hatte, stellte sich Hippler nachträglich dann sogar als Opfer einer Verleumdungskampagne dar. Auch solche Opfer kann es geben, »wenn es mal wieder anders kommt«.

Bei mir meldete sich nach der Wende einer meiner ehemaligen Zensoren mit der Bitte, ihm zu bestätigen, dass er uns geholfen habe, unsere Programme durchzusetzen. Ich habe ihm das bestätigt. Er war etwas intelligenter als die meisten, die ich erlebt hatte. Außerdem riskierte er als Kulturfunktionär viel mehr als ich, wenn er die politisch falsche Pointe durchgehen ließ. Manchmal – auch das gab es – haben wir uns mit dem einen Zensor gegen den anderen verbündet. Mit manchen von ihnen war ich sogar lose befreundet, schließlich hatten wir oft genug miteinander zu tun.

Einen dieser hauptamtlichen Zensoren kannte ich von gemeinsamer Studienzeit an der Leipziger Theaterhochschule. Er hatte Theaterwissenschaft studiert, während ich an der Schauspielabteilung war, und ist – ich weiß nicht warum – nach dem Studium nicht ans Theater, sondern in die Politik gegangen. Als ich ihn in Dresden wieder traf, hatte er schon eine beachtliche

Parteikarriere hinter sich. Es war die Zeit der Biermann-Ausweisung, also eine Zeit, da den Genossen höchste Wachsamkeit geboten schien. Mein ehemaliger Kommilitone verkehrte anfangs mit mir und meinem Freund Schaller fast im Befehlston. Die ersten Auseinandersetzungen fanden in geradezu feindlicher Atmosphäre statt. Das legte sich später. Der Ton wurde nicht nur verbindlicher, es begann sich ein beinahe freundschaftliches Verhältnis zu entwickeln. Er betonte immer wieder, dass er eigentlich auf unserer Seite stünde, was ihn allerdings nicht hinderte, mit uns um jedes feindliche Wort zu feilschen.

Einmal lud er Schaller und mich zu einem »Arbeitsessen« in ein Dresdner Gästehaus der Partei ein. Es ging ihm darum, so sagte er, das »vertrauensvolle Verhältnis« zwischen uns weiterzuentwickeln. In dem Gespräch erzählte er, dass er selbst oft genug Zweifel an der Parteilinie habe. Er sprach so offen über seine eigenen Schwierigkeiten im Amt, über Auseinandersetzungen mit den Hardlinern in der Partei, dass Schaller und ich uns immer wieder ratlos ansahen. Seine Offenheit machte uns eher misstrauisch. Bis heute weiß ich nicht, was er mit dem Gespräch bezweckte. Denn schon kurz danach gab es zwischen uns dann wieder ganz und gar nicht vertrauensvolle Auseinandersetzungen um das nächste Programm. Trotzdem trug er – so hieß das damals – die »politische Verantwortung« für Kabarettprogramme, die außerhalb Dresdens undenkbar gewesen wären.

Als ich vor einiger Zeit bei einem Buchbasar auf dem Berliner Alexanderplatz neben Hans Modrow, dem ehemaligen ersten Sekretär der Dresdner SED-Bezirksleitung, zu sitzen kam, legte er Wert auf die Feststellung, dass er mich und Schaller nie zensiert hätte. Das stimmt. Er hat sich, anders als andere Spitzenfunktionäre, nicht eingemischt. Das überließ er seinem für die Kultur zuständigen Funktionär. Der hat sich kurz nach der Wende, nachdem er noch vergeblich versucht hatte, im sächsischen Kulturleben wieder Fuß zu fassen, das Leben genommen. Einer wie der Reichsfilmintendant Fritz Hippler, der als Regisseur unter anderem den üblen Dokumentarfilm *Der ewige Jude* zu verantworten hatte, kämpfte dagegen jahrelang ungebrochen um seine Rehabilitierung als Opfer.

Niemand kann auf Dauer in einer Gesellschaft leben, ohne sich in irgendeiner Weise auf sie einzulassen. Unter uns Mitmachern gibt es immer einen mehr, als jeder denkt. Innere Emigration, das sieht man am Beispiel Kästner, kann noch gefährlicher sein als die äußere und bleibt doch immer fragwürdig. Wo ist die Grenze, die, wie Reimann schrieb, »den Opportunismus von der Charakterlumpigkeit schied«? Gewissen kann in jeder Gesellschaft ratlos machen. Und Moral ist auch heute – wie so oft – eine weitgehend von reinem Tagesinteresse bestimmte Angelegenheit.

Die Nazibeamten brauchte man nach dem Ende des Dritten Reiches für den Aufbau der Bundesrepublik Deutschland. Keiner brauchte nach dem Ende der DDR noch einen SED-Funktionär im vereinigten Deutschland. Dass man uns fast alle am Ende nur noch als Konsumenten brauchte, das ahnte kaum einer damals, als die Abrechnung mit der SED-Herrschaft begonnen hatte.

Vom vergangenen Glück deutscher Zweistaatlichkeit

Für uns DDR-Bürger war die Existenz der Bundesrepublik Deutschland von Anfang an ein Glücksumstand. Daran zweifelt heute kaum jemand. Dass die Existenz der DDR nicht ohne Vorteil für die Bundesbürger war – und sei es nur für ihr Selbstwertgefühl –, will kaum noch einer glauben. Bevor die Mauer gebaut wurde, machten Millionen Ostdeutsche Gebrauch von ihrem Glück, indem sie über die grüne Grenze in das Deutschland ihrer Wahl zogen. Die meisten mussten bei diesem Umzug zwar ihren Besitz zurücklassen, konnten dafür aber ziemlich schnell am wachsenden Wohlstand in Westdeutschland teilhaben. Das Wirtschaftswunder machte es möglich. Wir Zurückgebliebenen fingen Krümel dieses Wohlstands in Form von Westpaketen auf. Es war nicht immer das große Glück, Westverwandte zu haben, aber ein bisschen glücklich machten uns ihre regelmäßigen Weihnachtspäckchen fast immer. Selbst wenn wir wussten, dass sie die gar nicht selbst gepackt, sondern von ihrem Lebensmittelhändler hatten zusammenstellen lassen, nahmen wir sie dankbar an. Auch wenn man schon vorher wusste, was drin sein würde, war es immer wieder aufregend, jene »Geschenksendungen«, die »keine Handelsware« sein durften, von der Post zu holen. Schon da bekam man etwas mit von diesem Duft der großen weiten Welt, der diese Pakete so unverwechselbar machte. Um die Weihnachtszeit roch es auf den ostdeutschen Postämtern, wie es in der DDR sonst nirgends roch. Mochte der Zoll die Päckchen noch so streng kontrollieren, den Duft konnte er nicht beschlagnahmen.

Selbst mein großbürgerlicher Schwiegervater war der Droge »Westpaket« verfallen. Er, der standesbewusste ehemalige Wehrmachtsoffizier, ließ sich von einem einfachen Soldaten, der im Weltkrieg sein »Bursche« gewesen war und nun im Westen lebte, Pakete mit Kaffee, Schokolade, Zigaretten und harten Würsten, so genannten »Landjägern«, schicken. Die Familie war mit unendlich vielen, auch sehr reichen Westverwandten gesegnet. Entsprechend zahlreich und üppig waren ihre Westpakete, deren Inhalt mein Schwiegervater nie ungeprüft ließ. Seinen Anteil verwahrte er sorgfältig in einem schönen alten Schrank im Herrenzimmer. Dort lagerte – gut verschlossen –

neben anderen Westschätzen ein besonders großer Vorrat an Schokolade. Ich erinnere mich, dass er uns einmal von diesem reichen Vorrat etwas anbot. Leider war da die ganze schöne Nussschokolade schon von Würmern zerfressen.

DDR-Bürger ohne Westverwandtschaft galten als »arme Schweine«. Sie hatten keine Ahnung, wie Westkaffee duften konnte, wie »Ernte 23« schmeckte oder »Peter Stuyvesant«, wie richtige Jeans saßen, und wie spannend eine vom Westbesuch mutig »rüber«-geschmuggelte *Bildzeitung* sein konnte. Aus der Begegnung mit dem Westbesuch selbst dagegen wurde nicht immer nur das erhoffte harmonische Wiedersehen. Die mitgebrachten Geschenke und das beim Abschied zugesteckte Westgeld wurden zwar immer dankbar entgegengenommen, aber die Zeit zwischen der fröhlich begrüßten Ankunft von Tante Ilse und Onkel Heinz aus Köln und ihrer von allgemeinem Aufatmen begleiteten Abreise gestaltete sich nicht immer als geglückte Familienzusammenführung. Natürlich war der Westwagen von Onkel Heinz viel schöner als der östliche Trabant. Alles war schöner im Westen. Das wusste man doch selber. Das mussten sie einem nicht immer wieder aufs östliche Butterbrot schmieren. Und das Mitleid, das sie für uns, ihre unterdrückten Brüder und Schwestern, zum Ausdruck brachten, hätten sie sich auch irgendwann mal sparen können. Klang es doch oft genug in unseren Ohren auch ein bisschen nach Verachtung. Nicht nur ihre Autos fanden sie den unsrigen überlegen. Sich selbst schlossen sie in diese Überlegenheit ziemlich ungeniert mit ein. Wer sich heute wundert, dass Ost und West noch immer nicht so ganz eins sind, der hat damals nicht richtig zugehört.

Als Kabarettmacher, der in der DDR mit der Zensur um jede Pointe kämpfen musste, beneidete man seine Westkollegen um ihre unendlich scheinende Freiheit. Sie durften sogar im Fernsehen ihre Politiker beim Namen nennen, sich ungestraft über alles und jeden lustig machen. Selbst bei unserem Ostpublikum waren sie durch ihre Medienpräsenz ungleich berühmter und beliebter als wir, die wir in unseren Kabarettkellern unter Ausschluss jeder größeren Öffentlichkeit vor uns hin kritisierten. Sie sprachen Tacheles, wo wir uns in versteckten Andeutungen verfingen. Mit ihrer harschen Kritik an der Politik in der Bundesrepublik machten sie diese Bundesrepublik nur noch beliebter, als sie das in der DDR wegen ihres Wohlstandes ohnehin schon war. Ein Land, in dem solche Kritik nicht nur möglich war, sondern sogar erwünscht zu sein schien, war unserer kleinen, bei jedem Witz zusammenzuckenden DDR unendlich weit überlegen. Wir waren froh, wenigstens im Radio oder am Bildschirm miterleben zu dürfen, was Freiheit des Wortes bedeutete. Aber wir waren natürlich auch mindestens so neidisch, wie wir froh waren. Gerade durch seine Kritiker hat es der Teilstaat Bundesrepublik im anderen deutschen Teilstaat zu so hohem Ansehen gebracht. Und das eben nicht nur bei den Intellektuellen. So viel auch hier noch mal zur systemstabilisierenden Wirkung von Satire.

Das DDR-Fernsehen, die ganze Medienlandschaft in der DDR, hatte sich selbst in die Bedeutungslosigkeit manövriert, weil hier allzu offensichtlich jede Art von Kritik, jede freie Meinungsäußerung unmöglich war. Zwar gab es da auch unendlich viel Satire zu besichtigen, aber die war ganz und gar unfreiwillig und überhaupt nicht komisch. Nicht nur das, was wir über die Bundesrepublik und den ganzen schönen Westen wissen wollten, sahen wir uns deshalb im Westfernsehen an. Da wir aus täglicher Erfahrung wussten, dass das, was bei uns über die DDR-Wirklichkeit berichtet wurde, nichts mit dieser Wirklichkeit zu tun hatte, misstrauten wir auch allem, was da über andere Länder, besonders über Westdeutschland, zu hören und zu sehen war. Auch über uns selbst informierten wir uns beim »Klassenfeind«.

Als dann infolge der neuen Ostpolitik Willy Brandts und der weltweit zunehmenden Entspannung westliche Journalisten in Ostberlin akkreditiert wurden, also direkt aus der DDR berichten konnten, wurden Westfernsehen und -rundfunk noch wichtiger für uns. Die ständige Anwesenheit westlicher Beobachter, die Möglichkeit für uns, mit ihnen in Kontakt zu kommen, machte es den staatlichen Behörden noch schwerer, nach Gutdünken schalten und walten zu können. Hatten sie bisher nur den Unwillen der eigenen Bevölkerung zu fürchten, so mussten sie nun auch die Berichterstattung darüber fürchten, wie sie mit diesem Unwillen im eigenen Land umgingen. Die Grenze war noch durchlässiger geworden, als sie es ohnehin schon war. Kein protestierender Kerzenhalter, keine Festnahme von aufmüpfigen Dissidenten blieb mehr geheim. Da konnte der Staat noch so empört gegen die »fortgesetzte Einmischung in seine inneren Angelegenheiten« protestieren. Die westlichen Kameras und Mikrophone machten aus der geschlossenen Anstalt DDR ein immer offeneres Geheimnis. Je mehr von hier nach draußen drang, desto mehr kam von dort zurück. Das verunsicherte die Staatssicherheitsorgane und machte die murrenden Staatsbürger nur noch aufsässiger.

Die Tatsache, dass die Bundesrepublik so nahe war, Westberlin mitten in der DDR lag, hier also kaum etwas geschehen konnte, ohne dass es von außen bemerkt worden wäre, das hatte den Handlungsspielraum von Partei und Regierung der DDR von Anfang an eingeschränkt. Die Arbeiteraufstände vom 17. Juni 1953 waren zwar nicht vom RIAS, dem »Rundfunk im amerikanischen Sektor«, organisiert, wie das immer wieder behauptet wurde. Aber ohne seine Berichterstattung hätten sie nie solche Ausmaße annehmen können. Ich selbst habe als Kind von den Ereignissen in Berlin damals nur über den RIAS erfahren. Erst als sie im Radio vom Streik der Berliner Bauarbeiter hörten, begannen die Arbeiter auch in Finsterwalde zu streiken. Da konnten die »Stalinorgeln« – so nannten wir die Störsender – noch so laut jaulen. Unsere Informationen holten wir uns trotzdem von den Westsendern.

Gerade die fehlende Sprachgrenze zwischen beiden deutschen Staaten erschwerte es, eine Diktatur in Ostdeutschland so rigoros durchzusetzen wie in anderen sozialistischen »Bruderländern«. Hier konnte man mit den Bürgern schon sehr bald nicht mehr nur nach eigenem Ermessen umspringen. Die DDR stand sozusagen immer unter Beobachtung durch den Westen. Das dürfte viel Schlimmes verhindert haben und die DDR zu einer »kommoderen« Diktatur werden lassen als Rumänien zum Beispiel. Die Tatsache, dass der Westen uns immer im Blick hatte, schützte manchen von uns ganz persönlich vor dem Zugriff des eigenen Staates. Und das wussten wir nicht nur, das nutzten wir auch, wo immer es möglich war, aus. Wir informierten den Klassenfeind, damit er uns und den Rest der Welt über uns informierte. Manchen Widerstand hätte es nicht gegeben, manche »Zusammenrottung«, wie das im Stasijargon hieß, wäre ohne publizistische Begleitung unterblieben. Mancher Demonstrant wäre noch im Herbst 1989 nicht aus dem Hause gegangen, hätte er draußen nicht mit der Anwesenheit westlicher Kameras und Mikrophone rechnen können. Insofern stimmt es schon, dass der Zusammenbruch des Sozialismus, der keiner war, einem Klassenfeind, der ja auch keiner war, zumindest *mit* zu verdanken ist. Mochte sich in Westdeutschland nur eine Minderheit für das interessiert haben, was da im Fernsehen über den Osten berichtet wurde. Im Osten starrten alle – Volk und Regierung – seit Jahren gebannt auf die Westnachrichten aus dem eigenen Mauerland.

Letztlich entscheidend aber dürfte gewesen sein, dass die wirtschaftlich schwache DDR dem ständigen Vergleich mit der reichen Bundesrepublik ausgesetzt war. Hier fragte keiner, wie arm Polen oder Russen im Vergleich zu uns waren. Hier fragte man nur, wie gut es den Westdeutschen ging. Um das Schaufenster Westberlin war zwar eine Mauer gezogen worden, aber die Fernsehbilder von den reichen Auslagen waren durch Beton nicht aufzuhalten. Die vielen verwandtschaftlichen oder freundschaftlichen Beziehungen zwischen Ost- und Westdeutschen taten ein Übriges, den ständigen Vergleich zu provozieren. Und der ging natürlich in fast jeder Beziehung zum Nachteil des Ostens aus. Beim Wettlauf der Systeme, so sagten wir im Stil sozialistischer Berichterstattung, belegte die DDR im innerdeutschen Wettbewerb einen ehrenvollen zweiten Platz, während die Bundesrepublik gerade noch Vorletzte wurde.

Zu den beliebtesten DDR-Witzen gehörte die Feststellung, dass die Wirtschaft der Bundesrepublik direkt am Abgrund stünde, während die DDR-Wirtschaft schon einen Schritt weiter sei. Von der DDR-Mikroelektronik, auf die Honecker und sein Wirtschaftsfachmann Mittag so lächerlich stolz waren, sagten wir: »Ein DDR-Chip – einfach nicht kleinzukriegen.« Im Westen warb einst ein großes Unternehmen mit dem Slogan: »Es gibt viel zu tun, packen wir's an!« Wir machten daraus als DDR-Version: »Es gibt viel zu tun, warten wir's ab!«

Dass auch die Existenz dieser, von ihren eigenen Bürgern immer wieder lächerlich gemachten DDR für die Bundesbürger in mancher Hinsicht von Vorteil war, das beginnen die Klügeren unter ihnen und uns erst ganz langsam zu erkennen. So wie Westberlin das Schaufenster des Westens war, spielte Ostberlin seine Schaufensterrolle auf der anderen Seite. Zwar konnten die Auslagen in unseren Geschäften kaum mit denen im Westen konkurrieren. Aber als Kulturstadt mit hoch subventionierten Theatern, Konzerthäusern, Opern und Museen konnte sich Ostberlin durchaus vor der westlichen Konkurrenz behaupten. Dass bei allem Mangel so viel Geld ausgerechnet in Kultur und Kunst investiert wurde, hatte natürlich damit zu tun, dass man auf anderen Gebieten mit dem Westen eben nicht konkurrieren konnte. Ständig lief die DDR ihrer internationalen Anerkennung hinterher. Nicht nur mit dem heiligen Leistungssport versuchte sie, zu Ansehen in der Welt zu kommen. Dirigenten, Sänger und Theaterregisseure sollten vor allem im westlichen Ausland den Ruf der DDR als »Kulturnation« begründen.

So bekam auch ich als Kindertheatermacher im Zweitberuf und des Französischen einigermaßen mächtiger DDR-Bürger, Gelegenheit, den Ruhm des DDR-Theaters in die westliche Welt zu tragen. Dahin ließ man mich reisen, nicht weil ich viele Devisen nach Hause brachte. Die waren und sind mit Kindertheater auf der ganzen Welt nicht zu verdienen. Aber wenn ich zum Beispiel in Brüssel inszenierte, stand das dort in vielen Zeitungen, und hinter meinem Namen stand, wenn schon nicht DDR, so doch mindestens Ostberlin. Dass das in der DDR lag, hatte sich inzwischen herumgesprochen. Allein um in der westlichen Presse einmal auch positiv erwähnt zu werden und nicht nur als Land, das seine Bürger hinter Mauer und Stacheldraht eingesperrt hielt, ließ man mich hinaus.

Und weil ich aus diesem Ostberlin kam, also aus der Stadt, in der Brecht einst Welttheater gemacht hatte, galt ich im Ausland selbstverständlich immer sofort als Brecht-Spezialist. Als solcher habe ich unter anderem viele Jahre lang regelmäßig in Belgien inszeniert. Dort wurde ich immer mit offenen Armen, manchmal aber auch mit einigem Misstrauen empfangen. Die Theaterschule in Antwerpen hatte mich einmal, als ich gerade in Brüssel arbeitete, eingeladen, dort einen Vortrag über das Kindertheater in der DDR zu halten. Auf Deutsch, weil Antwerpen in Flandern liegt und man dort das Französische als eine eher feindliche Sprache zu empfinden scheint. Als ich mich bei einem flämischen Polizisten auf Französisch nach dem Weg zur Schule erkundigte, würdigte er mich keines Blickes. Als ich dann meine Frage auf Deutsch wiederholte, hat er mich fast ans Ziel getragen.

Bevor ich mit meinem Vortrag beginnen konnte, bat mich der Direktor der Theaterschule, ein paar – so sagte er – organisatorische Fragen mit den Studenten klären zu dürfen. Auf Flämisch, wenn ich nichts dagegen hätte. Was sollte ich dagegen haben? Zwar sprach ich nicht Flämisch, verstand aber inzwischen das eine oder andere Wort. Damit schien der Direktor nicht gerechnet zu haben. Die organisatorischen Fragen, die er mit seinen Studenten besprechen wollte, bestanden in einer eindringlichen Warnung vor mir und allem, was ich so zu erzählen hätte über das Theater in der DDR. Schließlich handele es sich um ein kommunistisches Land, und wen sie von dort in den freien Westen reisen ließen, der müsse zwangsläufig so was wie ein kommunistischer Propagandist sein.

Ich gab mir große Mühe, mir meine Flämisch-Kenntnisse nicht anmerken zu lassen und hielt meinen reichlich unpolitischen Vortrag über Kindertheater in der kommunistischen DDR. Der Direktor bedankte sich anschließend auf Deutsch für meine wertvollen Informationen und wünschte mir, neben einer schönen Rückfahrt nach Brüssel, noch viel Erfolg bei meiner weiteren, so wichtigen Arbeit für das Kindertheater.

Die Studenten bedankten sich auch, luden mich aber noch in eine Kneipe ein, um mit mir weiter über Theater in der DDR und in Belgien zu reden. Zuerst allerdings fragten sie mich, ob ich verstanden hätte, was der Direktor vor meinem Vortrag zu ihnen gesagt hatte. Ich wich aus. Aber sie ließen nicht locker und sagten mir nun auf Deutsch, was ich auf Flämisch schon verstanden hatte. Und dann wurde das Gespräch von ihrer Seite doch noch politisch. Nur weil in Belgien kaum Geld für Theater da sei und für Kindertheater ganz besonders wenig, wollte der Direktor von vornherein ausschließen, dass man sich hier ausgerechnet das kommunistische Theaterland DDR zum Vorbild nähme. Sie selbst wären mehrmals in Ostberlin gewesen, um dort Theater zu sehen. Propaganda wüssten sie im Übrigen sehr gut von Kunst zu unterscheiden. Ein Staat, der so viel für Kultur und Kunst täte, wie sie das in der DDR gesehen hätten, sei immer noch besser als ihr von »banausischen Koofmichs« regiertes Belgien. Sie sagten wörtlich »banausisch« und »Koofmichs«. Ihr Deutsch war ziemlich perfekt. Ich hätte mir selbstverständlich ein solches Urteil über die belgische Kulturpolitik nie angemaßt. Schließlich war ich von belgischen Kulturbehörden eingeladen und bezahlt. Ich habe den Studenten zum Ausgleich dann noch ein bisschen von Zensur und Alltag im DDR-Theater erzählt. Aber der Vergleich mit Belgien fiel beim Thema Theater trotz aller notwendigen Einschränkungen doch eher zugunsten der DDR aus.

Kindertheater war hier eine subventionierte Selbstverständlichkeit. Wenn man – wo auch immer im Westen – erzählte, unter welch privilegierten Bedingungen bei uns Theater, eben auch Kindertheater, gemacht werden konnte, dann machte man automatisch Propaganda für diese DDR. Egal, ob man das beabsichtigte oder nicht. Und viele meiner westlichen Kindertheaterkollegen in Frankreich, Schweden oder Belgien nutzten diese Art »Propaganda« nur allzu gern als Argument, um bei ihren Behörden höhere Subventionen für das eigene Theater herauszuschlagen.

Diese schönen Zeiten sind endgültig vorbei. Theater steht in Deutschland zwar noch immer etwas besser da als in den meisten anderen europäischen Ländern. Das verdanken wir paradoxerweise nicht zuletzt jener Kleinstaaterei, die in Deutschland länger anhielt als irgendwo sonst in Europa. Hier schmückte sich einst jeder mittlere Landesfürst möglichst mit einem eigenen Hoftheater und versuchte den Kollegen Mitfürsten im Nachbarländchen im kulturellen Wettbewerb auszustechen.

Selbst der eher schlicht gestrickte Friedrich August von Sachsen, von dem man wusste, dass er eigentlich kein ausgesprochener Liebhaber der schönen Künste war, soll wie die anderen Wettiner vor ihm stolz gewesen sein auf sein königliches Schauspielhaus und die prächtige Semperoper in Dresden. Auch wenn er sich selbst nur für den *Raub der Sabinerinnen* so recht begeistern ließ, gönnte er seinen Sachsen doch ein ausgesprochen reichhaltiges kulturelles Leben. Unter den deutschen Landesfürsten hat es einfach zum guten Ton gehört, die schönen Künste zu fördern. Das deutsche Bürgertum, das konnte ich an meinem Schwiegervater ja studieren, ehrte seine Fürsten auch nach ihrem Sturz und versuchte, es ihnen in Sachen Kulturrepräsentanz gleichzutun. So blieb Deutschland über Jahrhunderte eine Theaterlandschaft erhalten, um die uns Franzosen oder Engländer nur beneiden konnten.

Das ging nach 1945, in den Zeiten des Kalten Krieges, fast unverändert weiter. Auch jetzt versuchte das eine Kleindeutschland das andere in seiner kulturellen Herrlichkeit zu übertreffen. Im Westen verhalf ein neu erwachter Bürgerstolz mancher zerstörten Stadt zu neuen Theaterbauten oder dem Wiederaufbau der alten. Auch im Osten wurden alte Theater, Konzertsäle und Opernhäuser wieder aufgebaut und nun trotz ihrer feudalen Herkunft zu den neuen sozialistischen Errungenschaften gezählt. Kultur, so hieß eine Losung, sei jeder zweite Herzschlag unseres Lebens. Kleinbürger wie Honecker und seine in Dresden, Leipzig oder Schwerin residierenden Bezirksfürsten waren sicher in mancher Beziehung ausgemachte Kulturbanausen. Aber dass Kultur und Kunst zumindest für die Repräsentation, für das Ansehen in der Welt, unersetzlich waren, das hatten sie alle noch gelernt.

Ähnlich wie bei den echten Fürsten im realen Feudalismus, entwickelte sich zwischen den kleinen Bezirksfürsten in der feudalsozialistischen DDR sogar ein Wettbewerb darum, wer in seiner Bezirkshauptstadt die prächtigsten Kulturstätten, die besten Opern- oder Sprechtheaterensembles vorzuweisen hatte. Manche von ihnen legten sogar Wert darauf, das beste Kabarett in der eigenen Residenzstadt zu haben. Da drückte dann der Zensor als Lokalpatriot schon mal ein Auge zu. So brachten es in den Siebzigerjahren die Leipziger »Pfeffermühle« und in den Achtzigern dann die Dresdner »Herkuleskeule« mit Hilfe ihrer Zensoren und deren lokalem Ehrgeiz zu republikweit bewunderten Aufführungen. Da konnte die »Distel«, das »zentrale Hauptstadtkabarett«, mit ihren zentralen Zensurbehörden zur Freude der sächsischen Lokalpatrioten einfach nicht mithalten. Wenn man der ungeliebten Hauptstadt eins auswischen konnte, war sich der Rest der Republik fast immer einig. Wenigstens das scheint sich mit der Wiedervereinigung nicht geändert zu haben.

Inzwischen sind alle ostdeutschen Staatskabaretts privatisiert. Mit den Zensoren sind auch die Subventionen verschwunden. Das ist für uns kein Malheur, Kabaretts können auch so überleben. Kleinkunst ist eben so leicht nicht kleinzukriegen, weder durch politische Zensur, noch durch unpolitischen Subventionsabbau.

Seit der deutschen Wiedervereinigung aber gefährdet genau dieser Subventionsabbau die gesamtdeutsche Theaterlandschaft, wie das zu Zeiten, da zwei deutsche Staaten auch um die Kulturhoheit konkurrierten, nicht möglich gewesen wäre. Die ganze, schöne »Kulturpflicht der Länder« droht heute, auf einen Notgroschen heruntergefahren zu werden. Kein deutscher Teilstaat muss dem andern mehr beweisen, dass er der bessere Kulturstandort ist. Aus den zwei hoch subventionierten Berliner Schaufenstern ist eine nun im Bankrott vereinigte Hauptstadt geworden. Hier lassen sich reiche Unternehmensverbände, noch reichere Bankgesellschaften und ganz arme Gewerkschaften neben den prächtigen Regierungsbauten Paläste aus hochwertigem Glas, Stahl und Beton bauen, um ihre Macht und Herrlichkeit strahlen zu lassen. Da sitzen keine altmodischen Landesfürsten mehr, keine piefigen Spießbürgersozialisten, die darüber zu entscheiden haben, welche Kunst ihnen gefällt oder nicht gefällt, und was man aus Rücksicht auf sein Ansehen in der Welt noch subventionieren muss und was nicht.

Jetzt sitzen da Leute, die endlich wissen, dass sie den ganzen kulturellen Schnickschnack für ihre Selbstdarstellung nicht brauchen. Ein scheinbar falsch gehängter Baselitz an der Wand reicht aus als kulturelles Alibi. Wozu sollen sie sich wie irgendwelche beschränkten sächsischen Könige oder noch beschränktere Staatsratsvorsitzende von einem subventionierten Streichquartett langweilen lassen, nur um einen kulturellen Anspruch zu heucheln, den sie so wenig haben wie einst Friedrich August von Sachsen oder Erich Honecker? Solche Monster aus der Steinzeit mussten noch politische Rücksichten nehmen, die jetzt – nach dem Ende aller Ideologien – einfach überflüssig sind.

Wo früher einmal Theater und Musik den kulturellen Ton angaben, jagen heute Berliner Politik- und Friseur-Eliten von Event zu Event und spielen in wechselnden locations Weltstadt. Die Theaterhäuser verfallen, ihre Ensembles werden abgewickelt, Orchester zu Streichquartetten fusioniert und Kindertheater auf ein kleinkindliches Ausmaß gestutzt. Jetzt kann man sich endlich auf das konzentrieren, worin man der anderen Seite schon immer überlegen war – auf die Hochtechnologie und den Maschinenbau. Das teure Alibi Kultur kann man sich sparen. Die Globalisierung hat ja nicht zur Folge, dass man uns in China etwa nach der Förderung deutscher Gegenwartsdramatik fragt. Die wollen, was wir ihnen nur zu gern verkaufen wollen – unsere Autos, deutsche Hightecherzeugnisse. Wir fragen sie schließlich auch nicht nach den bei ihnen geltenden Menschenrechten. Wir fragen nach der Höhe der Löhne und Lohnnebenkosten im Reich der Billiglöhne, um dort unsere rentablen Industrieniederlassungen zu errichten.

Das, was nach der Wende im Osten getestet wurde, kann nun in ganz Deutschland umgesetzt werden – ein kultureller Rückbau, der von einem Abriss kaum noch zu unterscheiden ist. Pisa hat uns zwar bescheinigt, eine geringfügig gebildete Nation zu sein. Aber unsere Außenhandelsbilanz beweist ja, dass Bildung und Kultur auf dem Weltmarkt keine Handelsware sind. Auch an der Börse werden andere Werte gehandelt.

Ungleich teurer als der kulturelle Konkurrent DDR aber kam die alte Bundesrepublik einst der östliche Sozialstaat zu stehen. Der war zwar schon damals das, was man heute vom gesamtdeutschen Sozialstaat auch sagt, nämlich: einfach nicht mehr finanzierbar. Aber aus Angst vor den Protesten, die ein Sozialabbau in der DDR unweigerlich ausgelöst hätte, wagte hier keiner daran zu rütteln. Die von Honecker propagierte »Einheit von Wirtschafts- und Sozialpolitik« hatte einen riesigen Schuldenberg hinterlassen. Und zwar – das merken wir erst heute – auf beiden Seiten. Denn das, was sich die Kommunisten an sozialem Luxus leisteten, das mussten die Kapitalisten um des sozialen Friedens willen ihren Arbeitnehmern auch gewähren.

Und umgekehrt. Als die Gewerkschaften in der alten Bundesrepublik einst darangingen, die – Gott hab sie selig – 35-Stunden-Woche in der Metallindustrie durchzusetzen, musste auch im Arbeiter- und Bauernstaat die Arbeitszeit verkürzt werden. Ähnlich war es schon vorher mit dem arbeitsfreien Samstag gewesen. Immer wenn die eine Seite einen sozialen Aufrüstungsschritt beschlossen und verkündet hatte, musste die andere Seite nachziehen. Solange im Westen das sichere Arbeitslosengeld und ausreichend hohe Sozialhilfe gezahlt wurden, verfing der Vorteil der DDR, ein Staat ohne Arbeitslose zu sein, nur wenig bei uns. »Lieber arbeitslos im Westen als das große Los im Osten«, sagten wir angesichts unserer im Gebrauchtwagen anreisenden, arbeitslosen Westverwandten. Die machten sich damals schließlich auch keine großen Sorgen um den Arbeitsplatz. »Wer arbeiten will, der findet auch Arbeit«, das glaubten sie und wir erst recht auch dann noch, als die Zahlen aus Nürnberg weit über die Millionen hinausgegangen waren.

Dem Zusammenbruch der DDR folgte der Zusammenbruch ihrer kranken Wirtschaft. Mit einem kurzen, aber erfolgreichen Treuhandstreich wurde das, was im Osten mit der gesunden Westwirtschaft noch hätte konkurrieren können, einfühlsam stillgelegt. Das führte zu einer nachhaltigen Gesundung der östlichen Umwelt und zu einem kurzzeitigen wirtschaftlichen Aufschwung des Westens. Zur großen Verwunderung aller hat sich die Ostwirtschaft von jenem heilsamen Gnadenstoß, den ihr die Treuhand damals versetzte, nie wieder erholt. Dass der Osten auch so viele Jahre nach seiner Stilllegung nicht aus dem Knick kommt, wundert alle beteiligten Wirtschaftsfachleute und empört den fleißigen Arbeitnehmer an Rhein und Ruhr. Spätestens jetzt, da der Osten den Westen mit in den Abgrund zu ziehen droht, ist die Zeit für eine allgemeine soziale Abrüstung gekommen. Die hohe Arbeitslosigkeit ist ja nicht etwa Folge einer falschen Wirtschaftspolitik, sondern die einer schon immer verfehlten Sozialpolitik. An der hatte man so lange festhalten müssen, wie im Osten die realsozialistische Alternative existierte. Der Westen ist seit dem Untergang des Ostens so frei geworden, dass jede Rücksichtnahme auf soziale Befindlichkeiten in Ost und West überflüssig geworden ist.

Hatte Kohl noch versprochen, keinem würde es schlechter gehen, so wissen heute alle, dass er damit seine östlichen Wähler nur noch ein bisschen schonen wollte vor ihrem Gang zur Wahlurne. Er tat zwar alles dafür, dass die Reichen in Deutschland reicher wurden. Aber der Sozialdemokrat Schröder hat herausgefunden, dass das allein nicht mehr genügt. Um die wirtschaftlichen Probleme des Landes nachhaltig zu lösen, müssen auch die Armen ihren Beitrag leisten, indem sie immer ärmer werden. Wirtschaft und Politik sagen uns jetzt endlich die marktwirtschaftliche Wahrheit: Der Mensch, wie er heute lebt und arbeitet oder eben nicht arbeitet, rechnet sich einfach nicht mehr. Das heißt: Wirtschaftlicher Sachverstand hat die sozialen Träumereien von gestern endgültig abgelöst.

Sozial ist, was der Wirtschaft nützt, denn sie allein schafft, auch wenn sie das seit Jahren nicht mehr tut, Arbeitsplätze. Erst das Verschwinden der DDR hat die deutsche Wirtschaft dazu befähigt, uns die ganze Wahrheit zuzumuten. Die rote Kommandowirtschaft wurde von unfähigen Politikern bestimmt. Jetzt haben wir eine ganz und gar liberale Wirtschaftspolitik, in der endlich fähige Wirtschaftsfachleute das politische Kommando übernommen haben. Die müssen nicht mehr beweisen, dass die Bundesrepublik nicht nur die freie, sondern auch die soziale Alternative ist. Schließlich gibt es ja keine Alternative mehr. So half die DDR auch noch mit ihrem Verschwinden, klare Verhältnisse zu schaffen. Das freie Spiel der Kräftigen kennt nur eine Regel, und die lautet: Der Stärkere gewinnt. Und weil die Wirtschaft nun mal stärker ist als jeder Wohlfahrtsverband, bestimmt die Wirtschaft jetzt unser aller Wohlfahrt. Da wir aber in einer Demokratie leben, ist es das gute Recht der Schwachen, auf die Straße zu gehen und dort wie zu

Diktaturzeiten zu rufen: »Wir sind das Volk!« Keiner wird ihnen das verbieten. Und keiner riskiert, von dort mit Polizeigewalt vertrieben zu werden. Im Gegenteil. Alles, was das Volk heute riskiert, ist, auf der Straße stehen gelassen zu werden. Die Regierung kann sich zwar auch heute noch kein neues Volk wählen. Aber die Wirtschaft hat jetzt freie Wahl, welches Volk sie für sich arbeiten lässt.

Seit der Währungsunion, also schon vor Gründung der DDR, hatte auch der einfache Westberliner uns seine harte Westmark voraus. Ja, er konnte mit unserm schäbigen Ostgeld sein schönes Westgeld mühelos vervielfachen. Dafür brauchte er nur in eine der zahlreichen Wechselstuben zu gehen. Dort konnte er seine D-Mark in fünf oder sieben Ostmark tauschen. Dann brauchte er nur noch die Sektorengrenze zu überschreiten und konnte am Alexanderplatz alles das billig kaufen, was ihm in Wilmersdorf und Friedenau zu teuer war. Alle meine Westtanten und -onkels kamen damals zu uns in den verachteten Osten, um hier dank dieses wunderbar günstigen Umtauschkurses für ganz wenig Geld ganz viel einzukaufen oder ganz billig zum Friseur zu gehen. Mein Ostonkel konnte in Westberlin arbeiten gehen und bekam einen Teil seines Lohnes in Westmark ausgezahlt. So hatte jeder was von der deutschen Teilung. Mit der wertlosen Ostmark konnte man als Westler, ohne den Osten zu betreten, die schönsten Geschäfte machen. Wir brachten sie ja freiwillig rüber, um drüben zu kaufen, was es bei uns nicht gab. Das ging so lange gut, bis die Mauer einen Teil dieser Geschäfte zum gegenseitigen Nachteil zunichte machte. Aber so lange es zwei deutsche Währungen gab, entschied die harte Währung, was die weiche wert war. Denn das große Angebot im Westen trieb unsere Nachfrage in die Höhe und die Ostmark in die Tiefe.

Dass die Kaufkraft unserer Aluchips für Waren des täglichen

Bedarfs wesentlich höher lag als die der so viel höher gehandelten Westmark, merkten wir im Osten überhaupt erst, als es unser Geld nicht mehr gab. Da mussten wir solche Alltäglichkeiten wie Miete, Straßenbahn, Kohlen, Kartoffeln – also alles, was im Osten fast nichts gekostet hatte – plötzlich mit der teuer eingetauschten Westmark bezahlen. Das hat manchen von uns nachdenklich werden lassen, der sich vorher von dieser D-Mark die Erlösung von allem Übel versprochen hatte. Ohne Ostmark war die Westmark plötzlich nur noch halb so viel wert. Aber zum Ausgleich konnten jetzt die Westdeutschen mit ihrer D-Mark im Osten auch nicht mehr anfangen als im Westen. Damit verloren die Westverwandten bei uns beträchtlich an Wert. Was war noch Besonderes an einem Westonkel für den, der über Nacht selbst einer geworden war? Manche familiäre Bindung löste sich ohne den materiellen Anreiz einfach auf. Uralte Familienzwistigkeiten, die im Schatten von Mauer und Währungsgefälle geruht hatten, brachen wieder aus. Und keine einst so dringende Familienangelegenheit wie Silberhochzeit oder Taufe führte uns mehr zusammen wie früher, als die Mauer uns noch trennte.

Meine Schwiegereltern, die schon in frühen DDR-Jahren durch eine Erbschaft in den Besitz eines heimlichen Westkontos gekommen waren, konnten davon im Osten auch dann noch ziemlich gut leben, als das kleine Leipziger Nachkriegspelzgeschäft so gut wie nichts mehr einbrachte. Mein Schwiegervater hat es zwar bis ins hohe Alter weitergeführt, aber das hatte für ihn wohl nur noch symbolische Bedeutung. Er fuhr einmal täglich ins Geschäft und kam nach wenigen Stunden wieder zurück, um nach dem Mittagessen im Radio die uns ganz und gar nichts sagenden Börsenkurse zu notieren. Er hatte nämlich schon damals die ganze schöne Westerbschaft der Familie in Aktien angelegt und informierte sich am Radio täglich über ihr Auf und Ab. Was er in seinem Leipziger Pelzgeschäft machte, wusste außer ihm keiner so richtig. Er wollte wohl nur einfach das bleiben, was er außer Soldat am liebsten war – Geschäftsmann.

War es für Ostdeutsche schon von einigem Vorteil, Westverwandte mit Westgeld zu haben, so waren Ostverwandte mit Westgeld noch wertvoller. Mit ihnen konnte man ganz direkte, wenn auch nicht ganz legale Geschäfte machen. Die DDR litt immer stärker unter ihrer ständig wachsenden Devisenknappheit. Also wurde es ihr – legal oder illegal – schließlich scheißegal, wie sie an Westgeld kam. So ertauschte ich mir bei meinem Schwiegervater zu einem Traumkurs von eins zu drei das Westgeld, um mir über Genex durch meinen Westschwager ein neues Ostauto schenken zu lassen. Genex war eine beinahe legale ostdeutsche Handelsfirma, die vom Staat eingerichtet worden war, um seinen Bürgern solche illegalen Geschäfte zu ermöglichen, mit denen er selbst – der Staat nämlich – auf relativ legalem Weg an zusätzliche Devisen kam. Auch das war ein Grund für mich, die Existenz des andern deutschen Teilstaates zu loben. Mit seiner Hilfe konnte ich mit dem eigenen Teilstaat gänzlich ungefährdet krumme Geschäfte machen zu meinem und zum Vorteil der DDR-Volkswirtschaft. Der innerdeutsche Handel hatte viele Gesichter. Die großen unter den krummen Geschäften vereinbarten die Regierungen »zum gegenseitigen Vorteil«. Vom kleinen Grenzverkehr profitierten manchmal auch wir kleineren Betrüger.

Mochte der Führungsanspruch der Einheitspartei in der Verfassung der DDR festgeschrieben sein, im wirtschaftlichen Alltag war die D-Mark bei uns nicht nur Zweit-, sondern bereits Leitwährung geworden, als uns ihr Besitz offiziell noch verboten war. Mochte im Wirtschaftsteil unserer Zeitungen von der Stabilität unserer Preise gesprochen werden im Gegensatz zur wachsenden Unsicherheit, die die Inflation im Westen über die Menschen brachte. Im Anzeigenteil derselben Zeitungen konnte man im Kleingedruckten lesen, dass man für Westgeld bei uns fast alles kaufen konnte, was es für Ostgeld nicht gab. Da stand natürlich nicht Westgeld. Das hinzuschreiben war verboten. Aber so wie im Kabarett jeder verstand, was wir meinten, auch wenn wir es nicht aussprachen, so verstand auch in den Anzeigen jeder, was da unausgesprochen geschrieben stand. Mit unserem einfachen deutschen Wortschatz vermochten wir in vielen Sprachen zu sprechen.

Der von uns Ostdeutschen schließlich fast einhellig bejubelte Untergang der DDR ist vor allem für Leute, die nicht dort leben mussten, ein Verlust. Soziale Rücksichten auf die Schwachen müssen seit ihrem staatlichen Hinscheiden nicht mehr genommen werden. Nicht umsonst trauern so viele Westdeutsche ihrer gemütlichen Bundesrepublik nach, in der es auch für die Schwachen im Ernstfall immer noch was zu verteilen gab. Mit den Kosten der Wiedervereinigung, die die Reichen aus der Portokasse bezahlen können, sind die Armen, die alles aus der Haushaltskasse bestreiten müssen, überfordert. Mit den riesigen Transferleistungen von West nach Ost verhält es sich ähnlich wie mit der wesentlich geringeren Entwicklungshilfe der Ersten für die Dritte Welt – da zahlen auch die Armen aus den reichen Ländern oft genug für die Reichen in den armen Ländern.

Für uns DDR-Bürger ist die Existenz der DDR erst im Nachhinein zu einem wirklichen Glückserlebnis geworden – wir durften sie untergehen sehen, dabei sein, wie ein für allmächtig gehaltenes System in sich zusammenfiel. Seitdem wissen wir: Nichts ist unendlich!

Ein Feind, ein guter Feind

Von Thomas Mann stammt der Satz, dass die Jahre des Kampfes gegen Hitler und den Nationalsozialismus eine »moralisch gute Zeit« waren. Da wusste man, was gut war und was böse. Es gab keinen Zweifel, dass, wer gegen Hitler kämpfte, auf der richtigen Seite stand. Auch das, was kurz zuvor und gar nicht so viel später als kaum weniger böse galt – Stalin und sein Sowjetimperium –, erschien dem Rest der Welt damals mehr als gut genug im Kampf gegen das nationalsozialistische Deutschland.

Thomas Mann hatte noch in Zeiten des Kalten Krieges die Stirn zu behaupten, der Antikommunismus sei die »Grundtorheit des (zwanzigsten) Jahrhunderts«. Das hat einen Mann wie meinen Schwiegervater am politischen Verstand des ansonsten geschätzten Verfassers der *Buddenbrooks* und der *Ansichten eines Unpolitischen* zweifeln lassen. Für ihn war wie für Ronald Reagan der Kommunismus das Böse an sich. Ohne die kommunistische Gefahr, die von Russland ausging – das Wort Sowjetunion nahm er gar nicht in den Mund –, wären die Nazis in Deutschland, seiner Meinung nach, überhaupt nicht an die Macht gekommen. Und weil er das so sah, war er auf deutscher, also nationalsozialistischer Seite in den Krieg gezogen gegen das bolschewistische Sowjetrussland und gegen den »Erbfeind« Frankreich. In Frankreich war er zeitweise auch in der Partisanenbekämpfung eingesetzt. Das kommentierte er später mit der Bemerkung: »Was einem so alles passieren konnte.« Dass sich der Erbfeind im Laufe der Nachkriegsgeschichte in einen Verbündeten im Kampf gegen den Feind Kommunismus verwandelte, ließ meinen Schwiegervater auch in einem Mann wie General de Gaulle einen wackeren Militär und französischen Patrioten sehen. Als Soldaten hatten sie ja nach seinem Verständnis beide auf der für sie richtigen Seite gekämpft, auf der ihres jeweiligen Vaterlandes nämlich. Dass die deutsche Wehrmacht an Kriegsverbrechen beteiligt gewesen war, hat er immer bestritten. Deutsche Soldaten haben nur, wie ihre französischen, englischen oder amerikanischen Kriegsgegner, »normal« Krieg geführt miteinander. In der Rückschau war da vom Gegeneinander so gut wie keine Rede mehr. Vor den Nazis hatte sich der tapfere deutsche Soldat schließlich selbst in Acht zu nehmen. In besseren Offizierskreisen empfand man nur Verachtung für sie. Ja, man schämte sich für ihr unehrenhaftes Verhalten der Zivilbevölkerung gegenüber.

Dass mein Schwiegervater, der im zivilen Umgang kaum noch etwas Militärisches erkennen ließ, an Verbrechen gegen die Zivilbevölkerung beteiligt gewesen sein könnte, kann – oder besser – will ich mir nicht vorstellen. Seine Ansichten über Patriotismus und Ehre waren gewiss nicht die meinen. Trotzdem stand er für mich nicht etwa auf der »anderen Seite«. Er kam aus einer anderen Zeit, die für ihn die gute alte, für mich alles andere als das war.

Alles, was ich in der Schule über diese Zeit gelernt hatte, war ganz und gar eindeutig, in gewisser Weise auch einseitig. Da gab es auf der einen Seite die nationalsozialistischen Verbrecher, die Judenmörder, SS-Leute, Gestapo und die Nazigeneräle, eben die Bösen schlechthin. Im Grunde meines Herzens zählte ich auch die Mitläufer dazu. Auf den Gedanken, dass fast alle Erwachsenen, mit denen ich es als Kind zu tun hatte, mindestens solche verachtungswürdigen Mitläufer gewesen sein müssten, kam ich gar nicht. Ich hätte ja meine Eltern, viele Leute in meiner Umgebung, die ich mochte, mit dazurechnen müssen. Auf der anderen Seite waren die mutigen Widerstandskämpfer und die Millionen Opfer. Ob es in Finsterwalde Widerstandskämpfer gegeben hatte, weiß ich nicht. Auch von Opfern oder Tätern, die man gekannt haben könnte, war – soweit ich weiß –

damals keine Rede in der Stadt. Finsterwalde schien irgendwie außerhalb des Nazireichs gelegen zu haben. Aber den heute gern als nur verordnet bezeichneten Antifaschismus in Ostdeutschland hatte ich schon als Kind zutiefst verinnerlicht.

Normale Menschen, die weder Verbrecher, noch Opfer oder Helden waren, kamen in meinem Bild vom Nazireich nicht vor. Es gab für mich lange Zeit nur Anne Frank und die Geschwister Scholl auf der einen und Baldur von Schirach auf der anderen Seite. Und das waren alles keine Finsterwalder. Die Bösen Gott sei Dank nicht, aber die Guten leider auch nicht.

Hätte ich damals erfahren, wie sich der von mir hoch verehrte Erich Kästner – übrigens auch kein Finsterwalder – in dieser Nazizeit schließlich nur noch so durchgewurschtelt hatte, was er für Kompromisse eingegangen war, um bei den Nazis sein Geld verdienen zu dürfen, ich hätte ihn mit meinem ganzen jugendlichen Hochmut zutiefst verachtet. Gerade weil er doch für uns im Nachkriegsdeutschland so etwas wie eine moralische Instanz geworden war. Von eigenen Verstrickungen, von persönlichen Beziehungen zu hohen Nazis, wie zu Reichsfilmintendant Hippler, habe ich bei ihm nie eine Zeile gelesen. Er war die Verkörperung dessen, was wir innere Emigration nannten. Das war für mich nur ein anderes Wort für Widerstand. Den hat Kästner aber – wie die anderen daheim gebliebenen Schriftsteller – nachweislich nicht geleistet. Wie sollte er auch? Statt mit seinem Füllfederhalter in der Hand der Nazibarbarei Einhalt zu gebieten, hat er immer wieder bei der Reichsschrifttumskammer oder bei Goebbels persönlich um eine Arbeitserlaubnis gebettelt.

Manche Wahrheit darf man nicht zu früh erfahren, die Wahrheit über unser aller unzulängliche Beschaffenheit zum Beispiel. Nie hätte ich verstehen können, dass man in Nazideutschland mit der gleichen Begeisterung Pimpf werden konnte, wie ich dann später in der DDR Pionier wurde. Dabei hatte ich doch in der Schule oft genug den Satz gehört: Die Umwelt formt den Menschen. Aber das hieß für uns in der DDR eigentlich nur: Die bessere Umwelt formt den besseren Menschen. Dass daraus nichts werden konnte, durfte ich an mir selbst und an den vielen anderen studieren, die in der gleichen besseren Umwelt aufwuchsen, ohne deshalb die besseren Menschen zu werden. Ich habe meine Kompromisse ohne jede Gefahr für Leib und Leben gemacht und musste es anschließend nur hinnehmen, dafür ausgelächelt zu werden. Zum Vorbild taugt der Mensch wohl erst, wenn viel Gras gewachsen ist über sein durchwachsenes Heldenleben.

Ganz ähnlich wie mit dem Vorbild verhält es sich mit dem Feindbild. Um sein intaktes Weltbild nicht zu beschädigen, sollte man beiden besser nicht zu nahe kommen. Beide könnten einen enttäuschen, das Vorbild in fast jedem Falle negativ, das Feindbild in manchem Falle positiv. Da der Mensch aber offenbar beide braucht, Feindbilder wie Vorbilder, schafft er sie sich immer wieder neu, allerdings möglichst nicht nach seinem Bilde. Wie müsste er erschrecken, würde er erkennen, wie oft sie ihm trotzdem ähnlich sehen.

Die Vorbilder meiner Kindheit waren das tapfere Schneiderlein, Karl Mays Old Shatterhand und sein Blutsbruder Winnetou, Erich Kästners *Emil und die Detektive*, Pawel Kortschagin, der tapfere Fliegeroffizier aus dem sowjetischen Heldenepos *Wie der Stahl gehärtet wurde*, der deutsche Torwart Toni Turek, der weise Joseph Wissarionowitsch Stalin in dem sowjetischen Film *Die Schlacht um Berlin* und Sherlock Holmes, der Meisterdetektiv. Sie konnten mich nicht enttäuschen, denn die Gefahr, einem von ihnen persönlich zu begegnen, bestand nicht.

Ihre Vorbildwirkung verloren meine Helden auf natürlichem Wege – ich wurde älter und verlor sie aus den Augen. Irgendwann schämt man sich ja auch fürs tapfere Schneiderlein. Vor dem Vorbild Stalin allerdings erschrak ich dann regelrecht. Aber da hatte ich längst vergessen, dass dieses Pfeife rauchende Ungeheuer einmal zu den Helden meiner Kindheit gehört hatte. Dass er mir ausgerechnet jetzt wieder einfiel, kann ich nur damit erklären, dass auf mein Gedächtnis wirklich kein Verlass ist. Nicht mal auf die Lücken. Plötzlich, nach so vielen Jahren, sehe ich »meinen Stalin« wieder vor mir, wie er da in strahlend weißer Uniformjacke auf der Leinwand erschien, als grundgütiger und allwissender Generalissimus, dem bis auf die Pfeife im Mund alles Menschliche fremd zu sein schien. Wie unbegreiflich war und ist unsereinem, dass die Generation vor uns auf das geifernde Monster Hitler hereinfallen konnte. Na gut, mein Stalin war ein Filmschauspieler, und ich war Kind, als ich ihn verehrte. Aber einen leisen Zweifel daran, dass mir das, was den Deutschen damals »passierte«, nie und nimmer hätte passieren können, bekomme ich schon manchmal.

Wie schnell aus Vorbildern Feindbilder werden können, das haben wir im Osten zu Wendezeiten erleben dürfen. Wie viele von uns erschraken jetzt vor den Bildern, die so viele Jahre über ihnen an der Wand gehangen und die sie einst selbst dort angebracht hatten. Deshalb auch das Tempo, in dem diese Bilder von der Wand genommen und Standbilder, wie das von Lenin in Berlin, abgetragen wurden. So einen fliegenden Wechsel an der Heldenfront erlebt man nicht alle Tage. Von Stalin hatten wir uns schon in der DDR losgesagt, wenn auch nur sehr zögernd und eher verschämt. Umso schamloser ging es dann 1989/90 zu. »Von Lenin befreit sind Straßen und Plätze durch der Freiheit holden, belebenden Blick!« Aus Goethes Osterspaziergang machte ich damals im Kabarett einen Ostspaziergang durch die von den Spuren der Diktatur befreiten Straßen der Hauptstadt.

Dass die meisten Vorbilder nicht das ewige Leben haben, gehört zu dem wenigen, was an ihnen menschlich ist. Kaum eines von ihnen überlebt das System, das es hervorgebracht hat. Der Rahmen unserer Heldenbilder ist ein Wechselrahmen. Dass sich die Jugend fast immer die falschen Vorbilder aussucht, steht für uns Ältere seit Jahrtausenden fest. Wenn uns Erwachsenen dasselbe passiert, rechtfertigen wir uns gern damit, den falschen Helden nicht selbst ausgesucht zu haben. Er ist uns aufgezwungen worden, und wir haben mit der Faust in der Tasche zu ihm aufgeblickt. Vorbilder sind eben meist unsichere Kantonisten. Auch wenn sie schon tot sind, können sie uns noch damit überraschen, dass sie auf die Nachwelt ganz anders wirken, als sie uns zu Lebzeiten erschienen waren. Thälmann, der sich zuerst für den treuen Sohn und dann sogar Führer der deutschen Arbeiterklasse ausgab, stellte sich nach seinem Tod als Sowjetknecht und Vasall Stalins heraus. Da ihn die Nazis aber umgebracht haben, dürfen manche Nebenstraßen bei uns noch seinen Namen tragen. Da hat er posthum Glück gehabt.

Wesentlich haltbarer als die meisten Vorbilder sind dagegen unsere Feindbilder. Allerdings dürfen wir – wie gesagt – auch den Feind nicht zu nahe an uns heranlassen. Abstand halten, ist das erste Gebot im Umgang mit Feind- wie mit Vorbildern. Kaum ein Feind hält, was er verspricht, wenn man ihm zu nahe kommt. Dafür lieferte der Erzfeind Frankreich ein historisches Beispiel. Dem sind wir nach dem Zweiten Weltkrieg einfach zu nahe gekommen. Ein Feind muss einem fremd bleiben. Nicht umsonst spricht man in Deutschland von Fremdenfeindlichkeit. Auch den Fremden sollte man besser gar nicht erst kennen lernen. Anders als im heißen Krieg muss man im kalten Frieden darauf achten, dass es nicht zu einer Feindberührung kommt. Jedes Kennenlernen kann dazu führen, dass man in seinem Feind plötzlich nur noch einen Mitmenschen sieht. Mitmenschlichkeit aber ist der Anfang vom Ende aller natürlichen Fremdenfeindlichkeit.

Je anonymer der Feind ist, je abstrakter sein Bild gezeichnet wird, desto haltbarer ist er. Wie uns der Antikommunismus beweist, der den Kommunismus nun schon so lange überlebt hat, kann ein Feindbild, wenn man es nur richtig pflegt, auch nach seinem realen Verschwinden noch hilfreich sein in den politischen Auseinandersetzungen. So schnell wie die Linken heute noch einen gewöhnlichen Rechten der Einfachheit halber gern Nazi oder Faschist nennen, so schnell nennen die Rechten jeden Halblinken auch noch Kommunist. Zu den noch immer aktuellen Spitzenleistungen deutscher Feindbildproduzenten gehört das Bild vom »rotlackierten Faschisten«. In dieser Charakterisierung ist so ziemlich alles zusammengefasst, was man sich heute an Bösem vorstellen kann. Eine gewisse Vereinfachung gehört nun mal zum Feindbild. Am sichersten ist, man spricht ihm sein Menschsein überhaupt ab, nennt ihn Ratte, Untermensch, schwarzes oder rotes Gesindel. Auch mit dem harmlosen Wort »Pinscher« hat ein deutscher Kanzler schon mal erklärt, wofür er seine Feinde hält.

Mir wurde als Kind oft und am wirkungsvollsten mit dem »Schwarzen Mann« gedroht. Den kannte ich nicht, konnte ihn mir aber gerade deshalb in den schrecklichsten Formen ausmalen. Er erfüllte in meiner Erziehung lange Zeit die wichtigste Funktion, die ein Feindbild nur haben kann – er machte mir Angst, hatte also das, was man in der praktischen Politik eine abschreckende Wirkung nennt.

Am perfektesten beherrschten die Nazis diese Methode der Abschreckung durch Angstmachen vor einem unterirdisch bösen Feind. Mit dem Bild von der Bedrohung durch jüdisch-bolschewistische Untermenschen mit asiatischer Physiognomie haben sie den Durchhaltewillen der Deutschen bis zur letzten Minute geradezu erzwungen. Im anschließenden Kalten Krieg wurde das jüdische Element aus dem Feindbild gestrichen, aber der Rest reichte aus für eine noch über Jahrzehnte haltbare Abschreckung. Die Nazis hatten bei den Deutschen gut vorgearbeitet – das Bild von mordenden Bolschewistenhorden, die jetzt Freiheit und Demokratie bedrohten, hatte seine durchschlagende Wirkung auch nach dem Krieg nicht verloren und ist auch heute noch nicht ganz aus dem Verkehr gezogen.

Was das »friedliebende sozialistische Lager« dem an Propaganda über den anglo-amerikanischen Militarismus und seine westdeutschen Helfershelfer entgegenzusetzen versuchte, war zwar nicht weniger simpel. Aber es war trotz aller vergleichbaren Primitivität unvergleichlich viel wirkungsloser. Hinzu kam, dass die Angst vor der Gefahr aus dem Westen einfach nicht dieselbe lange Tradition hatte wie die vor der Gefahr aus dem Osten. Da kamen ja auch keine wilden Kasachen oder Kirgisen im primitiven Panjewagen und in Uniformen, die von Lumpen kaum zu unterscheiden waren. Da kamen gut gekleidete, mit modernster Technik ausgerüstete Soldaten in Jeeps und verteilten lässig Kaugummis, Zigaretten und Schokolade an die Besiegten. Und schließlich hatten die Amis Westdeutschland nicht nur erobert – von Befreiung wurde damals sowieso nicht geredet –, sie haben die hungernden Westdeutschen bald mit Carepaketen versorgt und ihnen beim Wiederaufbau der Industrie geholfen. Die Russen hatten selber nichts zu essen und haben die wenigen Industrieanlagen, die es im Osten überhaupt gab, auch noch demontiert. Selbst die Eisenbahnschienen haben sie weggeschleppt. Ganz ohne einen realen Hintergrund, und mag er auch noch so unterbelichtet sein, funktioniert eben auch das primitivste Feindbild nicht.

Mit dem Zusammenbruch des ganzen sozialistischen Lagers und seiner anschließenden Selbstauflösung war – daran dachte zuerst kaum einer – etwas ganz Wichtiges verloren gegangen –, eben das Feindbild. Wir liefen hier in Ostdeutschland zwar noch ein Weilchen durch die Straßen und riefen immer weiter »Stasi raus, SED raus« und »Wir sind das Volk!«. Aber an unserem Volksein zweifelte inzwischen sowieso niemand mehr. Und Eindruck machten wir damit in der Freiheit schon gar nicht. Stasi und SED unternahmen noch den einen oder anderen kläglichen Versuch, durch irgendwelche Hintertüren wieder hereinzukommen. Aber es nützte nichts. Sie waren weg vom Fenster. Die Sendboten aus dem freien Westen wurden nun im befreiten Osten begrüßt, als seien sie die Befreier. So führten sie sich dann bald auch auf. Dass unter ihnen der eine oder andere Freigänger war, stellte sich zwar irgendwann heraus. Aber bevor wir »die von drüben« als Ersatzfeind für »die da oben« erkannt hatten, war erst mal eine große Leere entstanden.

Unser Feindbild war einfach in einem Loch verschwunden, um das wir nun ratlos herumstanden. Vor lauter dagegen sein hatten wir nie so richtig überlegt, wofür wir waren. Das mussten wir uns jetzt folgerichtig von unseren westdeutschen Helfern erst sagen lassen. Zum Glück wussten sie alles ganz genau, ohne erst lange nachdenken zu müssen, und wir taten alles, was sie für uns für richtig hielten. Ja, wir ließen sie das meiste gleich selbst für uns tun, weil sie uns zu verstehen gaben, wie viel besser sie das konnten. Dafür haben wir sie anfangs sehr bewundert. Aber dann machten sie in dem Bemühen, alles schnell hinter sich zu bringen, doch manche Fehler. Sie lösten zum Beispiel in ihrem Eifer auch die Volksarmee einfach auf, und erst als das nicht mehr rückgängig zu machen war, hielten sie kurz inne. Da merkten sie nun, welchen Schaden sie damit der eigenen Bundeswehr zugefügt hatten. Ohne sich etwas dabei zu denken, hatten sie das ganze schöne Feindbild aus dem militärischen Verkehr gezogen.

So wie wir nicht recht weiterwussten, nachdem unser Feind Stasi und SED weg war, so ging es der Bundeswehr jetzt mit der aufgelösten Volksarmee. Die Rote Armee hatte sich schon vorher geweigert, ihre alte Feindrolle weiterzuspielen. Auch die anderen ehemaligen Bruderarmeen spielten nicht mehr mit. Der gesamte Warschauer Pakt hatte die Seiten gewechselt. So stand die ganze westliche Militärmacht jetzt, wie wir östlichen Zivilisten schon zuvor, ohne Feind da. Die sich nun erst langsam entwickelnden, kleinen Feindseligkeiten zwischen Ost- und Westdeutschen konnten das große, alle verbindende Feindbild nicht ersetzen. Es drohte etwas, worauf keine Armee der Welt vorbereitet ist, ein sinnloser Frieden, ohne Gleichgewicht des Schreckens und Abschreckens, ohne den sinnstiftenden, bösen Gegner, dessen Vorhandensein die eigene Existenz überhaupt erst rechtfertigt.

Dem Bundesnachrichtendienst war es ja mit der Auflösung der Staatssicherheit ähnlich gegangen. Aber BND und Verfassungsschutz sind Geheimdienste, die alle Erkenntnisse, auch die von der eigenen Überflüssigkeit, einfach geheim halten können. Das ist ihnen ja auch bis heute überzeugend gelungen. Aber die Soldaten der Bundeswehr tragen Uniform, sind also zu erkennen, wenn sie sinnlos durch Straßen marschieren, auf denen es gar nichts mehr zu verteidigen gibt.

Zum Glück brachen dann in Jugoslawien doch wieder Feindseligkeiten aus und gaben in ganz Europa dem Soldatsein wieder einen, wenn auch lokal begrenzten Sinn. Der damalige Bundesverteidigungsminister ergriff die Situation beim Schopfe und schickte seine Soldaten ins Krisengebiet, bevor sie ganz in Depression und Selbstzweifel verfielen. Das war für die Bundeswehr sogar eine Premiere – endlich zogen deutsche Truppen nicht mehr nur mit Platzpatronen in ein Manöver des Kalten Krieges. Endlich durften auch sie mal scharf schießen. Im Übrigen aber schien man sich damit abfinden zu müssen, dass es allenfalls noch zu lokalen Auseinandersetzungen mit kleinen

Feinden kommen würde, die meist schon besiegt sein würden, bevor man sich ein richtiges Bild von ihnen hätte machen können.

Dann aber geschah das Wunder von Manhattan – die Weltmacht USA wurde auf ihrem eigenen Territorium angegriffen. Umgehend versicherte der deutsche Bundeskanzler seine uneingeschränkte Solidarität mit den USA. Denn der Feind hatte jetzt endlich wieder ein weltweit erkennbares und verabscheuenswürdiges Gesicht. Bin Laden und die al-Qaida. Dass es sich bei diesem Feind um einen ehemaligen Freund der USA handelte, war relativ unerheblich. Die USA haben unter ihren Freunden viele, die sich von ihren Feinden nur dadurch unterscheiden, dass sie vom jeweiligen US-Präsidenten noch nicht dazu erklärt worden sind. Die Vereinigten Staaten sind so mächtig, dass sie sich Freunde leisten können, die – wären sie keine Freunde der USA – auf der ganzen Welt geächtet würden.

Der deutsche Verteidigungsminister musste sich jetzt nicht mal mehr die Mühe machen, irgendwelches Geheimdienstmaterial falsch zu interpretieren, um damit den Einsatz seiner Soldaten in irgendeinem kleinen Bosnien oder Kosovo zu rechtfertigen. Mit dem Furcht erregenden Feindbild, das ihm der mächtige Verbündete USA geliefert hatte, konnte er ab sofort jeden Einsatz in jedem Land dieser Welt rechtfertigen. Wo sich bin Laden versteckte, der sich hinter dem Feindbild verbarg, war nicht sicher. Aber die USA schlugen Afghanistan als Feindesland vor, weil er dort zuletzt in irgendwelchen Berghöhlen gesehen worden sein sollte. Es hätte auch ein anderes Land sein können. Aber der für sein geografisches Wissen berühmte amerikanische Präsident tippte auf Afghanistan. Das Land schien besonders geeignet, weil es groß genug ist, um hier gewaltige Bombenteppiche abzuladen, ohne damit allzu viele Einwohner zu treffen. Der Kollateralschaden bei der Zivilbevölkerung konnte in zumutbaren Grenzen gehalten werden, ohne irgendwelche unmilitärischen Rücksichten nehmen zu müssen.

So bekämpfte man denn zunächst den Verbrecher bin Laden und seine Komplizen auf afghanischem Boden nicht nur mit präzise gelenkten Raketen, sondern konnte auch Streubomben einsetzen, deren Erprobung sowieso anstand. Damit traf man dann auch ein paar unaufmerksame Talibankämpfer, bei denen die Schurken Unterschlupf gefunden haben sollten. Da sich aber die Taliban äußerlich kaum von anderen Afghanen unterscheiden, schon gar nicht vom Bombenflugzeug aus, muss wohl auch der eine oder andere eingeborene Zivilist sein Leben gelassen haben für die Befreiung seiner dünn besiedelten Heimat. Für den viel zu gefährlichen Bodenkampf suchten sich die kommandierenden US-Amerikaner Verbündete unter den marodierenden afghanischen Bandenchefs. Die kannten sich in der eigenen Bergwelt aus und haben die Taliban schließlich aus der Hauptstadt vertrieben. Danach konnten UNO-Truppen aus der ganzen Welt, also auch aus Deutschland, Freiheit und Demokratie ins zerstörte Kabul und seine allernächste Umgebung bringen.

Was sich in den von Kabul weiter entfernten Regionen des unwirtlichen Landes abspielt, ist bis heute nicht zu kontrollieren. Die kurzzeitig mit den USA verbündeten Stammesführer oder Bandenchefs – das kann man da unten nicht immer auseinander halten – tun inzwischen wieder das, was sie vor dem Einzug der Amerikaner getan haben – sie bekämpfen sich gegenseitig. Manche kämpfen auch wieder gegen die Amerikaner und ihre europäischen Verbündeten. Bin Laden wurde bisher zwar nicht gefunden, aber sein Bild, also das Feindbild par excellence, blieb erhalten und liefert zuverlässig jeden Anlass für jeden Krieg gegen jeden Schurkenstaat, den die USA auf dem Globus und in ihrem Weltbild finden.

So konnte Bush junior sich am Irak für eine Kränkung rächen, die Bush senior im ersten Golfkrieg dort erlitten hatte. Saddam Hussein, auch er ein alter Freund der Vereinigten Staaten von Amerika, wurde zum Stellvertreter bin Ladens im Irak erklärt, mit symbolischen Massenvernichtungswaffen versehen und vernichtend geschlagen. Nach Monaten des Versteckspielens wurde er sogar gefangen genommen und schließlich vor ein irakisches Gericht gestellt. Der Irak ist befreit, was außer den Irakern kaum noch einer bestreitet. Aber statt ihren Befreiern für die mitgebrachte Demokratie zu danken, bekämpfen sie sie mit Terroranschlägen, wie das in der islamischen Welt noch viel üblicher geworden ist, seit die USA und ihre Verbündeten dem islamistischen Terrorismus den Krieg erklärt haben.

Wie sich das für ein funktionierendes Feindbild gehört, sind Islam und Terror zu Synonymen geworden, wie USA und Demokratie ja auch eins sind. Es dürften also noch viele kleine Einzelkriege ins Haus stehen, bis die Welt endlich den großen christlichen Frieden findet, den die USA mit ihr abzuschließen bereit sind. Wer auf dem Wege dahin Freund ist, wer Feind wird, entscheidet ein Christengott, der ein Duzfreund aller amerikanischen Präsidenten ist. Dass der Terrorismus genauso viel mit dem Islam zu tun hat wie Amerikas Präsidenten mit dem Christentum, das macht sie einander zum Verwechseln ähnlich. Trotzdem darf man als aufgeklärter Demokrat natürlich keinen demokratischen Bush mit einem fundamentalistischen bin Laden vergleichen. Das würde ja auch kein fundamentalistischer Islamist dulden.

Mag der eine oder andere europäische Politiker eine andere Taktik verfolgen im Kampf gegen den Terrorismus, die Strategie wird in den USA bestimmt. Und die haben mit Osama bin Laden als Stellvertreter des Terrors auf Erden ein Feindbild gefunden, das einfach unschlagbar ist. Er wird, auch wenn er einmal gefasst werden sollte – tot oder lebendig –, dahinter stecken, wenn ein neuer Terroranschlag uns alle erschreckt. Bush hat erkannt: Wer seinem Volk Angst macht, der braucht es nicht zu fürchten. Die Behauptung, dass er das von den Nazis gelernt haben sollte, ist eine historisch unzulässige Verkürzung. Die Macht des Feindbildes haben schon ganz andere Herrscher erkannt und genutzt. Was dem Weißen Haus sein bin Laden, das war dem Vatikan über Jahrhunderte der Teufel. Wer gegen den Teufel kämpft, hat den lieben Gott logischerweise auf seiner Seite. Mit der Möglichkeit, dass es sich bei beiden, also bei Gott und Teufel, um rein menschliche Erfindungen handeln könnte, darf inzwischen gerechnet werden. Das allerdings dürfte auch keinen Atheisten daran hindern, seinen Gegner zu verteufeln.

Sag mir, wo die Blumen sind
oder
Wo ist der Schnee vom vergangenen Jahr?

König Friedrich August von Sachsen hätte auch heute noch viel Freude an seinen Landeskindern a.D, denn sie sind geblieben, was er von ihnen zu Zeiten der Weimarer Republik gesagt hatte: »Scheene Rebubliganer«. In einer Umfrage des MDR äußerten im Frühjahr 2002 über 60 Prozent der Befragten, sie könnten sich ihren Freistaat auch als ein neues Königreich Sachsen vorstellen. Dass sich das auch der zugereiste Sachsenkönig Kurt Biedenkopf vorstellen konnte, lassen wir in diesem Zusammenhang mal außer Acht.

Die Frage lautet vielmehr: Ist so eine Einstellung bei den eingeborenen Obersachsen eine Folge der von Honeckers roter Zwangsherrschaft geprägten Untertanenmentalität, gepaart mit der Enttäuschung über eine Demokratie, die eben nicht die gute neue Zeit wurde, auf die die Ostdeutschen zu Diktaturzeiten so ausdauernd gehofft hatten? Ist es also wirklich die Unfähigkeit oder Unlust, mit der Demokratie zu leben, wie ihnen und uns das dauernd von den zahlreichen westdeutschen Demokratiefachleuten nachgesagt wird? Haben wir in der Diktatur verlernt, die Freiheit zu schätzen? Sind wir die unverbesserlichen Pferdehändler, die dem geschenkten Gaul »freiheitlich-demokratische Grundordnung« ins Maul gucken, statt ihm – dankbar für den schönen Anblick – beim Galoppieren zuzuschauen? Oder sind wir in den letzten 100 Jahren einfach vorsichtig geworden, weil wir in der Vergangenheit zu oft auf das falsche Pferd gesetzt hatten?

Welche neue Zeit hat denn gehalten, was sie versprochen hatte? Das fing an mit jenem Kaiser Wilhelm, der allen Deutschen vom hohen Ross aus versprach, sie herrlichen Zeiten entgegenzuführen. Die herrlichen Zeiten endeten 1918 mit einem verlorenen Weltkrieg, einer gewaltigen Hungersnot und einer Inflation, die auch größere Vermögen verschlang. Das hinderte viele Deutsche aber nicht, schon wenige Jahre später festzustellen, dass unterm Kaiser alles besser gewesen sei. Mögen auch die Hoffnungen auf das bessere Neue immer wieder enttäuscht werden, auf unser schlechtes Gedächtnis ist Verlass. Das lässt sich die gute alte Zeit von keinem Erneuerer schlecht machen. Leider weiß man aber immer erst hinterher, dass es vorher gar nicht so schlecht war. Da hat man gerade noch begeistert gesungen: »Mit uns zieht die neue Zeit!«, aber schon kurz darauf stellt man dann resigniert fest: »Es war nicht alles schlecht unter dem oder jenem Kaiser, Staatsratsvorsitzenden, Bundeskanzler oder welchem Führer auch immer.«

Selbst dem schlimmsten von allen Führern, Adolf Hitler, wurden ja, nachdem er ganz Deutschland als Trümmerwüste hinterlassen hatte, wenigstens noch die guten Autobahnen nachgesagt. Außerdem hatte er – und das sollte ihm heute erst mal einer nachmachen – seinem Volk Arbeitsplätze verschafft. Das machte ihn im Rückblick, wenn schon nicht gut, so doch wenigstens für manchen aufrechten Deutschen nur halb so schlimm. Und war nicht Stalin schuld am ganzen Hitler?

Bundeskanzler Schröder war 1999 noch nicht mal ein Jahr im Amt, da war dem gesamtdeutschen Kurzzeitgedächtnis bereits klar, dass unter dem eben erst abgewählten Helmut Kohl alles besser gewesen sei.

Diese Art, sich an gute alte Zeiten zu erinnern, ist also keine allein ostdeutsche Eigenheit. Was wir auch singen und sagen, egal, ob es heißt: »Ich führe euch herrlichen Zeiten entgegen«, »keinem wird es schlechter gehen« oder »ich werde nicht alles anders, aber vieles besser machen«, es klingt immer so viel versprechend wie das schöne Weihnachtslied: »Morgen, Kinder, wird's was geben ...« Aber spätestens übermorgen haben wir dann die Bescherung. Statt der blühenden Landschaften blüht uns die Agenda 2010.

Auffällig ist die allen neuen Zeiten gemeinsame Naturverbundenheit. Immer wieder gehen sie mit besseren Wettervorhersagen einher – egal, ob es nun heißt »dem Morgenrot entgegen«, »dass die Sonne schön wie nie über Deutschland scheint« oder »im Osten werden blühende Landschaften entstehen«. Aber so, wie sich bisher alle Hoffnungen auf besseres Wetter in Deutschland zerschlagen haben, so wenig haben die neuen Zeiten – »vom Himmel hoch, da komm ich her« – dem Volke ein dauerhaftes Wohlgefallen beschert. Das fühlt sich nach jeder kurzen Aufheiterung dann wieder nur belogen und betrogen und meint, früher sei es ehrlicher zugegangen. Wie gesagt – das Gedächtnis sucht die bessere Zukunft am liebsten in der Vergangenheit. Denn früher hätte es so was – solche Korruption, solchen Wahlbetrug, solche schamlosen Ackermanns und Essers – nicht gegeben.

Unsere ganze Zuversicht besteht in der Annahme, dass es

einmal bessere Zeiten gegeben haben muss. Das ist so neu nicht. Schon Karl Valentin hat vor vielen, vielen Jahren resigniert festgestellt: »Die Zukunft ist auch nicht mehr das, was sie mal war.« Auch die gern aufgestellte Behauptung, dass die Menschen immer dümmer würden, stimmt nicht. Die Geschichte beweist, wir waren schon immer so dumm wie heute, manchmal sogar noch viel dümmer. Der Unterschied besteht nur darin, dass wir jetzt – dank unserer ausgereiften Nachrichtentechnik – in der Lage sind, einander im Bruchteil einer Sekunde quer über den Erdball mitzuteilen, dass wir nicht klüger geworden sind. Insofern stellt das Internet zwar einen immensen technischen Fortschritt dar. Aber unseren Steinzeitverstand lassen wir uns davon nicht trüben. Die Erde ist keine Scheibe mehr. Mit dieser Erkenntnis leben wir seit so vielen Jahrhunderten, ohne daraus einen anderen Schluss zu ziehen, als dass wir unsere Bewegungen denen der Erde anpassen müssen. So drehen wir uns im Kreise und wundern uns, dass es nicht vorwärts geht, obwohl wir uns doch unaufhaltsam weiterbewegen.

Nein, den verbreiteten Glauben an den unaufhaltsamen Rückschritt der Menschheit teile ich trotz allen technischen Fortschritts nicht. Wer eine SMS verschicken will, muss zwar nicht mehr schreiben können. Aber das konnten im Mittelalter noch viel weniger Menschen als heute. Unsere Vorfahren hätten die einfachste SMS weder verschicken, noch entziffern können. Auch die 37 verschiedenen Fernsehstationen, die ich jetzt über Kabel oder Satellitenschüssel empfangen kann, machen mich nicht dümmer, als ich ohne sie schon war. Klüger freilich auch nicht. Wer vom Fernsehen verlangt, dass es ihn klüger mache, der sollte sich, statt die hohen Gebühren für unsere öffentlich-rechtlichen Fernsehprogramme zu bezahlen, lieber mal ein privates Buch kaufen. Es muss ja kein Bestseller sein, schließlich gibt es auch Anspruchsvolleres.

Die Feststellung, dass in Zeiten, da es noch kein Privatfernsehen gab, weniger Unsinn über den Bildschirm flimmerte, ist ja nicht falsch. Aber das bedeutet noch lange nicht, dass es den Unsinn vorher nicht schon gegeben hätte. In den Köpfen war er immer parat. Er musste nur abgerufen werden. Nein, das Fernsehen musste nicht erst privatisiert werden, um die Ausmaße menschlichen Schwachsinns sichtbar zu machen. Auch das, was heute als Comedy gesendet wird, gab es früher schon auf tausenden Landgasthausbühnen Deutschlands oder wurde direkt an den Millionen deutschen Stammtischen verbreitet. Und so, wie ich damals diese Bühnen und Stammtische gemieden habe, kann ich heute mit Hilfe meiner Fernbedienung selbst entscheiden, ob ich mir den Quatsch antue oder nicht.

Nur weil so bemitleidenswerte Menschen wie Daniel Küblböck oder Sternchen wie Jenny Elvers heute einer mitleidslosen Fernsehgemeinde zum Fraß vorgeworfen werden, heißt das ja nicht, dass es solches Elend früher nicht gegeben hätte. Auf den Rummelplätzen meiner Kindheit wurden noch ganz andere menschliche Entstellungen zur Schau gestellt. Und da musste man Eintritt zahlen, um sich von ihnen erschrecken zu lassen. Jetzt bieten die aus humanitären Gründen überall eingestreuten Werbeblöcke dem Zuschauer sogar noch lebenspraktische Hinweise für die Zahnpflege oder die Wahl des richtigen Toilettenpapiers. Das wenigstens sollte den Konsumenten über den ansonsten sinnfreien Rest des Fernsehprogramms hinwegtrösten.

Auf den Furcht erregenden Gespensterbahnen meiner Kindheit gab es keine heitere Werbeunterbrechung, in der ein freundlicher Thomas Gottschalk für gesunde Gummibärchen warb. Da konnte man sich auch nicht einfach wegzappen, wenn einem so ein lebendes Schreckgespenst entgegenkam, das viel scheußlicher aussah als ein Dirk Bach im Urwaldcamp oder

Guido Westerwelle im Container. Wir sollten froh sein, diesen Leuten nur auf dem Bildschirm zu begegnen und nicht im täglichen Leben.

Nein, die modischen Kulturpessimisten haben nicht Recht, wenn sie behaupten, es ginge bergab mit uns und unserem Anspruch auf ein kleinstes, gemeinsames Niveau. Wahr ist vielmehr, es geht immer so weiter, also weder bergab, noch bergauf. Die Fernsehwelt bewegt sich gleichmäßig im Flachland unserer Ansprüche. Das allgemeine Niveau ist doch nicht gesunken, nur weil heute für ein Millionenpublikum Dinge gesendet werden, die früher jeder mit sich selbst oder mit seinem Partner im Schlafzimmer abmachen musste. Unser Niveau ist damit nur sichtbarer geworden. Denn unser Geschmack war ja nie wirklich anspruchsvoller, als er das heute ist. Wir haben ihn nur nicht zu zeigen gewagt, weil wir einfach zu verklemmt waren. Mit der Fernbedienung ist uns verklemmt Gebliebenen ein demokratisches Instrument in die Hand gegeben, uns zu unseren alten Hemmungen zu bekennen. Es sieht uns ja keiner zu, wenn wir abschalten, was uns peinlich ist. Die heilige Einschaltquote würde über Nacht dafür sorgen, dass das, was wir nicht sehen wollen, auch nicht mehr gesendet wird.

Unsere Politiker können wir nur alle vier Jahre abwählen, das Fernsehen jederzeit. Trotzdem beschweren wir uns über das Fernsehen fast so oft wie über die Politiker. Vielleicht tun wir das bei beiden nur aus Ärger über uns selbst. Denn wir waren es doch, die sie mal gewählt haben. Die Lilo Wanders auf dem Bildschirm, die Ulla Schmidt auf dem Stimmzettel. Bei Ulla Schmidt ist der Irrtum nicht so schnell zu korrigieren wie bei Lilo Wanders. Da reicht kein Knopfdruck, um sie von der Bildfläche verschwinden zu lassen.

Wie schön wäre es, wenn man mit dem Kanzler verfahren könnte wie mit Stefan Raab – ein Griff zur Fernbedienung, und er hat sich für uns erledigt. Das wäre doch endlich mal eine ganz direkte Demokratie. Wen die Leute heute nicht mehr sehen wollen, der darf sie schon morgen nicht mehr regieren. Wir hätten alle paar Tage einen neuen Kanzler. Und immer wäre der von heute noch schlimmer als der von gestern. Gerhard Schröder, der zu Kohl-Zeiten so vielen wie eine Lichtgestalt erschienen war, hat es schon in den ersten Monaten seiner Kanzlertätigkeit zu einer Unbeliebtheit gebracht, für die Kohl ganze 16 Jahre brauchte. Und jetzt kann man sich schon gar nicht mehr vorstellen, dass der Dicke mal so unbeliebt war, wie er es gewesen ist, als er nicht aufhören wollte, uns zu regieren. Wer hätte sich in den frühen Neunzigerjahren vorstellen können, dass ostdeutsche Eier, die für Kohl gelegt zu sein schienen, auch mal den armen Schröder treffen würden?

Woran liegt es, dass die schlechtesten Politiker immer die sind, die uns gerade regieren? Was ist an Gerhard Schröder denn anders als an Helmut Schmidt? Den Schmidt haben wir hinter uns, und schon erinnern wir uns seiner mit Wehmut. Das war noch ein Staatsmann! So was gibt es heute doch gar nicht mehr. Was der für einen ökonomischen Sachverstand hatte! Wie der reden konnte! Und wie glaubwürdig er immer war! Das kann man alles bei ihm selbst nachlesen. Und jetzt glauben wir es ihm auch. Denn – wie gesagt – wir haben ihn ja hinter uns. Und was wir überstanden haben, kann so schlimm gar nicht gewesen sein.

Wetten, dass wir uns auch an Gerhard Schröder einmal mit Hochachtung und nicht ohne Wehmut erinnern werden, wenn er hinter uns liegt und – ich will ja nicht unken – Frau Merkel plötzlich vor uns steht? Denn alles, was danach kommt – das gilt seit ewigen Zeiten –, kann ja nur schlimmer werden. So denkt nicht nur das Volk. So denkt auch noch der unfähigste Politiker, bevor er dann, nicht etwa freiwillig, sondern nur aus Rücksicht auf seinen angegriffenen Gesundheitszustand zähneknirschend zurücktritt. Auch wenn er noch so viel Schaden angerichtet hat, tut er diesen Schritt nicht, ohne so vorwurfsvoll wie beleidigt festzustellen: »Ich habe mir nichts vorzuwerfen.« Und sobald einer zurückgetreten ist, haben wir ihm gewöhnlich auch nichts mehr vorzuwerfen. Da bekommt er noch eine Entschädigung hinterhergeworfen für den Schaden, den er angerichtet hat. Der deutsche Wähler ist so wenig nachtragend, wie sein Gedächtnis nachhaltig ist.

Das Sympathische an vielen pensionierten Politikern ist die Offenheit, mit der sie dann all das sagen, was sie zu Amtszeiten nie gesagt hätten – die Wahrheit. Oder wenigstens die halbe Wahrheit. Dann wissen sie plötzlich, was in der Politik so alles falsch läuft. Ja, sie erkennen sogar, dass sie als Politiker an der wachsenden Politikverdrossenheit der Bevölkerung zumindest mitschuldig sind. In besonders schweren Fällen von Einsicht wissen sie hier und da auch von eigenen Fehlern in ihrer Amtszeit zu berichten. Da scheint es dann fast so, als habe ihnen der liebe Gott, nachdem er ihnen das Amt genommen hat, einen Verstand zurückgegeben, den man ihnen vorher nie zugetraut hätte. Und schon trauert ihnen ein ganzes Volk nach, auch wenn es ihnen früher nicht über den Weg getraut hat.

Wenn die Sachsen also in unseren demokratischen Zeiten ihrem alten König Friedrich August nachtrauern, so beweisen sie damit nur einen historisch besonders langen Atem in ihrer Liebe zur guten alten Zeit. Ich bin mir sicher, so ein bisschen trauern sie heute auch schon ihrem König Kurt nach und seiner mit ihm verheirateten Landesmutter. Der Biedenkopf war ja irgendwie auch nicht so viel anders, als sie selbst sind. Jedenfalls hat er nicht gezögert, kleinere Rabatte in Anspruch zu nehmen, und sei es nur beim Einkauf von IKEA-Möbeln. Die Sachsen mögen es offensichtlich, wenn ihre Könige sich auch nicht besser benehmen als andere kleine Leute.

Es ist gut möglich, dass der eine oder andere unter ihnen inzwischen auch den Honecker ganz gern wiederhätte. Schon weil der auch so was wie ein kleiner Mann war, der in viel zu großen Schuhen herumlief.

So mancher von uns, der schon mal laut gesungen hat: »Wir wollen unsern alten Kaiser Wilhelm wiederham«, hat das nur getan, um den neuen Wilhelm zu ärgern, der ihn gerade regierte. Die Gefahr, dass der alte Kaiser Wilhelm zurückkommen würde, bestand ja nicht. Und so lange auch nicht die Gefahr besteht, dass der alte Honecker mit seiner DDR wiederkommt, so lange ist die Demokratie nicht bedroht von dem, was man heute so herablassend Ostalgie nennt, und was nichts anderes ist als eine ganz und gar abstrakte Sehnsucht nach einer ebenso abstrakten guten alten Zeit. Und da kann man eben kaum noch unterscheiden zwischen dem verlorenen Honecker und der geretteten Spreewaldgurke.

Die Unaussprechliche

Bereits als sie gegründet wurde, durfte sie draußen, wo die Freiheit wohnte, nicht bei ihrem Namen genannt werden. Um gar nicht erst in die Versuchung zu kommen, die Unaussprechliche in den Mund zu nehmen, erfand man im Laufe der Jahre unendlich viele Umschreibungen für sie. Erst Ende der Sechzigerjahre gelang es einem deutschen Bundeskanzler mit dem Klarnamen Kurt Georg Kiesinger, sie sprachlich doch irgendwie dingfest zu machen, ohne den furchtbaren Namen auszusprechen. Er bezeichnete sie damals als das, was sie jenseits von Werra und Elbe immer war und im Grunde bis heute geblieben ist – ein Phänomen. Auch jetzt noch zögere ich, ihren Namen kommentarlos hinzuschreiben, obwohl ich ihn doch jahrzehntelang, ohne mir etwas Böses dabei zu denken, ausgesprochen hatte. Auf die Frage, aus welchem Land ich komme, habe ich einfach gesagt: aus der DDR. Heute tue ich das nicht mehr, ohne das kleine Wörtchen »ehemalige« hinzuzufügen. Das macht sie endlich stubenrein. Denn nur durch ihre Ehemaligkeit scheint sie heute ihren ganzen ehemaligen Schrecken zu verlieren, der ihr zu Zeiten ihrer ehemaligen Existenz so unaussprechlich anzuhaften schien. DDR sagte ein guter Deutscher nicht ohne einschränkende Gänsefüßchen.

Kurz vor dem Mauerbau, im Sommer 1961, habe ich selbst erlebt, wie viel Empörung man auslösen konnte, wenn man sie jenseits ihrer Westgrenze ohne jede einschränkende Umschreibung bei ihrem nackten Namen zu nennen wagte. Als gänzlich ahnungsloser Ostdeutscher habe ich es nämlich einmal getan. Ich habe auf französischem Staatsgebiet, in Anwesenheit junger Theaterleute aus zehn oder zwölf verschiedenen Ländern, gesagt, ich käme aus Leipzig, also aus der DDR. Während die Franzosen, Engländer und Italiener nichts dabei zu finden schienen, dass da einer DDR sagte, löste ich bei meinen westdeutschen Landsleuten damit förmlich einen Schock aus. Bis zu diesem Moment hatten sie durchaus normal und gar nicht feindselig mit mir geredet. Und ich hatte auch ihre Nähe gesucht, schon weil meine Deutschkenntnisse weitaus entwickelter waren als mein Schulfranzösisch.

Eigentlich mussten sie wissen, wo Leipzig liegt. Sie hatten sich ja durchaus interessiert nach meiner Schauspielausbildung an der dortigen Theaterschule erkundigt. Sie wollten sogar wissen, was in Leipzig so an Theater gespielt wurde, und – der Frage entging damals kein Ostdeutscher, der mit Theater zu tun hatte – was es mit Brechts Verfremdungstheorie auf sich hätte. Besonders über Brecht gab ich gern Auskunft, denn ich war damals schon ein glühender Brecht-Anhänger, obwohl oder weil an der Leipziger Schule nicht Brecht, sondern Stanislawski Hausgott war.

Was mir bei unserem offiziellen Vorstellungsgespräch nicht aufgefallen war – keiner von meinen Landsleuten hatte erwähnt, dass er aus der Bundesrepublik oder aus Westdeutschland käme. Sie sprachen alle so selbstverständlich von Deutschland, dass ich mich zwar ein bisschen wunderte, aber für mich daraus keinen geografischen Schluss zog. Ich kam nun mal aus Leipzig und war überzeugt, dass die Stadt an der Pleiße und in der DDR lag. Darauf war ich weder stolz, noch meinte ich, mich dafür schämen zu müssen. Hätte ich aber geahnt, was ich mit den drei Buchstaben für Reaktionen auslösen würde, ich hätte sie bestimmt nicht ausgesprochen. Man nahm mir ja nicht etwa übel, dass ich aus der DDR kam. Dafür konnte ich ja nichts. Aber dass ich den Staat bei seinem Namen nannte, das war unverzeihlich.

Fortan wurde ich von den Deutschland-Deutschen gemieden oder als vaterlandsloser Geselle beschimpft, der die deutsche Teilung im Angesicht ausländischer Zuhörer gutgeheißen hatte. Auch »Genosse« wurde ich spöttisch tituliert. Einer meiner empörten Landsleute fragte mich im Waschraum beim Zähneputzen, welche politischen Schulungen ich zur Vorbereitung auf diese Westreise hätte durchlaufen müssen und ob ich vor meiner Abreise besondere Verpflegung erhalten hätte. Im Osten herrsche doch Hungersnot. Ich aber sähe gar nicht so unterernährt aus.

Zu einem Gespräch ins Außenministerium der DDR war ich vor der Reise ja wirklich bestellt worden. Es war im Juni oder Juli 1961, und ich fragte den Genossen Außenpolitiker, der mich eingeladen hatte, ob man damit rechnen müsste, dass die Grenzen zum Westen zugemacht würden. Darüber spekulierten wir damals ja alle. Als Antwort hörte ich fast wörtlich den später berühmt gewordenen Ulbricht-Satz: »Keiner hat die Absicht, eine

Mauer zu errichten.« Als ich darauf erwiderte, dass das in Berlin ja auch technisch gar nicht machbar wäre, lächelte der Mann, der den Ulbricht-Satz für mich als Erster ausgesprochen hatte, sehr überlegen. Diese Überlegenheit pflegten unsere besser informierten Genossen gern zu zeigen, wenn sie mit Unwissenden wie mir über die große, weite Politik sprachen. Er meinte also lächelnd, technisch sei das gar kein Problem. Man hätte ja bei der Berlin-Blockade Ende der Vierzigerjahre genug Erfahrungen sammeln können. Insgesamt schien mich der Genosse nicht sonderlich ernst zu nehmen. Als kleiner Schauspielstudent, der zu irgendeinem Theaterfestival in irgendeinem Avignon eingeladen war, konnte ich in seinen Augen wohl kaum politischen Schaden anrichten. Dass ich andererseits von propagandistischem Nutzen sein könnte, schien er auch auszuschließen. Jedenfalls erhielt ich keinerlei Instruktionen, wie ich mich bei meiner ersten Begegnung mit dem Klassenfeind verhalten sollte. Erst als ich schon im Hinausgehen war, meinte er: »Avignon – das liegt doch in Frankreich. Sprechen Sie denn Französisch?« Nachdem ich das etwas hochstapelnd bejaht hatte, sah er mich verblüfft an. »Ach, haben Sie das bei uns gelernt?«

Als ich nach meiner Rückkehr in Leipzig, wo man die DDR bei ihrem stolzen Namen nicht nur nennen durfte, sondern unbedingt sollte, noch etwas verschreckt erzählte, was ich mit dieser Bezeichnung unter meinen westlichen Landsleuten ausgelöst hatte, staunten alle. Dann sagte eine Dozentin etwas, was für einen überzeugten Nichtgenossen wie mich so anerkennend nicht klang, wie sie es meinte. Sie nannte mich jetzt zu meinem großen Erstaunen, nicht etwa spöttisch wie zuvor meine Landsleute in Frankreich, sondern voller Anerkennung: Genosse. »Das haben Sie gut gemacht, Genosse Ensikat.« Sie unterrichtete uns in »Marxismus-Leninismus«, einem Fach, das von uns Schauspielschülern nicht unbedingt zu den Hauptfächern gezählt wurde. Als ich sie durchaus bescheiden darauf hinwies, dass ich gar kein Genosse sei, sagte sie nicht weniger freundlich: »Aber Sie haben sich wie ein Genosse verhalten, Herr Ensikat.« Meine anwesenden Mitstudenten – ich weiß nicht mehr, wie viele echte Genossen darunter waren – grinsten ein bisschen mitleidig und wollten im Übrigen nicht glauben, dass man mit den drei Buchstaben DDR im Ausland so viel Aufsehen erregen könnte. Ich fand es immerhin erstaunlich, dass ich mich mit dem Gebrauch dieser drei Buchstaben für beide Seiten zum »Genossen« qualifiziert hatte. Zum Parteieintritt führte das allerdings nicht. Ich war sozusagen für kurze Zeit ein parteiloser Genosse. Für die Partei geworben hat man mich dann immer mal wieder. Aber nur weil ich DDR gesagt hatte, musste ich ja nicht gleich SED sagen.

Die Bezeichnung Ostdeutschland oder Ostberlin gehörte zwar ganz selbstverständlich zu unserem normalen Sprachgebrauch. Wir sprachen sogar manchmal ironisch von der »Zone«. Aber die Bezeichnung DDR ging uns genauso glatt über die Lippen. Oft genug machten wir uns lustig über die lächerliche Penetranz, mit der die offizielle DDR um das kämpfte, was sie »internationale Anerkennung« nannte. Dazu gehörten auch die albernsten Sprachregelungen. Zu Ostberlin sollten wir allen Ernstes »Berlin-Hauptstadt der Deutschen Demokratischen Republik« sagen, was natürlich keiner von uns aussprach, ohne sich darüber lustig zu machen. Dagegen wurde Westberlin zeitweise zu einer »besonderen politischen Einheit« umformuliert. Auch das fand keinen Eingang in unseren Sprachgebrauch. Selbst unsere bescheidene Ostmark sollte es durch allerlei Umbenennungen immer mal wieder zu durchschlagender Wertsteigerung bringen. So hieß sie einmal M.d.N., Mark der deutschen Notenbank, bis sie es schließlich und endlich als Mark der Deutschen Demokratischen Republik zu ganz neuem Ansehen auf den Finanzmärkten der Welt brachte. Für uns freilich blieb sie die Ostmark, und selbst von der hatten wir als Studenten immer zu wenig.

Nie war so viel Genitiv von deutschem Boden ausgegangen wie zu Zeiten, da in Ostdeutschland ein »Vorsitzender des Staatsrates der Deutschen Demokratischen Republik und Generalsekretär des Zentralkommitees der Sozialistischen Einheitspartei Deutschlands« auf internationalem Parkett ganz ohne unsere Hilfe um seine Anerkennung als bedeutender Staatsmann kämpfte. Darüber lachten wir mehr als der überlegene Rest des deutschen Sprachraumes. Noch bei der Berichterstattung von seinem offiziellen Staatsbesuch in der Bundesrepublik lachten wir über unseren kleinen, stolzen Staatsratsvorsitzenden, wenn er da wie ein besonders groß geratener Zwerg neben dem Riesen Kohl die zur Begrüßung angetretenen Ehrenformationen abschritt und dann beim anschließenden Empfang den kleinen Zettel aus der Tasche zog, um genau das vorzulesen, was wir alle auswendig kannten.

Überhaupt neigten wir dazu, die größeren Dummheiten auf der östlichen Seite zu vermuten. Im Gegensatz zu den Westdeutschen, die uns schon immer viel komischer fanden als sich selbst, hatten wir sehr früh lernen müssen, über unsere eigenen Dummheiten zu lachen, auch wenn dieses Lachen nicht immer sehr fröhlich war. Dass die Beschränktheit der Sprachführer des Kalten Krieges auf beiden Seiten durchaus vergleichbare Blüten trieb, haben wir eher ungläubig zur Kenntnis genommen. Das war aber nicht so schlimm, weil es uns – streng genommen – nach westdeutschem Recht und Gesetz ja gar nicht gab. Wir waren allenfalls wehrlose, unterdrückte Brüder und Schwestern, die nicht für sich selbst sprechen durften. Das hatten uns ja die Russen verboten, und im Laufe der Zeit haben wir es dann unter Anleitung unserer Parteifunktionäre auch verlernt. Also war der einzig rechtmäßige und mündige Westdeutsche einfach verpflichtet, draußen für uns Unmündige in der Unrechtmäßigen zu sprechen, solange wir – eingesperrt und zum Schweigen verurteilt – in einem Staat saßen, den es gar nicht gab.

Das klingt ein bisschen wirr, und es hat uns auch immer mal wieder verwirrt, wenn wir in stillen Momenten über unser nicht vorhandenes Dasein nachzudenken versuchten. Während wir uns drinnen aber im Laufe der Zeit an unsere unterdrückte Nichtexistenz zu gewöhnen begannen, also resignierten, hörten die unbeirrbaren Politiker in Bonn nicht auf, draußen zumindest verbal für unsere Befreiung und ihr Recht auf den verlorenen ostdeutschen Besitz zu kämpfen.

Dieser Kampf wurde mit den subtilsten Mitteln deutschen Sprach- und Rechtsgefühls geführt. Mit welcher Finesse haben westdeutsche Sprachregler gearbeitet, um der »Unaussprechlichen« nicht nur ihre Existenzberechtigung, sondern ihre Existenz selbst abzusprechen! SBZ nannten sie den Staat, den es nicht geben konnte, weil es ihn nicht geben durfte. Es ist mir heute noch ganz und gar unerklärlich, welch furchtbares Scheinleben wir da führen mussten. Einerseits gab es uns gar nicht, andererseits wurden wir Nichtvorhandenen aber zu Hause grausam unterdrückt und draußen, wo wir nicht hindurften, von ganzem Herzen bemitleidet. Belächelt wurden wir erst später, als sich das mit dem Mitleid erledigt hatte.

Unter Adenauer hieß das, was es nicht gab, »Sssoffjettisch besetzte Zone«, auch »Mitteldeutschland« genannt oder »Sssoffjetdeutschland«. Dann waren wir mal die »Ostzone«, die »Russische Zone« oder – noch einfacher – nur »die Zone«. Weil unsere Oberen, bevor sie sich in Wandlitz einmauern ließen, im Stadtteil Pankow gewohnt hatten, hieß unser unaussprechliches Land ganz früher auch mal »Pankoff«. Später lebten wir dann in einer »Sogenannten«, bis wir es schließlich zur Deutschen Demokratischen Gänsefüßchen-Republik brachten. Eigentlich aber sollte es uns – das kann man gar nicht oft genug wiederholen – gar nicht geben, weil die Bundesrepublik ja nicht nur der »einzig rechtmäßige deutsche Staat« sein, sondern bis in alle Ewigkeit bleiben wollte – eben »Deutschland«. Erst dem Bundeskanzler Kiesinger war es – wie gesagt – wirklich gelungen, eine überzeugende Formel für die deutsche Einstaatlichkeit zu finden. Ich sehe ihn noch auf dem Bildschirm meines schwarzweißen DDR-Fernsehers am Rednerpult des Bundestages stehen, wo er das, was es nicht gab, obwohl es da war, einfach ein »Phänomen« nannte. Das half mir, mich in meiner zweifelhaften Existenz in meinem nicht existierenden Staat besser zurechtzufinden.

Der Kampf um den »Alleinvertretungsanspruch« war zugleich von gedanklicher wie sprachlicher Schönheit geprägt. Da stand er dem Kampf des »ersten sozialistischen Staates auf deutschem Boden« um seine internationale Anerkennung in nichts nach. Selbst nachdem dieser ursprünglich westdeutsche Alleinvertretungsanspruch von uns Ostdeutschen in einer kleinen Feierabendrevolution durchgesetzt worden war, hörte der Kampf um die sprachliche Hoheit auf deutschem Boden nicht auf. Zuvor hatten die später gefeierten Vaterlandsverräter und Verzichtpolitiker Willy Brandt und Egon Bahr den heiligen Alleinvertretungsanspruch in den Siebzigerjahren schon mal kampflos aufgegeben. Damit haben sie den deutsch-deutschen Auseinandersetzungen viel von ihrer brisanten Komik genommen. Sie haben die DDR im Handstreich von ihrer gespenstischen Nichtexistenz befreit und in einer Nacht- und Nebel-Ostpolitik anerkannt, dass es diesen Staat hinter Mauer und Stacheldraht nicht nur gab, sondern dass er auch so hieß, wie er hieß – einfach nur DDR.

Sehr schnell stellte sich heraus, dass man gar keine Gänsefüßchen mehr brauchte, um den Staat lächerlich zu machen. Das hatten Partei und Regierung der DDR ganz ohne westliche Hilfe eigentlich schon immer getan mit ihrer unnachahmlichen Art von Selbstdarstellung, die keiner satirischen Überhöhung bedurfte, um so lächerlich zu wirken, wie sie es war. Den in ihrem Lande praktizierten Sozialismus nannten sie fortan – vermutlich schon genauso desillusioniert wie wir – »real-existierend«, weil sie irgendwann selbst erkennen mussten, dass es kein richtiger war.

Wie wenig dieser DDR ihre staatliche Anerkennung genutzt hat, durften wir alle erleben. Der Wandel durch Annäherung, nicht weniger richtig auch »Aggression auf Filzlatschen« genannt, trug das Seine zu ihrem Untergang bei. Der Westen hat gesiegt, die Vernunft leider nicht. Aus der untergegangenen DDR wurde nach einem Wiedervereinigung genannten Anschluss wieder das, was sie den meisten Westdeutschen immer geblieben war – das von Kanzler Kiesinger als solches bezeichnete Phänomen. Ein Rätsel also. Jetzt allerdings – das macht es so besonders wertvoll – ist dieses Phänomen ein »ehemaliges« geworden. Was keinem anderen untergegangenen deutschen Staat bisher vergönnt war – dem alten Kaiserreich so wenig wie der Weimarer Republik oder Nazideutschland –, die DDR wurde, ihrer phänomenalen Sonderrolle in der deutschen Geschichte entsprechend, zur »Ehemaligen«. Und wir – D(er) D(umme) R(est), wie wir uns kurz vor Schluss selbst nannten, weil die Schlauen schon lange weggelaufen waren – wurden nun zu »ehemaligen« DDR-Bürgern mit einer nunmehr »ehemaligen« Vergangenheit, die weit in unsere Gegenwart und Zukunft reichen sollte.

Als ich am 3. Oktober 1990 Bundesbürger wurde, habe ich zwar nicht gejubelt. Ich habe es zur Kenntnis genommen in der Hoffnung, dass wir neuen Bundesbürger nun gemeinsam mit den alten versuchen würden, als normale Bürger miteinander in einer gemeinsam veränderten Bundesrepublik zu leben. Dass das mit Veränderungen in Deutschland seine Zeit brauchen würde, habe ich vermutet. Auch heute gebe ich die Hoffnung noch nicht auf, dass man irgendwann auch in Stuttgart oder Düsseldorf merken wird, dass in Berlin 1990 etwas stattgefunden hat, was nicht nur Geldtransfer und Solidarzuschlag bedeutet. Wie gesagt, dass das mit der Einheit Zeit braucht, damit hatte ich von Anfang an gerechnet.

Nicht gerechnet hatte ich allerdings damit, nun für alle deutsche Ewigkeit ein »ehemaliger« DDR-Bürger zu bleiben. Ich hatte zwar lange darauf gehofft, von Honecker mal sagen zu können: »Das ist mein ehemaliger Staatschef.« Ehemaliger, weil er es Gott sei Dank nicht mehr ist. Aber dass wir nun, obwohl es ihn und die ganze DDR schon so lange nicht mehr gibt, sein »ehemaliges« Volk bleiben würden, darauf wäre ich nicht gekommen. Schließlich rechnet man doch als erwachsener Mensch auch nicht damit, ein »ehemaliges Kind« genannt zu werden, nur weil man mal Kind war.

Nicht mal ein Taschendieb möchte, wenn er seine Strafe abgesessen hat und nicht mehr klaut, ein »ehemaliger Taschendieb« genannt werden. Denn da hört jeder, dass er ein Vorbestrafter ist. Und ein bisschen so komme ich mir als »ehemaliger« DDR-Bürger jetzt vor in einer Bundesrepublik, die von ihrer eigenen Ehemaligkeit noch gar nicht Notiz genommen zu haben scheint. Nein, die Bundesrepublik war wirklich nie ein Phänomen. Sie war immer die einzig Recht-Behaltende.

Liegt es nur an meiner Empfindlichkeit, wenn ich mir als »ehemaliger« DDR-Bürger – auch wenn das natürlich keiner so meint – wie ein Vorbestrafter vorkomme? Mit dem in die Vergangenheit weisenden Beiwort »ehemaliger« gibt man mir zwar großzügig zu verstehen, dass ich mir als »Derzeitiger« nichts vorzuwerfen habe. Aber deshalb darf natürlich nicht gleich vergessen werden, aus welchem Saustall ich komme. Dass ich trotz meiner rätselhaften Herkunft Anspruch auf alle bürgerlichen Rechte habe, liegt an einem Grundgesetz, das seit Bestehen der Bundesrepublik für alle Deutschen gilt und deshalb auch nicht verändert werden musste, als die paar Millionen »Ehemaliger« dazukamen. Wieso bin ich nicht dankbar, als »Ehemaliger« so ohne alle Umstände einfach aufgenommen zu werden in diese einmalige Gemeinschaft der »Nichtehemaligen«?

Man kann das auch Wortklauberei nennen. Aber nach all diesen unvergesslichen Wortgefechten, die einst den Kalten Krieg so spannend machten, und nach allen verbalen Verdächtigungen, die noch heute unser Zusammenleben so abwechslungsreich gestalten, bin ich etwas misstrauisch geworden. Manches, was scheinbar gedankenlos dahergeredet wird, könnte auch so gemeint sein, wie ich es missverstehe. Schließlich beruht nicht jedes Missverständnis auf einem Irrtum. Dass die DDR für die meisten der »nicht ehemaligen« Deutschen noch heute ein Buch mit sieben Siegeln ist, liegt auch daran, dass man sich nicht wirklich mit ihr beschäftigen mag. Täte man es, käme man vermutlich nicht drum herum, sich auch mit sich selbst und der eigenen Vergangenheit zu beschäftigen. Mit den Schattenseiten auf der Sonnenbank.

Nicht nur die Stasi hat Akten über missliebige Bürger angelegt. Nicht nur im Osten wurde die Menschenwürde hier und da missachtet. Nicht nur die DDR-Partei- und Staatsführung kannte die Geheimnisse von Korruption und Machtmissbrauch. Da wurde nicht auf der einen Seite nur gelogen und auf der anderen immer nur die Wahrheit gesagt. Auch nicht alles, was man einst für die armen Brüder und Schwestern im Osten zu tun vorgab, hat denen genutzt. So manche Wohltätigkeit diente vor allem eigenen Interessen. Da wurden von beiden Seiten krumme Geschäfte gemacht und zwar zum gegenseitigen

Vorteil. Die 44 »bösen« Jahre deutscher Geschichte zwischen 1945 und 1989 spielten sich eben nicht nur im Osten ab. Aber das ist und bleibt wohl vorläufig noch das, wovon Fontane seinen alten Briest ganz zum Schluss sagen lässt: »Ach, Luise, lass ... das ist ein zu weites Feld.« Das Land, das einst hinter Mauer und Stacheldraht lag, liegt heute hinter den sieben Bergen westdeutscher Gleichgültigkeit. Wir nerven allenfalls noch.

Vielleicht sind die neueren Sprachkunststücke ja auch nur gut gemeint. Aber gut gemeint ist eben selten gut gemacht. Man hätte Klemperers *LTI* nur weiterzuschreiben brauchen. Auch die Sprache des Kalten Krieges hat einen Ehrenplatz verdient im Gruselkabinett gesamtdeutscher Sprachschöpfung. Da sprach nicht der eine das gute Deutsch und der andere das schlechte. Und was die aktuellen Sprachregelungen, auch political correctness genannt, betrifft, so sind auch sie nicht von guten Eltern. Vielleicht ist das ganze »Ehemalige« an uns auch nur ein verbaler Gnadenakt, wie es die weibliche Endsilbe war und ist. Den Frauinnen hat sie nicht geschadet und der Sprache nicht genützt. Auch dass die ehemaligen Neger oder Zigeuner umbenannt wurden, hat ihre Lage ja nicht wesentlich verschlechtert. Ein farbiger Immigrant wird nicht schlechter behandelt als der ehemalige Neger. Das Einzige, was wirklich Schaden genommen hat und weiter nimmt, das ist unsere ehemalige Sprache.

Allerdings ist die Art unseres Umgangs mit unserer gemeinsamen oder eben nicht gemeinsamen Vergangenheit nicht nur ein sprachliches Phänomen. Dass es Kaiserreich, Weimarer Republik und Nazideutschland gegeben hat, daran kann kein Zweifel sein. Das wissen alle Deutschen, denn da waren alle ein Volk, ein Deutschland. Die DDR hingegen hat es – wenn überhaupt – nur für eine Minderheit gegeben. Die Mehrheit hat sich mit ihrer Existenz nie wirklich abfinden müssen. Warum sollte sie sich jetzt – nachträglich – mit etwas beschäftigen, was allenfalls noch wie ein Phänomen durch die Nachwelt geistert?

Brandts einst neue Ostpolitik war nur ein kleines Zwischenspiel, der Einbruch eines absolut undeutschen, weil unbequemen Realitätssinnes. Nach dem Grundsatz: Was da ist, ist da. Auch wenn es mir nicht gefällt, muss ich es zur Kenntnis nehmen. Der Deutsche aber mag nur zur Kenntnis nehmen, was er auch mag. Die wirkliche Wirklichkeit ist viel zu kompliziert, um auch noch gemocht zu werden. Da helfen am besten die einfachsten Formeln, um die Welt in eine überschaubare Ordnung zu bringen, in die märchenhafte Ordnung von Gut und Böse.

Also die Nazis waren böse und haben in Deutschland eine Diktatur errichtet. Die Kommunisten waren auch böse und haben in Deutschland die zweite Diktatur errichtet. Zwei Diktaturen also auf deutschem Boden – das ist schlimm. Aber wiederum auch nicht so schlimm, dass man es heute nicht zugeben könnte. Denn mit der Nazidiktatur hatte man aus Altersgründen nichts mehr zu tun, mit der kommunistischen aus geographischen. Insofern, dass man mit beiden nichts zu tun hatte, sind sie also durchaus vergleichbar.

Armut ist ein Glanz von innen

Diesen Satz hat einst ein besser verdienender Lyriker gesagt. Rainer Maria Rilke gehörte zu den ganz wenigen Besserverdienenden seiner Zunft. Die meisten seiner und meiner dichtenden Zeitgenossen liegen mit dem, was sie so verdienen, noch weit unter dem, was heute gänzlich poesiefrei Arbeitslosengeld II heißt. Das steht neuerdings sogar im deutschen Feuilleton. Verbunden mit der unterschwelligen Frage: Wieso vergleichen die murrenden deutschen Arbeitslosen ihre soziale Lage nicht mit der unserer schweigenden deutschen Poeten? Denen geht es seit ewigen Zeiten viel schlechter als den meisten nicht dichtenden Arbeitslosen. Trotzdem rennen sie nicht laut protestierend durch die Straßen und verlangen einen Platz in den sozialen Wärmestuben der Republik. Sie haben in Jahrzehnten unermüdlicher Heimarbeit lernen müssen, dass sie eine Kunst ausüben, die von Hause aus brotlos ist. Das nehmen sie inzwischen widerspruchslos hin, denn sie wissen, mit Gedichten trägt man nichts bei zum Bruttosozialprodukt.

Für deutsche Lyriker war und ist es eine schöne Selbstverständlichkeit, als Almosenempfänger durchs Leben zu gehen. Hier mal ein kleines Stipendium, da mal ein gnädiger Trostpreis. Ansonsten: »Trinkt, oh Augen, was die Wimper hält, von dem goldnen Überfluss der Welt!« Warum können die 100 000 arbeitslosen Bauarbeiter sich nicht daran gewöhnen, dass sie jetzt in diesem Land genauso wenig gebraucht werden wie die 1000 Dichter in ihren stillen Kämmerlein von symbolischem Elfenbein?

Weshalb sollen ausschließlich Poeten in der Lage sein, ihre Armut als stillen Glanz von innen zu empfinden oder wenigstens als nicht zu ändernde äußere Notlage mit stolzem Gleichmut zu ertragen. Der Trost, dass ihnen die Nachwelt dafür einmal wertvolle Kränze flechten könnte, ist – zugegeben – schwach. Aber er reicht ihnen. Sie wissen aus der Vergangenheit, dass sie, solange sie leben, hierzulande genauso wenig Zukunft haben, wie die Masse der nicht dichtenden arbeitslosen Bevölkerung. Schließlich kann man seinen Wohlstand mit etwas Phantasie auch mehren, indem man seine Ansprüche senkt.

Sie trösten sich mit dem Wissen, dass auch der ärmste deutsche Poet unvergleichlich viel besser lebt als alle ihre Kollegen in der Dritten Welt. Das weiß man als Dichter, weil man Phantasie hat. Sonst wäre man ja kein Dichter. Deshalb sagt man sich alle Tage wieder: »Wenn ich an meine hungernden Berufskollegen in Sierra Leone denke, weiß ich, dass ich keinen Grund zur Klage habe!« Meine Mutter, die keine Dichterin war, aber von poetischer Bescheidenheit, sagte immer, wenn es uns wieder einmal ein bisschen schlechter ging: »Anderen Leuten geht es noch viel schlechter als uns.« Dem haben wir Kinder nie zu widersprechen gewagt. Da konnte ein Kohlrübenwinter nach dem anderen kommen. Im Vergleich zu den vielen Hungertoten auf der Welt ging es uns im Nachkriegs-Finsterwalde doch noch gut. Wir haben überlebt. Man muss nur den richtigen Vergleichspunkt finden, um zufrieden durchs Leben zu gelangen.

Kein deutscher Poet, der diesen Namen verdient, käme auf die Idee, seine materielle Situation mit der von Leuten zu vergleichen, mit denen er sich ja auch in anderer Beziehung nie vergleichen lassen würde – mit Dieter Bohlen zum Beispiel. Lieber kauft der Dichter seinen Wein bei Aldi im Pappkasten, als auch nur zu fragen, was ein Schriftsteller wie Dieter Bohlen hierzulande verdient. Das ist unter seiner dichterischen Würde. »Wenn die Leute so was kaufen, haben sie mich nicht verdient.«

Ein echter deutscher Lyriker vergisst nie, wie viele Dichter in der Dritten Welt nicht nur unter materieller Not leiden, sondern auch noch mit einer Zensur kämpfen müssen, die ihnen den Mund verbietet! Dort draußen werden Dichter verjagt oder eingesperrt, wenn sie die Wahrheit sagen. Bei uns darf jede Wahrheit gesagt werden, ohne dass sich einer dafür auch nur interessiert. Das allein macht zwar nicht jeden Poeten glücklich. Aber das Glück, in einer Demokratie zu leben und alles sagen und schreiben zu dürfen, auch wenn es kein Mensch hören oder lesen will, das wiegt jeden materiellen Nachteil auf. Deshalb darf man unsere Demokratie auch mit keiner Diktatur auf der Welt vergleichen. Denn hier gibt es keine Zensur, die, wenn es sie gäbe, so einen Vergleich von vornherein verbieten würde. Ein guter deutscher Poet protestiert, wenn er sich überhaupt in die niedere Wirklichkeit begibt, gegen das Unrecht, das anderen woanders zugefügt wird. Sein persönliches Schicksal spielt für ihn eine ganz und gar untergeordnete Rolle.

Warum folgt die unzufriedene Mehrheit nicht dem Beispiel der wenigen zufriedenen Dichter? Warum fragt der ostdeutsche Arbeitnehmer, statt froh zu sein, dass ihm überhaupt noch Arbeit gegeben wird, immer nur nach dem, was seine Kollegen in Bayern und Baden-Württemberg verdienen? Ginge es ihm nicht viel besser, wenn er sich an dem orientierte, was seine ukrainischen oder polnischen Kollegen verdienen? Das sind die Fragen des Aktienkurse lesenden Arbeitgebers von heute.

Warum wollen die deutschen Arbeitnehmer nicht einsehen, dass sie – wie die deutschen Dichter – nun mal nicht zu den Leistungsträgern der Gesellschaft gehören, also auch nicht deren Ansprüche stellen dürfen? Denn genau das tun sie inzwischen. Wir sind doch schon so weit, dass irregeleitete Putzfrauen in unserem Lande Millionenabfindungen dafür verlangen, dass sie ihre Putzstellen in den oberen Chefetagen aufgeben müssen. Jeder Bauhilfsarbeiter stellt heutzutage Gehaltsansprüche, wie sie ein Topmanager von Siemens nicht zu stellen wagte. Pensionierte Briefträger treffen sich zu Montagsdemonstrationen, um Pensionsansprüche zu erheben, wie sie nicht mal einem Hans Eichel zustehen. Gewissenlose Gewerkschaften schicken Gleichstellungsbeauftragte in die Betriebe, um gleichen Lohn für Hilfsarbeiter und Vorstandsmitglieder durchzusetzen. Die Gier nach grenzenlosem Reichtum hat gerade die untersten Schichten unseres Volkes erreicht. Raffgierige Bettler, die jeden Bezug zur Realität verloren haben, versuchen sich heute auf Kosten der Allgemeinheit am Straßenrand zu bereichern. Obdachlose verkaufen ihre schmutzigen Zeitungen zu Wucherpreisen. Kurz, das Anspruchsdenken der kleinen Leute hat in unserem Lande ein Ausmaß erreicht, dass der Bundesrepublik eine Diktatur der Sozialhilfeempfänger droht, wenn nicht endlich von der Politik dagegengesteuert wird.

Stattdessen treiben linke Sozialromantiker die verwöhnten deutschen Wähler in die Fänge der rechtsextremen Parteien. Allein Oskar Lafontaine hat der NPD im Saarland einen Stimmenanteil von vier Prozent verschafft, indem er in Leipzig eine Rede gegen den angeblichen Sozialabbau gehalten hat. Leute wie er sind schuld daran, dass nicht mal die verwöhnten Alleinerziehenden mehr bereit sind, vom Überfluss ihrer Sozialhilfe und dem Luxus ihres überhöhten Kindergeldes etwas abzugeben. Statt in ihrer reichlich bemessenen Freizeit die Wirtschaft endlich wieder anzukurbeln, treiben sich junge Arbeitslose auf der Straße herum, als gäbe es für sie nichts Sinnvolleres zu tun.

Aus den vielen Hunderttausenden Andersdenkenden, die sich einst auf Sachsens Straßen zu friedlichen Montagsdemonstrationen trafen, sind Millionen Anspruchsdenkende geworden, die nichts als ihren materiellen Vorteil im Kopf haben. Sie denken, nur weil sie jetzt im Rechtsstaat leben, dürften sie den Sozialstaat mit ihren maßlosen Ansprüchen in den Ruin treiben. Plötzlich pfeifen sie auf die ganze schöne Freiheit und verlangen Arbeit. Bezahlte Arbeit! Als sei Arbeit in Deutschland noch bezahlbar! Gewiss, früher hatten sie alle irgendeine niedere Arbeit, aber keine höhere Freiheit. Schließlich kann man nicht alles haben! In Hanoi geht kein Mensch auf die Straße, um dagegen zu protestieren, dass das Spitzengehalt von hoch qualifizierten vietnamesischen Ingenieuren oder Wissenschaftlern noch niedriger ist als das deutsche Arbeitslosengeld II. Und in Vietnam gibt es weder Freiheit noch Arbeit. Daran sollten sich die Deutschen ein Beispiel nehmen. In Asien kennt man weder Demokratie, noch Sozialstaat. Deshalb boomt die Wirtschaft dort. Und wo es boomt, da lässt sich Siemens nieder.

Wenn wir den Glanz der Armut im Inland nicht akzeptieren, wird er von außen zu uns hereingetragen werden. Millionen glücklicher Chinesen, die heute noch ohne Arbeit sind, werden uns den letzten Rest Arbeit abnehmen. Dann gibt es bei uns nur noch Freiheit und Demokratie. Denn nur da, wo es die nicht gibt, wird es noch Arbeit geben. Und die Armut dort wird ihren Glanz von innen behalten. Dafür werden Löhne sorgen, wie sie bald überall üblich sein werden.

Der Patriot in uns und um uns herum

Patriotismus hat viele Gesichter, darunter auch durchaus komische. Der nette König Friedrich August (»mehr August als Friedrich«) hatte als führender sächsischer Patriot, der er zweifellos war, ein eher komisches Gesicht. Zwar hatte er seinen großen Bruder Wilhelm bei Kriegsausbruch sofort und überaus patriotisch der jubelnden Zustimmung seiner Landeskinder versichert. Auch die industrielle Kriegsvorbereitung hatte er intensiv betrieben. Aber als der Krieg dann erklärt war, wollte er selbst denn doch lieber zu Hause bleiben bei seinen sechs leiblichen und den fünf Millionen Landeskindern. Das Feld der Ehre überließ der lebenslustige Landesvater lieber seinen ihm unterstellten Patrioten. Er muss wohl besser als sie gewusst haben, was einem da alles zustoßen konnte.

Als er in Dresden die ersten an die Front ziehenden Regimenter an sich vorbeimarschieren ließ, soll er wehmütig bemerkt haben: »Meine scheen' Soldaten! Nu schießen se se dood…« Eine andere Anekdote berichtet, der König habe bei der Verabschiedung seiner Truppen die Faust gen Westen gereckt, also in Richtung Erbfeind, und dabei zornig ausgerufen: »Das gann ich euch versichern – wenn mein' Gindern was bassierd, da sollt ihr mich kenn'lern!« Das ist dem Feind dann aber erspart geblieben, obwohl so vielen von den Königskindern »was passiert ist«.

Den Ruhm, als einziger deutscher König im Krieg persönlich Gefangene gemacht zu haben, verdankte er einem Zufall an der Heimatfront. Er war – wie so oft zu Kriegs- und Friedenszeiten – mal wieder auf der Jagd, als zwei flüchtende russische Gefangene seiner Jagdgesellschaft direkt vor die Flinten gelaufen sein sollen. Sein ganzes Auftreten hatte nach allem, was man von ihm erzählte, wenig Militärisches. Da, wo man vom Preußen sagt, er habe einen Rohrstock verschluckt, muss es beim Sachsen der Krummstab gewesen sein. Das schien zumindest auf ihn, den letzten regierenden Wettiner in Sachsen, zuzutreffen.

Ein Sachse, der strammsteht, verleugnet seine Herkunft, hieß es früher. Das hat sich inzwischen leider als Irrtum herausgestellt. Sachse und Patriot klingt zwar von vornherein komisch, muss es aber durchaus nicht sein. Mein Schwiegervater war ja so ein Patriot ohne alle komischen Züge. Nicht mal sein Sächsisch klang komisch, ordinär schon gar nicht. Man hörte, wo er herkam – aus großbürgerlichem Sachsenhaus, und preußische Tugenden waren ihm ganz selbstverständlich. Strammstehen habe ich ihn übrigens nie gesehen, und ein primitiver Chauvinist war er bestimmt nicht. Schließlich billigte er anderen Nationalitäten das Recht auf Patriotismus durchaus zu. Ja, er setzte solche Art Vaterlandsliebe beim Menschen wohl einfach voraus. Anders als sein König, hatte er schon im Ersten Weltkrieg freiwillig riskiert, seinen Patriotismus mit dem Leben zu bezahlen.

Als ich ihn einmal mit einer belgischen Theaterleiterin in Leipzig besuchte, unterhielt er sich ganz angeregt mit ihr. Als polyglotter Pelzhändler vom Brühl und ehemaliger Offizier, der mehr als andere Leute in der Welt herumgekommen war, sprach er auch Französisch. Im Laufe des Gesprächs, in dem er sich natürlich nach dem belgischen Königshaus erkundigt hatte, fragte er meine Freundin aus Brüssel nach Text und Melodie der belgischen Nationalhymne. Über das Königshaus hatte sie ihm einiges zu erzählen gewusst. Denn lustigerweise hatte sie für ihre zahlreichen Hunde denselben Tierarzt wie ihr ebenfalls Hunde haltender Monarch, und der Doktor hatte ihr allerlei Schnurren von Herr und Hund bei Hofe erzählt. Den Veterinär hatte ich in Brüssel bei einem Fest kennen gelernt als erzkonservativen wallonischen Patrioten, dessen Erbfeind Flame hieß. Aber ein guter Tierarzt muss er wohl trotzdem gewesen sein. Sonst hätten ihm König Baudouin und meine Freundin Monique ihre Hunde nicht anvertraut.

Das Gespräch war also durchaus zur Zufriedenheit meines königstreuen Schwiegervaters verlaufen, bis es zur Frage nach der Nationalhymne kam. Die kannte meine Freundin überhaupt nicht. Da half kein Nachdenken, kein Wort fiel ihr ein. Das hat er, der sich mit ihr bis dahin so gut verstanden hatte, nun überhaupt nicht verstehen können. Noch Monate später kam er immer wieder darauf zurück. »Was ist denn das für eine Belgierin, wenn sie nicht mal die eigene Nationalhymne kennt? Sind die andern Belgier, die du kennst, genauso?« Das hat er mich noch mehrmals gefragt. Ich wusste keine Antwort, habe mich aber auch bei keinem Belgier nach seiner Hymne erkundigt. Mein Interesse an Nationalhymnen hält sich überhaupt in engen Grenzen. Für mich klingen die meisten ziemlich ähnlich. Und viele ihrer Texte lassen sich auf die Melodie einer beliebigen anderen singen. Auch »Einigkeit und Recht und Freiheit« kann man auf Hanns Eislers Komposition von »Auferstanden aus Ruinen« singen. Wir haben das im Kabarett bewiesen.

Wenn ich an die deutsche Nationalhymne denke, also die, die unsereins seit 1990 mitsingen darf, dann sehe ich nur unsere Fußballnationalmannschaft vor mir, die in ständig wechselnder Besetzung den ewig vergeblichen Kampf mit diesem ewig gleichen Lied austrägt. Es ist zwar nicht der einzige Gegner, dem unsere sangesfreudigen Nationalspieler nicht gewachsen sind. Aber so aussichtslos wie im Kampf mit der Hymne sehen sie doch nicht immer aus. Ich bin übrigens auch nicht textsicherer als Oliver Kahn.

Die DDR-Hymne musste ich als Kind in der Schule lernen, aber als Erwachsener sollte ich den Text wieder vergessen. Darin war nämlich die Rede von »Deutschland einig Vaterland« gewesen, und dieser Ausdruck von gesamtdeutschem Patriotismus hatte sich für uns erledigt, als wir es als einziger deutscher Friedensstaat zu einem ganz neuen Patriotismus bringen wollten, der auf das Staatsgebiet der DDR beschränkt bleiben sollte. Seitdem durfte das Lied von »Deutschland einig Vaterland« nur noch gesummt werden. Witze zu diesem Thema gehörten im DDR-Kabarett zu den erlaubten. Man nahm ja damit, wie eine der sozialistischen Definitionen von Satire hieß, »Abschied von den Fehlern der Vergangenheit«. Und das Streben nach »Deutschland einig Vaterland« gehörte ab einem bestimmten Zeitpunkt zu den Fehlern der Vergangenheit, bis sie plötzlich über Nacht wieder Gegenwart wurde, diese Vergangenheit des einigen Vaterlandes. Seitdem dürfen wir nun wenigstens die dritte Strophe des Deutschlandliedes in vollem Wortlaut mitsingen, ohne die beiden ersten vergessen zu müssen. Die haben wir in unseren Nachkriegsschulen zum Glück gar nicht erst gelernt.

Bis 1990 ist auf den Sportplätzen dieser Welt kaum eine andere Nationalhymne so oft gespielt worden wie unser »Lied ohne Worte«. Diese Hymne war lange Zeit bekannter als das Land, aus dem die ewig siegreichen Sportler kamen. Mit ihnen feierte der sozialistische Staat seine patriotischen Triumphe bei allen Olympischen Spielen, Welt- und Europameisterschaften. Dass gerade der Leistungssport in der DDR so gefördert wurde, lag wohl daran, dass er noch das Billigste war, womit sich DDR-Patriotismus in Verbindung mit internationaler Anerkennung erzeugen ließ. In Ermangelung besserer Autos war man in der DDR stolz auf seine Sportler. Aber ich glaube, nicht falsch Zeugnis abzulegen, wenn ich behaupte, die meisten DDR-Bürger wären schon damals lieber Mercedes- oder Porsche-Patrioten gewesen, als allen Nationalstolz an ihren Schwimmweltmeisterinnen und Biathleten abzuarbeiten. Es war nicht leicht, in der DDR immer wieder stolz zu sein auf das sozialistische Vaterland, das man weder als sozialistisch, noch als Vaterland empfand.

Deutscher Patriotismus hatte in den zwei Weltkriegen so viel Schaden angerichtet, dass es fast so schien, als müssten Ost- und Westdeutsche sich auf alle Zeiten verabschieden von der Liebe zu einem Deutschland, an dessen Wesen einmal die Welt genesen sollte. Erich Kästner hatte als früher Unpatriot schon nach dem Ersten Weltkrieg in seinem Gedicht »Wenn wir den Krieg gewonnen hätten« den Schluss gezogen: »Zum Glück gewannen wir ihn nicht.« Damit hatte er nicht nur die Nazis unter den deutschen Patrioten aufs Tiefste beleidigt, auch wenn er die Verse zeitweise aus seiner Gedichtsammlung *Ein Mann gibt Auskunft* gestrichen hatte, wie sein Anwalt den Nazis in einem der zahlreichen Anträge auf Zurücknahme seines Berufsverbotes mitteilte. Solchen Landesverrat konnten sie diesem »Asphaltliteraten« nie verzeihen.

Wer sich damals als Nichtpatriot zu erkennen gegeben hat, wurde wie ein Aussätziger behandelt. Es genügte schon, beim jüdischen Händler einzukaufen, um seine patriotischen Pflichten zu verletzen. Das »Weltjudentum«, das sich für den nationalsozialistischen Patrioten hinter jedem jüdischen Konfektionshändler versteckte, hatte der Hauptfeind des guten Deutschen zu sein. Was hat einer wie Hans Reimann nicht alles angestellt, nur um seine jüdischen Kontakte aus Weimarer Kabarettzeit vergessen zu machen und sich als antisemitischer Patriot zu gebärden!

Auch mein Vater hat sich in seinen Feldpostbriefen von der russischen Front durchweg patriotisch geäußert. Und das klingt alles nicht danach, als sei es aus Furcht vor einer Briefzensur geschrieben. Es klingt überzeugt und überzeugend. Patrioten zeichnen sich durch unerschütterliche Überzeugung aus, die sie erst verlieren, wenn alles andere schon verloren ist. Ich habe keine Ahnung, was mein Vater als kleiner Unteroffizier von den Verbrechen der Wehrmacht dort im Osten wusste. Antisemitisches steht in keinem der Briefe. Aber dass er wusste, warum und wofür er dort als deutscher Patriot kämpfte, das weiß ich von ihm. Das steht in den Briefen, die er an meine Geschwister und meine Mutter geschrieben hat, bevor er in Russland für Großdeutschland fiel. Was ich nicht weiß, ist, was ich für ein Patriot geworden wäre, »wenn wir den Krieg gewonnen hätten«.

Patrioten haben sich grundsätzlich gegen eine Welt von Feinden zu wehren. Auch in der DDR wurde ein Kampf gegen einen, zwar nicht jüdisch genannten, aber doch so gemeinten Kosmopolitismus geführt. Noch in meinem letzten DDR-Lexikon von 1986 steht, es handele sich um eine Doktrin der imperialistischen Ideologie, die »patriotische Traditionen negiert« und sich gegen den »Befreiungskampf der Völker« wehrt. So genannte Kosmopoliten wurden nicht nur in den Fünfzigerjahren verfolgt und eingesperrt, und ein Schimpfwort blieb es im patriotischen Sprachgebrauch der offiziellen Deutschen Demokratischen Republik bis zum Schluss. Dass sich unter den als solchen beschimpften Kosmopoliten besonders viele Juden befanden, gehört zu den Zufällen, die die deutsche Geschichte so besonders kontinuierlich erscheinen lassen.

Dabei wird man nicht als Patriot geboren. Dazu muss man erst gemacht werden. Je eher man aber mit der Ausbildung zum Patrioten beginnt, desto natürlicher wächst man hinein in die Gemeinschaft derer, die wissen, wozu sie – im Gegensatz zu allen andern – gehören. Wichtig ist, dass man sich irgendwie unterscheidet von den vielen, die nicht dazugehören. Da sich Patrioten aber äußerlich nicht immer von weniger wertvollen Menschen unterscheiden – blond und blauäugig kann auch der Jude sein –, verlässt man sich nicht auf die reinen Äußerlichkeiten. Die Herkunft ist ein innerer Wert, den man den wenigsten ansieht, der aber ein untrügliches Zeichen für die Dazugehörigkeit sein kann. Also wenn man auch nicht als Patriot geboren wird, ist doch von entscheidender Bedeutung, wo man als welcher Eltern Kind geboren wurde. Patrioten entstehen durch natürliche Auswahl. Sie sprechen nicht nur dieselbe Sprache. Mit der stehen sie oft genug eher auf Kriegsfuß. Umso besser verstehen sie sich auf die »Sprache des Blutes«, weil die keine besonderen Kenntnisse voraussetzt. Schon deshalb sollte sich keiner wundern, wenn Patriotismus auch heute noch zu einer durchaus blutigen Angelegenheit werden kann.

Durch allerlei Völkerwanderung, wie man früher die Globalisierung zu Fuß nannte, ist es auch unter europäischen Patrioten zu einem multinationalen Durcheinander gekommen, das seltsame Blüten treiben kann. Ich habe eine holländische Freundin, die in Friesland lebt und sich dort in einen friesischen Patrioten verliebt hat, den seine rein friesischen Eltern einst adoptiert hatten. Er unterscheidet sich von seinen friesischen Mitpatrioten dadurch, dass er seinen Stolz auf die friesische Heimat, auf alles, was friesisch ist, besonders auffällig zur Schau stellt. Trotzdem käme kein friesischer Bauer darauf, ihn für seinesgleichen zu halten.

Er sieht nämlich aus wie ein Koreaner, obwohl er kein Wort koreanisch spricht. Als er nach Friesland kam, war er ein Baby. Nun spricht er das, was weder seine holländische Freundin noch ich, ihr deutscher Freund, sprechen – ein akzentfreies Friesisch. Er hat uns »stolz wie ein Friese« sein friesisches Dorf gezeigt und in der friesischen Dorfkirche auf friesischer Orgel musiziert. In dieser Kirche war er getauft und konfirmiert worden. Aber als wir mit ihm in ein wenige Kilometer entferntes Dorfgasthaus kamen, hielten ihn die friesischen Bauern dort für einen Fremden, während wir Fremden – hätten wir nur friesisch gesprochen – als Einheimische durchgegangen wären. Als er aber für uns in akzentfreiem Friesisch die Getränke bestellte, starrten sie ihn an, als käme er von einem anderen Stern. Obwohl friesische Patrioten – soweit ich sie kennen lernen durfte – nicht besonders fremdenfeindlich sind, hat er es nicht ganz leicht, als das anerkannt zu werden, was er von ganzem Herzen ist – ein friesischer Patriot.

Patriotismus hatte und hat eben manchmal auch komische Gesichter. Unser nunmehr befreundeter Erzfeind Frankreich bezeichnet seinen reichlich ausgeprägten Patriotismus gern als gesund. Jedenfalls sagen das meine Lyoner Freunde, wenn ich mich manchmal ein bisschen lustig mache über ihre »grande nation« mit dem selbstverständlichen Fahnenschmuck über jeder Dorfschule, der vielen Blechmusik, den bunten Militäraufmärschen und den vielen, vielen Ehrenlegionen. So lächerlich mir der feierlich-bunte Franzosenstolz auch manchmal erscheint, Angst habe ich nicht davor. Meine französischen Freunde sind nun mal stolz darauf, Franzosen zu sein. Und sie schämen sich zu 100 Prozent für ihre 30 Prozent Le-Pen-Wähler oder für Parolen wie »Les Français d'abord!«, eben für die französische Art von Fremdenfeindlichkeit und Antisemitismus.

Um ihre Art von ganz und gar selbstverständlicher, aber nicht schamloser Vaterlandsliebe beneide ich sie. Sie sind einfach stolz auf sich, auf ihr Land, und das geht keinen andern etwas an. Wenn ich mich darüber lustig mache, dann lachen sie höchstens ein bisschen mitleidig über mich, der ich auf den Zufall meiner deutschen Geburt so gar nicht stolz bin. Ihr Patriotismus richtet sich nicht gegen andere. Zumindest darin unterscheiden sie sich von den meisten unserer Patrioten, deren ganzer Nationalstolz in mangelndem Selbstbewusstsein zu bestehen scheint. Sie haben es nicht nötig, die Überlegenen zu spielen, weil sie sich ja auch nicht unterlegen fühlen. Wohlgemerkt, ich spreche von meinen Freunden, nicht von Le Pens Anhängerschaft. Die dürfte nicht viel anders beschaffen sein als das, was sich bei uns hinter DVU, NPD und Republikanern versammelt. Der Intelligenzgrad der Rechtsradikalen ist von internationalem Standard.

Bei uns haben die Rechtsextremen aus Mangel an Überbau keine Basis, obwohl sie zweifellos da ist. Wieso macht mir ein italienischer Berlusconi weniger Angst, als es ein deutscher täte, wenn es ihn denn gäbe? Das habe ich eine Italienerin gefragt, die eine erbitterte Gegnerin von Berlusconi ist. Sie lachte kurz und gab mir dann Recht. »Wir Italiener sind viel zu schlampig, um so gefährlich werden zu können wie ihr Deutschen.« Darf eine italienische Patriotin so etwas über ihr geliebtes Italien sagen? Sie darf es offensichtlich, denn sie hat es gesagt und schien sogar ein bisschen stolz zu sein auf den italienischen Hang zur Schlamperei. Dass es den deutschen Berlusconi nicht gibt, ist unser Glück, nicht unser Verdienst. Wir sollten uns nicht darüber aufregen, dass unsere Neonazis so primitiv sind. Wir sollten froh sein, dass sie zu dumm sind, ihre vielen Mitdummen hinter sich zu sammeln. Denn dass unter uns weniger Dumme wären als unter den Franzosen oder Italienern, das sollten wir uns nicht einbilden. Hier fehlen nur die klügeren Dummenfänger.

Alle Versuche, es in Deutschland zu einem »gesunden« Patriotismus zu bringen, scheitern am deutschen Menschen und seiner Geschichte. Die fröhliche Unbekümmertheit der Franzosen, deren koloniale Vergangenheit ja auch nicht die von Unschuldsengeln ist, bleibt für uns vorläufig unerreichbar. Für die mit den französischen vergleichbaren, früheren deutschen Massenmorde – etwa in Namibia vor mehr als 100 Jahren – genügt inzwischen auch schon eine regierungsamtliche Entschuldigung. Aber für die später von deutschen Patrioten begangenen Verbrechen reicht auch das größte aller denkbaren Mahnmale nicht aus. Sie übersteigen einfach jedes »Normalmaß« der üblichen Sündenregister europäischer Nationen.

Aber ganz ohne ein bisschen Stolz auf sich selbst hält es wohl keine Nation der Welt auf Dauer aus. So fand man einst in der Bundesrepublik, als sie noch ganz die alte und mit sich zufrieden war, die zugleich selbstbewusste wie unverfängliche Bezeichnung Verfassungspatriot. So nannten sich Leute, deren Stolz sich nicht darin erschöpfen wollte, die besten Autos zu bauen, die härteste Währung zu haben und hin und wieder Fußballweltmeister geworden zu sein. Zugegeben, das Grundgesetz der Bundesrepublik war und ist eine poetische Meisterleistung. Aber dank der einschränkenden Durchführungsbestimmungen und der kleinen Verfassungsänderungen hat es inzwischen zu viel von seiner ursprünglichen Gültigkeit verloren. Es reicht einfach nicht mehr aus, um darauf allein so stolz sein zu können, wie es Franzosen oder Engländer mit ihren viel älteren demokratischen Traditionen von Haus aus sind. Das Grundgesetz war zu gut gemeint, um in einer weniger guten Praxis bestehen zu können. Man denke nur an das Asylrecht, auf das ich heute noch stolz wäre, wenn es das noch gäbe, wie es da mal geschrieben stand.

Der Vereinigungstaumel, der mit dem Mauerfall einsetzte, war nur ein kurzer Rausch. Das allzu laute »Deutschland, Deutschland«-Geschrei und der anschließende Kater haben beständige Vaterlandsliebe gar nicht erst aufkommen lassen. Schon bald trat – nachdem wir uns ein paar Tage lang vor Liebe fast erdrückt hatten – wieder deutsche Normalität ein. Beide Seiten waren zutiefst enttäuscht voneinander, weil keiner so war, wie der andere es von ihm erwartet hatte. So war denn schon bald das Einzige, was uns überhaupt noch zu einen schien, die gegenseitige Abneigung. Aber so was kann ja auch manche Ehe zusammenhalten. Man sehnt sich zurück nach einer Zeit, da man sich noch nach dem Partner sehnte, der einen jetzt so maßlos enttäuscht hat. »Sehnsucht nach der Sehnsucht« heißt ein Gedicht von Kurt Tucholsky, dessen Ehe ja auch nur am Zusammenleben gescheitert war.

Die Erkenntnis, dass die Mauer uns einst so beruhigend voreinander geschützt hat, gewann mit der Zeit immer mehr an Boden. Auf östlicher Seite begann man plötzlich einen vorher nicht gekannten Stolz auf seine DDR-Herkunft zu entwickeln. Mochten die drüben das bessere Geld gehabt haben, hier haben die besseren Menschen gelebt. Im Westen setzte ein bis heute andauerndes Kopfschütteln über die Brüder und Schwestern ein, die nicht einsehen wollen, dass sie hoffnungslos zurückgeblieben sind. Damit verbunden wuchs der Stolz auf die demokratische Vergangenheit einer gemütlichen Bundesrepublik, die man sich jetzt nicht kaputtmachen lassen will von diesen hergelaufenen Sozialfällen.

Beide Haltungen sind insofern deutsch, als sie auf der einen wie auf der anderen Seite nicht vom Stolz auf sich selbst bestimmt sind, sondern von der Ablehnung der anderen. Ostdeutsche Patrioten wollen sich eine DDR-Identität nicht rauben lassen, von der sie, als es die DDR noch gab, nichts hatten wissen wollen. Ihre ehemaligen Brüder und Schwestern auf der anderen Seite schämen sich solcher Verwandtschaft und wollen, statt sich weiter mit ihren peinlichen Landsleuten einzulassen, lieber nur noch Europäer sein. Westeuropäer, versteht sich. Oder Weltbüger. Aus der Ersten Welt natürlich.

Eine weitgehend westdeutsch gebliebene Regierung versuchte zuerst mit Geld zu kitten, was zu kitten war. Und anfangs ließ sich ja damit auch fast alles kitten. Je dankbarer sich die eine Seite zeigte, desto großzügiger war die andere. Der gute Onkel Helmut war so etwas wie der Westonkel mit der dicken Marie, der die ganze Familie im Osten versorgen konnte und wollte. Und wir hielten das Geld, das da zu uns floss, wirklich für seines. Er dachte offensichtlich nicht viel anders. So selbstverständlich war sein Geben und unser Nehmen, dass man glauben konnte, es würde ewig so weitergehen. Unter dem Dach der deutschen Einheit könnte im Übrigen jeder seins machen. Die einen ihr sprudelndes Wirtschaftswunder am Rhein, die andern ihr gemütliches Beisammensein an Oder und Neiße. Für deutsch-deutsche Begegnungen hatte man ja nun ein gesamtdeutsches Mallorca.

Seit der Bundesregierung das Geld ausgegangen ist, hat sie unserem Auseinanderleben nur noch Appelle entgegenzusetzen. Mal ruft sie den Westen zur Großzügigkeit, mal den Osten zur Bescheidenheit auf. Und alle zeigen ihr nur den Vogel. Was der Kohl gegeben hat, darf der Schröder nicht wieder nehmen, sagen die einen. Die andern sagen, Schröder verschenkt unser letztes Hemd. In einem Punkt allerdings sind sich alle einig, wir haben die falsche Regierung. Das sagt sogar die Opposition. Dabei scheint sie noch gar nicht zu ahnen, dass sie ihre ganze Beliebtheit nur der Tatsache zu danken hat, dass sie gerade nicht regiert. Der Regierung fällt nichts anderes ein, als bei den Armen auf beiden Seiten, also ganz ausgewogen, zu sparen. Gleichzeitig ruft sie dieselben Armen auf beiden Seiten beinahe flehentlich dazu auf, das Geld, was sie bei ihnen eingespart hat, auf der Stelle nochmal auszugeben, um endlich die lahmende Binnennachfrage zu steigern.

Der neue Patriot steckt heute in einem Verbraucher, der es fertig bringt, mit immer weniger Geld immer mehr auszugeben. Denn nur so bringt er die Wirtschaft und damit auch die Steuereinnahmen des Staates zum Wachsen. Mit solchen höheren Einnahmen könnte der Staat dann weiter kitten, was ohne Geld einfach nicht zu kitten ist. Alles, was die alte Bundesrepublik in Ost und West einst so liebenswürdig gemacht hat, das war schließlich ihr Reichtum. Deutscher Patriotismus steht und fällt mit deutschem Wohlstand. Weder Demokratie, noch Patriotismus ist mit uns Deutschen ohne den dazugehörigen Wohlstand zu machen.

Ganz anders als jede Form von europäischem Patriotismus ist der in den USA gepflegte. Begünstigt durch die Größe des Landes und die unendliche Ferne aller anderen Länder, von deren Existenz man allenfalls theoretisch etwas gehört hat, können sich US-Amerikaner ganz auf sich und ihr einmaliges Land konzentrieren. Patriotismus ist dort nicht nur eine Ausdrucksform von Stolz, er ist der Inhalt allen Seins. Dort ist man stolz darauf, stolzer zu sein als alle andern. Auch wer sonst nichts hat, ist noch stolz, dass er dieses Nichts nicht woanders haben muss. Zum Normalverhalten eines gesunden Amerikaners gehört das ständige Herzeigen der Nationalfahne – sei es nun auf dem Dach, dem T-Shirt oder auf der Unterhose. Die Hand aufs Herz zu legen, sobald die Hymne erklingt, ist selbstverständlicher Reflex aller Amerikaner. Im Übrigen vertrauen sie auf einen Gott, von dem sie ganz sicher wissen, er ist US-Amerikaner.

Dieser Patriotismus ist zugleich chronisch und akut. Heilbar ist er nicht.

Was immer ein Amerikaner tut oder nicht tut, er tut es als Patriot. Selbst wer seine Regierung dort auf eine Art und Weise kritisiert, die hier sofort als Antiamerikanismus entlarvt würde, tut es als Patriot. Patriotische Realität und satirische Übertreibung sind in den USA nicht voneinander zu unterscheiden. Ob Michael Moore oder George W. Busch – beide gehören zur Gruppe der Extrempatrioten. Der eine ist extrem komisch, der andere extrem gefährlich.

Wie ich den Himmel offen sah

Als Kind habe ich den Himmel einmal offen gesehen. Er strahlte in den schönsten Farben direkt in mein Kinderbett, und ich strahlte glücklich zurück. Der liebe Gott mit weißem Wallebart saß auf einer großen Wolke und schaute mit gütigen Augen auf mich, während die ringsum sitzenden Engel für mich ihre himmlischen Lieder sangen. Etwas Schöneres hatte ich nie vorher gesehen oder gehört. Als ich aufwachte, war ich fest davon überzeugt, den offenen Himmel nicht nur geträumt zu haben. Ich hatte den Gottesbeweis empfangen. Daran hatte ich in diesem Moment nicht den geringsten Zweifel. Meinen Geschwistern und meiner ungläubigen Mutter wagte ich davon trotzdem nichts zu erzählen. In unserer Familie gab es nun mal keinen bewohnten Himmel. Ich hatte Angst, ausgelacht zu werden, und war doch ganz sicher, das gesehen zu haben, was es angeblich nicht geben sollte.

Mein Wissen behielt ich also für mich in unserer streng atheistischen Glaubensgemeinschaft. Aber die Gewissheit, dass da oben ein lieber Gott, den man nicht fürchten musste, im

Kreise lieblichster Engel saß, machte mich glücklich. Die Hoffnung, später einmal in diesen Himmel zu kommen, wurde zur Gewissheit. Warum sonst hatte er sich für mich geöffnet? Ich redete mir ein, dass ich keinem hier unten von diesem göttlichen Vertrauensbeweis erzählen dürfte, um mir nicht eingestehen zu müssen, dass ich Angst hatte, mich vor meiner ungläubigen Familie lächerlich zu machen.

Ich teilte ein Geheimnis mit dem Himmel, gehörte zu den wenigen Auserwählten, denen sich der liebe Gott persönlich offenbart hatte. Das machte mich stolz und glücklich, zumal es ein Kindergott war, der keine Angst machte, sondern die reine Güte ausstrahlte. Wenn ich abends im Bett lag, betete ich heimlich unter der Bettdecke zu ihm wie zu einem Vertrauten. Wir kannten uns ja von Angesicht zu Angesicht. Ich musste nicht an ihn glauben. Ich wusste. Schließlich hatte ich ihn gesehen. Auch daran, dass er mich hier unten in meinem Bett gesehen hatte, zweifelte ich nicht.

Wie lange meine beruhigende Gewissheit anhielt, weiß ich nicht mehr. Ich weiß nur, wie fröhlich sie mich machte, und wie überlegen ich mich allen gegenüber fühlte, die nicht gesehen hatten, was ich sehen durfte. Mochten die anderen glauben, was sie wollten. Mein Wissen war stärker als jeder Glaube. Nicht einmal meinem engsten Freund, dem einzigen katholischen Mitschüler in meiner Klasse, sagte ich etwas davon. Dabei wusste ich doch von ihm ganz sicher, was ich von den meisten meiner protestantischen Mitschüler nicht so genau wusste – er glaubte wirklich an Gott. Das hatte er mir mehrmals mit der Überlegenheit des von keinem Zweifel geplagten Gläubigen in mein Heidengesicht gesagt.

Aber woher sollte ich wissen, ob der, den ich gesehen hatte, auch der Gott der Katholiken war? Außer meinem katholischen Freund und mir, dem Ungetauften, gab es in unserer Klasse nur

Protestanten. Die nannten mich zwar manchmal etwas verächtlich »Heide«, aber Katholik war im protestantischen Finsterwalde noch schlimmer als Atheist. Man sagte sich wohl, lieber gar keinen als den falschen Glauben. Hinzu kam, dass die meisten Katholiken Umsiedler waren, und die galten damals im hungernden Nachkriegs-Finsterwalde kaum mehr als heute die Asylbewerber, von denen ja auch so viele einen falschen, weil moslemischen Glauben haben.

Lange Zeit hoffte ich auf ein Wiedersehen mit meinem lieben Gott. Immer wenn ich nicht einschlafen konnte, starrte ich in den dunklen Himmel und betete, dass er sich noch einmal für mich auftäte. Vergebens. Ich betete zwar noch lange weiter, aber das tat ich dann – wie andere ja auch – eigentlich nur noch vorsichtshalber, weil man ja nicht wissen konnte, ob es einen Gott gäbe oder nicht. Inzwischen fürchtete ich nämlich, dass mein ganzer schöner, offener Himmel doch nur ein Traumbild war. Die Gewissheit jedenfalls hatte ich im atheistischen Alltag meiner Familie verloren. Besonders mein Großvater spottete gern über den Aberglauben der Christen in diesem »wissenschaftlichen Zeitalter«, wie er das nannte. In dem Punkt stimmte meine Mutter mit ihrem Vater, vor dem sie uns sonst nur warnen konnte, überein. Ich selbst habe – bei bestem Willen – wohl schon damals kein Talent gehabt zum einfachen Glauben. Der immer wiederkehrende Zweifel machte mich zwar alles andere als froh. Aber ich wurde ihn, da sich mir der Himmel kein zweites Mal öffnete, nun nicht mehr los.

Der Religionsunterricht, zu dem ich hin und wieder ging, trug ganz und gar nicht dazu bei, mich ohne weiteren Gottesbeweis zum gläubigen Christen zu machen. Die Mehrheitsverhältnisse hatten sich in meiner Klasse auch im Laufe der Zeit unmerklich verändert. Aus den vielen Gewohnheitsprotestanten wurden im DDR-Alltag immer mehr bekennende Atheisten. Ich wollte dann zwischenzeitlich zwar mal Katholik werden, aber das hatte weniger mit wirklichem Glauben zu tun – den offenen Himmel hatte ich längst vergessen –, als mit meinem Zweifel an dem allzu strenggläubigen Atheismus, der in meiner Familie gepflegt wurde. Ich beneidete meinen Freund einfach um seine Glaubenssicherheit und um den Zusammenhalt in seiner kleinen katholischen Gemeinde. Doch weil meine Mutter wider Erwarten nichts gegen meine rein oppositionell gemeinte katholische Taufe einzuwenden hatte, vergaß ich sie noch schneller als das Bild vom offenen Himmel mit seinem sicheren Heilsversprechen.

Ich machte noch mehrere Anläufe, um zu einem verlässlichen Glauben zu finden. Es gab ja nicht nur das Angebot der christlichen Kirchen. Auch die verschiedenen politischen Überzeugungen in und außerhalb meiner Familie boten sich als Glaubensgemeinschaften an. Der Kommunismus, wie er in unseren real-sozialistischen Märchenbüchern als Zukunftsmodell geschrieben stand, erschien mir zeitweise besonders geeignet für meine Glaubenszwecke. Mein Großvater war da ja sogar eingeschriebenes Mitglied. Wenn ich bei ihm zu Besuch war, versuchte er mich immer mal, wenn schon nicht zu bekehren, so doch zu warnen, indem er alle anderen höhnisch als Abergläubige verspottete. Erstaunlicherweise war für ihn die sozialdemokratische Glaubensrichtung die, die er am meisten verachtete. Zu deren Anhängern, auch in der eigenen Familie, hatte er ein ähnlich gestörtes Verhältnis wie die Protestanten in Finsterwalde nach dem Krieg zu den Katholiken. Da ich meinen Großvater gern hatte und wollte, dass er mich genauso gern hätte, widersprach ich ihm nicht, sondern schüttelte brav mit ihm den Kopf sowohl über den christlichen wie auch den sozialdemokratischen Aberglauben.

Aber dann kam ich wieder nach Hause oder zu wiederum

andersgläubigen Verwandten, und schon stellte sich heraus, dass meine Zustimmung nicht mehr als ein schnell vergessenes Lippenbekenntnis war. Denn nun schüttelte ich mit den anderen den Kopf über meinen Großvater und seinen Kinderglauben an einen Kommunismus, von dem außer ihm alle wussten, dass er eine Irrlehre war. Nein, ein starker Charakter war ich in Glaubensfragen ganz und gar nicht. Selbst zu keinem eigenständigen Glauben fähig, glaubte ich mal mit dem, mal mit jenem einfach so mit. Aber wenn ich allein war, wusste ich meist gar nicht mehr, woran ich überhaupt glauben sollte. Schließlich fand ich mich damit ab, denn ich merkte bald, dass es auch anderen nicht besser ging als mir. Gerade wenn es einem nicht so gut geht, kann es einen trösten zu wissen, das es anderen auch nicht besser geht.

Heide nannte mich erst viel später dann mein Schwiegervater, als er eines schönen Heiligabends sehr von oben herab fragte, wie wir Heiden denn die heilige Weihnacht überhaupt feiern könnten. Zu der Zeit lebte ich gerade in einer längeren Phase atheistischen Hochmuts. Jeden Glauben, außer dem an die Wissenschaft, hielt ich damals für Aberglauben. Meine Götter hießen Brecht und Karl Marx. Da war ich mir vorübergehend noch einmal genauso sicher, wie ich es lange vorher gewesen war, als ich den Himmel vom Kinderbett aus offen gesehen hatte und nicht nur glaubte, sondern aus eigener Anschauung wusste, wo Gott wohnte. Ich erklärte meinem irrgläubigen Schwiegervater nicht weniger von oben herab die heidnische Herkunft der heiligen Weihnacht. Da traf also sein christlicher Hochmut auf meinen atheistischen, und wir machten beide eine ganz konsequent komische Figur dabei. Er lächelte über mich, ich über ihn, und wir saßen dabei ganz friedlich unter derselben geschmückten Tanne, die für ihn ein Christbaum war, für mich ein Weihnachtsbaum.

Mein Schwiegervater, der zeitweise auch Vorsitzender seines Leipziger Gemeindekirchenrates war, verlor seinen Glauben nicht, ohne im Alltag viel Aufhebens davon zu machen. Der sonntägliche Kirchgang war für ihn eine Selbstverständlichkeit wie der alltägliche Gang in sein Pelzgeschäft. Ich verlor meine wissenschaftlich begründete Sicherheit bald wieder an eine reichlich unwissenschaftliche Wirklichkeit, die sich nicht an den schönen Lehrsatz hielt, der da behauptete: »Die Welt ist erklärbar.« Möglich, dass sie es einmal wird. Bis dahin habe ich gerade wegen der vielen verschiedenen Erklärungen meine Zweifel an ihrer Erklärbarkeit.

Als Kind war ich aus Mangel an anderer Zerstreuung sonntags oft in den Kindergottesdienst gegangen. Dagegen hatte auch meine atheistische Mutter nichts. Und mein Großvater, der in Berlin wohnte, erfuhr es ja nicht. Die Kirche hatten wir vor unserm Haus, und Fernsehen gab es noch nicht. Aber viel mehr als Unterhaltung war so ein Gottesdienst für mich damals nicht. Mittwochs war Pioniernachmittag, sonntags Kindergottesdienst, und anschließend hörte ich im Radio die Kindersendung mit dem Onkel Tobias vom RIAS. Dass eines das andere hätte ausschließen müssen, darauf kam ich gar nicht.

Da ich viele Jahre später in eine Familie praktizierender Christen einheiratete, ging ich irgendwann auch wieder mit in die Kirche, hörte dort kluge und dumme Predigten und beneidete die Leute auf den Kirchbänken um mich herum, die zu einem, ihrem Glauben gefunden hatten. Je atheistischer die offizielle DDR wurde, desto mehr fühlte ich mich dieser immer kleiner werdenden Minderheit verbunden, ohne ihren Glauben teilen zu können.

Da Atheismus zur offiziellen Staatsreligion der DDR erhoben wurde und die Bibel im Schulunterricht nicht vorkam, schickten wir unsere Kinder in den Religionsunterricht, auch wenn sie das selbst nicht unbedingt wollten. Welches Kind ist gerne Außenseiter? Nachdem die Oberen von Staat und Kirche sich auf den Kompromiss von der »Kirche im Sozialismus« geeinigt hatten, blieben die Christen hier zwar eine belächelte Minderheit, galten aber nicht mehr a priori als getaufte Staatsfeinde. Unter dem Dach der Kirchen fanden viele linke Vögel Unterschlupf, die – wie ich – Heiden geblieben waren, aber nicht an den heiligen Staatssozialismus glauben wollten. Zweifelnde Christen und unsichere Nichtgläubige, durch die gesellschaftlichen Umstände zusammengekommen, haben in der DDR zu einer Koalition gefunden, die mithalf, die gesellschaftlichen Verhältnisse schließlich von Grund auf zu verändern. Dass die Umwälzung in der DDR so friedlich vonstatten ging, ist nicht unwesentlich den Vertretern der christlichen Kirchen zu verdanken.

Dass aus der damaligen Notgemeinschaft keine anhaltende Gemeinschaft geworden ist, heißt nicht, dass sie nicht auch heute zusammengehören könnten. Glaube und Zweifel gehören – daran glaube ich auch heute noch – unbedingt zusammen. Aber nachdem die verschiedenen Andersdenkenden einträchtig der allein Recht gehabt habenden Partei von einst ihren Führungsanspruch endlich abgerungen hatten, sammelten sie sich selbst nur allzu gern in allerlei Sekten oder Parteien, in denen sie nun ihren Himmel offen sehen. So erheben sie – Platz dazu ist in der kleinsten Sekte – als die allein Richtigdenkenden oft genug den Anspruch, den sie jener Partei einst mit Erfolg streitig gemacht hatten. Manche von ihnen tragen den Titel »Bürgerrechtler« wie einen Gottesbeweis vor sich her und haben jetzt – wie einst »die stärkste der Parteien« – immer Recht.

In der DDR nannte man solche Leute die Hundertprozentigen. Egal, wovon sie überzeugt waren oder sind, sie waren und sind es immer hundertprozentig. Und wenn sie – warum auch immer – die Seiten wechseln, werden sie meist zu Hundertfünfzigprozentigen. Sie dulden keinen Glauben neben dem ihrigen. Fundamentalismus ist an keine Religion gebunden. Gotteskrieger gibt es auch unter Atheisten. Dann nennen sie sich manchmal Parteisoldaten.

Ich Ungläubiger sehe zwar – im übertragenen Sinne – noch immer zum Himmel auf und hoffe insgeheim, er möge sich für mich noch einmal öffnen und ein Gott sich zeigen. Die Hoffnung, dass er das für mich tut, ist gering. Meine Glaubensheimat wäre etwa da, wo Christentum und Kommunismus einander berühren, also weder Amtskirche noch Staatsreligion sind. Aus Mangel an Glaubensfähigkeit werde ich wohl ein heimatloser Ungläubiger bleiben und alle beneiden, die in ihrem Glauben ruhen, ohne gegen die Ungläubigen eifern zu müssen. Das ist ein bisschen wie mit dem Patriotismus. Man hat ihn, oder man hat ihn nicht. Aber wenn man zu viel vom einen wie vom andern hat, können beide sehr schnell gefährlich werden.

So sehr ich mir selbst ein wenig mehr Gewissheit wünschte, wünsche ich allen Gläubigen etwas von dem gesunden Selbstzweifel, der die andern leben lässt. Wer Recht hat, das sehen wir ja dann in jener besseren Welt. Vielleicht hatten die alten Römer Recht. In ihrem Himmel war Platz für viele Götter. Sie verfolgten die Christen ja nicht, weil sie an ihren christlichen Gott glaubten, sondern weil sie neben diesem Einen keinen anderen dulden wollten. Wenn es denn den einen oder anderen Gott geben sollte, zu dem zu beten sich lohnt, so sollte jeder von ihnen seinen Gläubigen etwas Zweifel lassen und den Zweiflern ein bisschen guten Glauben schenken, an dem es mir bis heute fehlt. Im Himmel jedenfalls ist Platz für viele Götter, und hier unten sollte Platz sein für ebenso viele Glaubensrichtungen. Amen.

Wir sind das Volk, aber wer sind die anderen?

Der französische Ministerpräsident Jean-Pierre Rafarin sprach vor Jahr und Tag, jedenfalls nach einer verlorenen Wahl, den für einen Politiker überaus hellsichtigen Satz: »Wir haben offensichtlich ein Problem mit dem Volk.« Diese späte Feststellung hat ihre nachhaltige Gültigkeit schon über Jahrhunderte bewiesen. Die da oben und die da unten stehen einander gewöhnlich eher feindlich, auf jeden Fall misstrauisch gegenüber. Das ändert sich meist nur kurzfristig, wenn die da oben denen da unten mit einem Feind von außen drohen können, dem sie gemeinsam widerstehen müssen. Dann kann es für einige Zeit zu dem kommen, was die Nazis einst »ein Volk, ein Reich, ein Führer«, eben eine Volksgemeinschaft, nannten. Kaiser Wilhelm hatte schon 1914 zu so einer Einheitsfront von Herrschern und Beherrschten aufgerufen, indem er behauptete, Deutschland sei umgeben von einer »Welt von Feinden«. Da war es nur logisch, dass er für sich den patriotischen Schluss zog: »Ich kenne keine Parteien mehr. Ich kenne nur noch Deutsche.« Damit erreichte er immerhin, dass ihm alle Parteien, auch die sozialdemokratische, seine Kriegskredite bewilligten und die Deutschen, einig wie lange nicht mehr, mit so fröhlichen Schlachtrufen wie »Siegreich woll'n wir Frankreich schlagen«, »Gott strafe England« und »Jeder Schuss ein Russ'« ins Feld zogen. Und die zu Hause blieben, winkten ebenso einträchtig und gaben freiwillig ihr »Gold für Eisen«, damit der Kaiser daraus Kanonen bauen lassen konnte.

Aber diese Eintracht zwischen oben und unten pflegt gewöhnlich von kurzer Dauer zu sein. Mit dem Sieg über den Feind endet sie meist etwas langsamer, weil es Zeit braucht, bis sich die Kosten des Sieges als viel zu hoch herausgestellt haben. Wie lange so ein Nachrechnen dauern kann, dürfen wir zur

Zeit in den USA beobachten. Bei einer Niederlage dagegen – und seit 1870/71 kennen wir Deutschen nichts anderes – ist die Gemeinsamkeit schlagartig zu Ende. Fast jede Niederlage führt dazu, dass das eben noch unter patriotischem Zwang jubelnde Volk sich wieder einmal von denen da oben belogen und betrogen fühlt. Egal, wie bereitwillig es sich vorher hat belügen und betrügen lassen. Die einfachen Leute sind selten besser als ihre Herrscher. So wie Kaiser Wilhelm nach dem Ersten Weltkrieg von sich behauptete, den Krieg nicht gewollt zu haben, so hatten ihn im Nachhinein auch die nicht gewollt, die unter seiner Führung begeistert in die Schlacht gezogen waren.

Aber der Schaden, den alle Stammtischstrategen anrichten können, ist mit dem, den man an Kabinettstischen anzurichten vermag, nicht zu vergleichen. Dem bei kleinen Leuten so beliebten Satz – »Aber auf uns hört ja keiner« – möchte man trotzdem fast immer hinzufügen: »Und das ist auch gut so.« Denn gerade zwischen dem gesunden Menschenverstand und dem Volksempfinden, das sich am Stammtisch gern gesund nennt, liegen meistens Welten. Und dass die gescholtenen Politiker auf die einfache Lösung aller Probleme, die der Stammtisch längst gefunden hat, nicht kommen, kann auch an dem liegen, was man bei ihnen nicht vermuten möchte – an ihrem gesunden Menschenverstand. Der kommt auch in den höchsten Kreisen vor.

So wie es zu den Grundbedürfnissen von uns kleinen Leuten gehört, auf die da oben zu schimpfen, so gern haben wir es doch auch, zu einem von ihnen mal aufblicken zu können. Das gelingt nicht oft und hält auch meist nicht lange an. Aber es passiert doch immer mal wieder. Alte Männer scheinen sich dazu in Deutschland am besten zu eignen. Welche anderen Qualitäten für so eine Vaterfigur gefragt sind, ist schwer auszumachen. Man denke nur an jenen alten Feldmarschall Hindenburg, der als des Kaisers oberster General den Krieg auch dann noch fortsetzen wollte, als sein Wilhelm schon alle Lust daran verloren hatte. Dem greisen Feldherrn war der Krieg, in dem wie üblich nur die unteren Chargen gefallen waren, nach eigener Aussage wie eine Badekur bekommen. Ausgerechnet ihn wählten sich die Deutschen nur ein paar Jahre nach der Niederlage zum Landesvater.

Der hochbetagte Konrad Adenauer brachte es dann nach dem Zweiten Weltkrieg zumindest in Westdeutschland zu einer konkurrenzlosen Vaterfigur, der eine absolute Mehrheit absolut vertraute. Er brachte schon lange vor Helmut Kohl das ein, was die Deutschen an ihren Politikern am meisten zu schätzen scheinen – die schlichte Denkungsart. »Meine Kritiker werfen mir vor, dat ich so einfach denke. Nun, meine Damen und Herren, da bin ich direkt stolz darauf. Der eine denkt eben so und der andere denkt eben anders, und manche denken gar nicht.« Der gehört zu den vielen seiner markanten Aussprüche, die leider kein rheinischer Hans Reimann für die Nachwelt gesammelt hat. Ein anderer Satz von ihm lautete: »Was mich eigentlich interessiert von den Soldaten, das sind die Märsche.« So eine Weisheit auf sächsisch gesprochen, hätte auch von Friedrich August aus Dresden stammen können. Oder sein Urteil über Luther: »Der Luther, dat war doch ne janz vernünftije Mann. Wenn ich Papst jewesen wäre, hätt' ich mir den Herrn mal kommen lassen. Dann wär dat nicht passiert.« Hätte nur einer mitgeschrieben, das Adenauer-Bild der Deutschen sähe heute anders aus.

Zu gesamtdeutscher Popularität – und das in den Hochzeiten des Kalten Krieges – brachte es dann der eigentlich zu junge und für deutsche Verhältnisse viel zu intellektuelle Willy Brandt. Ich gestehe, selbst zu seinen Verehrern gehört zu haben.

Später jubelte eine überwältigende Mehrheit der Ostdeutschen dem D-Mark bringenden Einheitskanzler Kohl zu, den die Westdeutschen ohne unser Hinzukommen bald abgewählt hätten. Dass er dann ausgerechnet im Osten zwischen all dem Jubel auch mal mit Eiern beworfen wurde, das gehört zum Berufsrisiko eines deutschen Landesvaters und zur Unbeständigkeit östlicher Zu- oder Abneigung. Aus Mangel an Erfahrung mit demokratischen Politikern wurde ihnen hier anfangs einfach zu sehr vertraut. Umso entschiedener äußerte sich danach die Enttäuschung. Die Westdeutschen haben 40 Jahre längere Erfahrungen mit ihren Parteiführern. Sie sind nicht mehr ganz so leicht zu enttäuschen, weil sie schon länger wissen, was sie von ihren gewählten Vertretern zu erwarten haben.

Zu den wenigen Herrschern, die in Friedens- wie Kriegszeiten bei der Mehrheit ihres Volkes beliebt waren, gehörte Sachsens letzter König. Er war wesentlich beliebter als August der Starke, der es zu ganz großer Popularität erst nach seinem Tode brachte. Die Sachsen, die ihren leutseligen Friedrich August auf der Straße oder im Café trafen, wo er sich gab, als sei er einer der ihren, verehrten ihn nicht trotz, sondern wegen seiner Gewöhnlichkeit. Zu diesen Verehrern gehörten auch weniger gewöhnliche Leute wie Gerhart Hauptmann oder Erich Kästner, der in rührenden Kindheitserinnerungen aufgeschrieben hat, wie er mit seiner Mutter dem König in der Dresdner Fleischerei Rarisch beim Würstchenessen zugeschaut hätte, wenn er ihm da begegnet wäre. Und die alljährlich abgehaltenen Paraden aus Anlass des Königs-Geburtstages waren für den Verfasser von *Emil und die Detektive* »die prächtigsten und teuersten Revuen und Operetten, die ich in meinem Leben gesehen habe«. Kein Wort davon, wer die Operettenparaden bezahlen musste und was aus der Dresdner Revuetruppe dann auf den Schlachtfeldern bei Verdun wurde.

Vom Anachronismus der peinlich genau zu beachtenden Adelsprivilegien im Lande dieses komischen Bürgerkönigs sprach sowieso keiner. Auch von der Lächerlichkeit des spanischen Hofzeremoniells, das aus dem 16. Jahrhundert stammte, im Dresdner Schloss aber noch im 20. streng befolgt werden musste, hatten die ehrfürchtigen Landeskinder offenbar keine Ahnung. Und von den Kosten dieser teuren Hofhaltung wussten sie schon gar nichts. Dabei kam die Steuer zahlenden Untertanen der königliche Hofzirkus teurer zu stehen als die ganze Leipziger Landesuniversität und die zahlreichen Hochschulen dazu. Hinter den Mauern des Schlosses blieben König und Adel mit einigen auserwählten, besonders reichen Bürgern unter sich. Und wer dazugehörte, war so stolz darauf, dass ihm die anachronistische Verschwendung nur zu natürlich erschien.

Wie es wirklich am sächsischen Hofe zuging, konnten die nicht Dazugehörenden erst bei Ludwig Renn nachlesen. In seinem Buch *Adel im Untergang* beschrieb er die mehr als anachronistischen Verhältnisse am Hofe des volkstümelnden Sachsenkönigs. Der Schriftsteller, der später Kommunist und Spanienkämpfer wurde, hieß eigentlich Arnold Vieth von Golßenau. Als junger Offizier und Sohn des sächsischen Prinzenerziehers war er mit dem Leben am Dresdner Hofe und in der königlichen Familie bestens vertraut. Aber als sein Buch erschien, hatten die Wettiner längst abgedankt und waren reich entschädigt worden. Verschwendung gehört im Verständnis der kleinen Leute nun mal so selbstverständlich zum Adel, wie eine bescheidene Lebensführung bei den proletarischen Führern der Arbeiterklasse vorausgesetzt wird. Das hatten ihnen Leute wie der Sachse und Sozialdemokrat August Bebel einst ja auch vorgelebt.

Der vermutete Luxus der Wandlitzer Feudalsozialisten wurde deshalb von den empörten DDR-Bürgern, die ihren Bebel noch gelesen hatten, als reine Entartung betrachtet. Das allerdings nur so lange, wie kein Unbefugter den streng bewachten Kleinbürgergarten besichtigen durfte. Erst als die Berliner Mauer gefallen war und schließlich auch die Mauer um das Polit-Ghetto von Wandlitz fiel, wurde das streng gehütete Staatsgeheimnis gelüftet. Und siehe, da war dann außer einem Übermaß an schlechtem Geschmack nichts von dem vermuteten Überfluss zu entdecken.

Eine gewöhnliche, kleine Schwimmhalle zum Baden war da zu sehen, ein Tante-Emma-Laden, in dem unsere Arbeiter- und Bauern-Führer Westkaffee und Büchsenbier für Ostgeld kaufen konnten – viel mehr an Luxus war da nicht. Statt der vermuteten Schlösser standen ein paar langweilige Wohnhäuser in der Waldsiedlung herum. Jeder mittlere Handwerksmeister in der DDR lebte in vergleichbarem Luxus, nur eben nicht so abgeschieden wie die hohen Tiere im Wandlitzer Forst, der nach außen sinnigerweise als »Wildforschungsgebiet« beschildert war. Die großen Autos, in denen sich die kleinen Proletarier-Fürsten durch ihre Republik kutschieren ließen, ihre Unnahbarkeit und die Heimlichkeit, mit der sie ihr Privatleben hinter einer Betonhecke zu verbergen suchten, hatten der Phantasie ihrer Untertanen Flügel verliehen.

Wer sich so vor der Außenwelt verbarrikadierte, musste doch etwas zu verbergen haben, dachte man und erzählte weiter, was man so gehört hatte von anderen, die es auch nur von anderen gehört hatten. Je weniger man wusste, desto bereitwilliger wurde jedes Gerücht geglaubt. Mir hatte einmal, Ende der Achtzigerjahre, die geschiedene Gattin eines dieser Polit-Fürsten von dem privilegierten Leben in Wandlitz erzählt. Jetzt, da sie nicht mehr dazugehörte, empörte sie sich über den lächerlichen Luxus, den sie einst selbst genossen hatte. Dabei betonte sie immer wieder, wie froh sie sei, der trostlosen Hölle von Wandlitz entkommen zu sein.

Die Vorstellung, einem Politbüromitglied oder gar Honecker

selbst beim Fleischer oder im Gemüseladen zu begegnen wie einst dem guten alten August im Königreich Sachsen, erschien ganz und gar absurd im Arbeiter- und Bauernstaat. Wo immer der Staatsratsvorsitzende oder einer seiner Unterführer in der Öffentlichkeit erschien, schwebte um sie herum eine Wolke von Protokoll und Staatssicherheit. Honecker wurde zwar im Volksmund auch meist Erich genannt, es fehlte aber der freundliche Beiklang, mit dem die Sachsen ihren regierenden August beim Vornamen genannt hatten. Man kannte sie, die sich Repräsentanten des ersten sozialistischen Staates auf deutschem Boden nannten, nur von der Hofberichterstattung des Fernsehens oder von Tribünen, wo sie dem vorbeimarschierenden Volk huldvoll zuwinkten. Jede Begegnung der Führung mit dem werktätigen Volk verlief in dieser »Diktatur des Proletariats« nach den strengen Regeln eines höfischen Zeremoniells.

Auch was da im Fernsehen an spontaner Begeisterung der einfachen Menschen für ihre Führung gezeigt wurde, wenn die sie an ihrem Arbeitsplatz besuchte, lief nach einem immer gleichen Schema ab. Die von den Werktätigen an die führenden Genossen gestellten Fragen waren vorher ausgearbeitet worden, damit sie zu den ebenfalls vorbereiteten Antworten passten. Alle Beteiligten wussten das, und wer es nicht wusste, der konnte es im Radio und Fernsehen der DDR studieren. Was hier gespielt wurde, war – für jeden erkennbar – Realsatire. Die Realität war ihre eigene Parodie, alltäglich gesendet über die Fernseh- und Rundfunkkanäle des Landes. Wenn Honecker eine Stadt besuchte, dann wurden dafür die Straßen, auf denen er anreiste, in Ordnung gebracht und die Häuser am Wegesrand festlich geschmückt. In Dresden sagte man nach so einem Besuch, wie schön es wäre, wenn er das nächste Mal im Hubschrauber in die Stadt käme. Dann würden vielleicht auch mal die Dächer in Ordnung gebracht.

Was die Liebe des Volkes zu seiner Führung demonstrieren sollte, brachte das Volk, also die da unten, nur umso mehr auf gegen die da oben. Dass so viele das Theater mitspielten, hinderte sie nicht, abends vor der »Aktuellen Kamera«, der DDR-Nachrichtensendung, den Kopf zu schütteln über das, was sie tagsüber als Komparsen selbst mitgemacht hatten. Und so mancher, der sich Ende 1989 belogen und betrogen fühlte, war – freiwillig oder unfreiwillig – beteiligt an dem ganzen Lug und Trug, und sei es nur als Kleindarsteller.

Im Kabarett sagten wir, dass es in unserer klassenlosen Gesellschaft selbstverständlich kein unten und oben mehr geben könnte. Wer das Gegenteil behauptet, der würde umgehend nach oben bestellt, um dort heruntergemacht zu werden. Das aber war auch schon das Äußerste, was über das Verhältnis von uns unten zu denen da oben gesagt werden durfte: ein kleiner Witz, von dem alle wussten, dass er die Wirklichkeit in unserem Arbeiter- und Bauernstaat eher verniedlichte. An der Volksverbundenheit der Führung und der Liebe des Volkes zu dieser Führung ließen die Führer nicht rütteln. Manche von ihnen mögen in ihrer Wandlitzer Abgeschiedenheit daran auch tatsächlich geglaubt haben.

Dass die da unten dann mit der schlichten, aber nicht zu bestreitenden Behauptung »Wir sind das Volk!« und der Drohung »Wir bleiben hier!« die Regierenden nicht nur das Fürchten lehrten, sondern zur kampflosen Aufgabe ihrer Macht zwangen, das dürfte in Zukunft so einmalig bleiben, wie es das in der Vergangenheit war. Dass eine Regierung, nur weil ihr nachgewiesen wird, dass sie ihr Volk belogen hat, es kampflos hinnehmen muss, von diesem Volk einfach abgesetzt zu werden – wann hat es das je in der Welt gegeben? Moral ist schließlich keine politische Kategorie. Gehen doch normalerweise die da unten immer und überall davon aus, von denen da oben belogen zu werden. Das ist, in der Demokratie nicht anders als in der Diktatur, so etwas wie ein stilles Übereinkommen zwischen unten und oben, Staat und Bürger. Die Lüge – was schert mich mein Geschwätz von gestern – gehört einfach zum politischen Alltagsgeschäft. Das ist ein offenes Geheimnis, von dem die am Stammtisch genauso wissen wie die am Kabinettstisch.

Schon deshalb kann Wahlbetrug ja auch in der Bundesrepublik gar kein Straftatbestand werden, sondern muss selbstverständlicher Bestandteil jedes demokratischen Wahlkampfes bleiben. Strafbar macht sich nur, wer – wie Krenz oder Modrow damals in der Diktatur –, erst wenn alles zu spät ist, also bei der Stimmenauszählung, zu manipulieren beginnt. Damals, bei der Kommunalwahl in der DDR im Mai 1989, ging es – nur zur Erinnerung – darum, ob die Kandidaten der Nationalen Front von 98 oder nur 95 Prozent der wahlberechtigten DDR-Bürger gewählt worden waren. Diese Wahl war weder frei, noch geheim. Es war eine offene Abstimmung ohne Gegenkandidaten.

Ich kann mich noch erinnern, wie meine ganze Familie an der einzigen Wahlkabine in unserm Wahllokal anstand, während der Wahlleiter uns mit stiller Empörung betrachtete. Gewöhnlich gab man in der DDR seinen Stimmzettel ab, ohne ihn auch nur durchzulesen. Da war nicht mal ein Kreuz zu machen. Man faltete vor aller Augen das vorgedruckte Formular und warf es in die Urne. Aus seiner Zustimmung für Partei und Regierung machte man bei uns eben kein Geheimnis. Und wer in die Wahlkabine ging, das war ja klar, der hatte etwas zu verbergen. Das war nicht verboten, aber mit einem Eintrag in die Wahlsünderkartei musste man rechnen.

Die Wahlen in der Bundesrepublik sind frei und geheim. Die Auszählung der Stimmzettel unterliegt einer so strengen Kontrolle, dass hier – anders als vor nicht allzu langer Zeit in Amerika – kein Kandidat, der weniger Stimmen hat als sein Konkurrent, sich zum Wahlsieger erklären könnte. Nach der Stimmabgabe ist hier jede Manipulation ausgeschlossen. Mit welchen Tricks und Täuschungen Politiker und Parteien allerdings vor der Wahl arbeiten, um überhaupt erst mal an die dann korrekt ausgezählten Stimmen der Wähler zu kommen, das regelt kein bürgerliches Gesetzbuch. Das ist allein dem Talent und der Erfindungsgabe der Kandidaten und ihrer Berater von den Werbeagenturen überlassen.

Deshalb beklagen die Wähler nach jeder Wahl, von ihren Politikern im Wahlkampf belogen worden zu sein. Das ist natürlich in höchstem Maße ungerecht, denn das hätten sie alle vorher wissen können. Schließlich kennen sie nicht nur ihre Politiker, sie müssten sich auch selbst kennen. Wer ihnen vor der Wahl nicht das sagt, was sie als Wähler hören wollen, den strafen sie mit einem Stimmenanteil von garantiert unter fünf Prozent ab. Und dass der Wähler vor der Wahl die böse Wahrheit hören will, das dürfte er wohl selbst nicht glauben. So wie der Politiker weiß, dass er mit der Wahrheit keine Wahlen gewinnt, so muss sich der Wähler damit abfinden, vom Politiker belogen zu werden. Denn – wie gesagt – täte der das nicht, würde er ihn ja nicht wählen. Man könnte das auch ein abgekartetes Spiel nennen. Wähler und Gewählte stecken unter einer Decke, trauen einander aber nicht über den Weg.

Auch in der DDR traute der Staat seinen Bürgern nicht und umgekehrt. Deshalb unterhielt er das größte Meinungsforschungsinstitut aller Zeiten – die Staatssicherheit. Anders als Infas, Forsa oder Allensbach hatte sie dem Volk nicht nur aufs Maul zu schauen, sondern notfalls auch mal draufzuhauen. Dass sie sich das Draufhauen ganz zum Schluss dann doch nicht traute, zeigt nur, wie genau sie dem Volk aufs Maul geschaut hatte. Sie war nur zu gut informiert über die Stimmung im

Lande. Die zu erforschen, war von jeher ihre vornehmste Aufgabe. Jahrzehntelang hatte sie mit Hingabe die Forderungen der Partei erfüllt, ihre Forschungsergebnisse akribisch genau zu Papier gebracht, um sie ihrem Auftraggeber weisungsgemäß zu überbringen. Der brauchte daraus nur die richtigen Rückschlüsse für die praktische Politik, also für den gemeinsamen Machterhalt, zu ziehen.

Aber der immer autistischer werdende Honecker hat seiner Stasi einfach nicht mehr glauben wollen. Zu bedrohlich waren die Forschungsergebnisse in den letzten Jahren geworden. Da traute er lieber nur noch der eigenen Wahrnehmung, und die sagte ihm: So einen guten Staatschef wie mich kriegt mein Volk nie wieder. Schließlich wurde ich von diesem Volk mit einer Mehrheit von fast 99 Prozent gewählt. Wenn das jetzt nur noch 98 Prozent sind, dann verzichte ich eben auf das eine Prozent, indem ich es ausreisen lasse, und regiere die 98 Prozent weiter. Noch ganz zum Schluss rief er denen, die ihm davonliefen, hinterher, dass er ihnen keine Träne nachweine. So gehörte er zu den wenigen in der Führung, die sein Sturz wirklich noch überrascht hat.

Demokraten wie Schröder, Merkel, Stoiber und Westerwelle glauben zwar auch, dass es etwas Besseres als sie fürs Volk nicht geben kann. Aber dieser sehr persönlichen Wahrnehmung trauen sie, wenn Wahlen anstehen, dann doch nicht mehr so absolut. Langjährige Erfahrungen haben sie gelehrt, dass der Wähler das mit seiner eingeschränkten Sicht von unten ganz anders sehen kann. Deshalb glauben sie dann doch lieber dem, was ihre Meinungsforscher über diese eingeschränkte Sicht des Wählers herausbekommen haben, und richten sich danach. Das heißt, sie sagen möglichst nur das, womit sie die Gunst der Wähler am ehesten zu gewinnen meinen. So üben sie also besonders in Wahlzeiten eine größtmögliche Volksnähe. Wenn gar nichts anderes hilft, geben sie hier und da auch mal dem gesunden Volksempfinden nach und sammeln Unterschriften gegen Ausländer. Sie meinen das nicht so radikal wie die Rechtsextremen. Sie wollen denen nur den rechten Rand nicht überlassen, und das geht eben bloß, wenn man sich selbst mal an diesen Rand begibt. Dieser klugen Taktik ist es immerhin zu danken, dass zum Beispiel im hessischen Landtag bis heute noch keine verfassungsfeindliche Partei sitzt. Mit dem rechten Rand in der eigenen Partei kommt man schon zurecht.

Politik ohne Meinungsforschung ist in unserer Demokratie heute so unvorstellbar, wie es einst die Diktatur ohne Staatssicherheit war. Aber so, wie auch die zuverlässige Arbeit der Staatssicherheit letztlich dem Honecker und seiner Seniorenmannschaft nicht mehr geholfen hat, so kann auch die genaueste Meinungsforschung nicht jeden demokratischen Politiker vor seinem Sturz retten. Da kann man seinem Volke noch so sehr hinterherrennen und nach dem Maul reden, irgendwann hat es die Nase voll und wählt ihn gerade dann ab, wenn er die ersten Anzeichen einer Stimmungsaufheiterung zum Greifen nahe sieht, weil er plötzlich auch den Stern seines Konkurrenten sinken sieht. Wahlsiege werden ja heutzutage nicht mehr dank eigener Stärke errungen, sondern nur dank der Schwäche des Konkurrenten.

War der gläserne Staatsbürger das letzte Ziel der Staatssicherheit, so ist es für die demokratische Meinungsforschung der gläserne König Kunde – egal, ob Waschmittel-, Auto- oder Parteikunde –, man muss herausbekommen, womit er zu fangen ist. Was dieser Mensch denkt, ist egal. Wichtig ist nur, was er kauft. Im Gegensatz zur Staatssicherheit machen Infas, Forsa und Allensbach aus ihrer Tätigkeit kein Geheimnis. Ihre IMs sind keine kleinen Spitzel oder verdeckten Ermittler. Sie melden sich am Telefon und geben sich dem Ausgeforschten sofort zu erkennen – mit Namen und Anschrift. Sie forschen – auch das war bei der Staatssicherheit oft anders – fast immer ergebnisoffen. Und anders als die von der Stasi Befragten, die, sobald sie ahnten, wer sie befragte, nur noch das sagten, was ihnen nicht schaden konnte, sagen die Leute den Meinungsforschern von heute alles offen heraus. Denn sie sind fest davon überzeugt, dass solche Umfragen in einem freien Land nur zu unser aller Vorteil sein können. Sollen die da oben ruhig mal erfahren, wie man hier unten wirklich über sie denkt. Dass die da oben nichts anderes wissen wollen, um die unten besser lenken zu können in ihrem Kauf- und Wahlverhalten, darauf kommen sie frühestens dann, wenn sie feststellen müssen, dass sie sich mal wieder verwählt haben bei der Wahl der Automarke oder bei der Bundestagswahl.

Die da oben und die da unten sind einander ähnlicher, als sie es wahrhaben wollen. Dafür sorgen schon die gegenseitigen Abhängigkeiten. Der Politiker kann sich seine Wähler nicht aussuchen, und das Politiker-Angebot ist auch nicht so, dass man von einer wirklichen Auswahl sprechen könnte. Die meisten Volksvertreter gleichen einander wie ein Volkswagen dem andern. Wer wollte es den Politikern bei Lage der Dinge verdenken, dass sie den Wählern keine Wahrheit sagen, die sie nach allen Meinungsumfragen nicht hören wollen. Ihre Wähler nicht für dumm zu halten, so dumm sind nur ganz wenige Politiker. Sie kandidieren schließlich, um gewählt zu werden. Und da kann man nicht nur sagen, was man selber denkt, da muss man immer im Auge haben, was beim Wähler auch ankommt. Am Tag nach der Wahl kann man ihm dann schon etwas mehr zumuten. Je früher ein gewählter Politiker vergisst, was er in der Hitze des Wahlkampfs versprochen hat, desto sicherer kann er sein, dass der empörte Wähler seinen Zorn bis zur nächsten Wahl vergessen hat. Ein Langzeitgedächtnis gibt es in der Politik zum Glück weder beim Gewählten noch beim Wähler. Und welche Partei ihn bei der letzten Wahl mehr oder weniger belogen hat, wie soll sich der Wähler solche Feinheiten über vier lange Jahre merken?

Wer wollte es andererseits den Wählern verdenken, dass sie, weil sie ja sowieso wissen, dass alle schon mal gelogen haben, irgendwann die ganze Demokratie für eine einzige Lüge halten und gar nicht erst zur Wahl gehen oder denen ihre Stimme geben, die das offen aussprechen, was sie selbst am Stammtisch auch schon mal so oder ähnlich gesagt haben – »Ausländer raus, Deutschland den Deutschen« – oder noch einfacher – »Schnauze voll«. Das meinen sie am Stammtisch genauso wenig ernst, wie die CDU in Hessen ihre Unterschriftensammlung gemeint hat. Da hat der Koch ja auch nur mal seinen rechten Rand aufgerissen. Eine andere Chance gewählt zu werden, hatte er damals eben nicht.

Gemeinsam ist allen demokratischen Politikern das Erschrecken darüber, wenn die Wähler auf eine nicht von ihnen selbst entfachte Stimmungsmache hereinfallen. Dann kann es nämlich passieren, dass Parteien in die Parlamente gewählt werden, deren Verfassungsfeindlichkeit so offen zu Tage liegt, dass sie vom Verfassungsgericht schon längst verboten worden wären, wenn sich nur erst herausgestellt hätte, ob der Verfassungsschutz diese Parteien unterwandert hat oder umgekehrt. Solange das nicht klar ist, bleibt es dem Wähler überlassen, sich vor den Verfassungsfeinden durch eigene Urteilsfindung zu schützen.

Wenn er das nicht tut und sie aus Dummheit oder Leichtfertigkeit wählt, spricht man im Westen unseres wieder geteilten Vaterlandes gern von einem Denkzettel für die demokratischen Parteien. Wenn aber der bescheuerte Ostwähler das Gleiche tut wie sein bescheuerter Landsmann im Westen und auf die Dumpfbacken hereinfällt, lässt sich das natürlich nur als eine Folge der autoritären DDR-Sozialisation erklären. Im Saarland hat die NPD vermutlich so viele Wählerstimmen bekommen, weil Honecker da als Kind sein Unwesen getrieben hat.

Anders als in den alten Bundesländern gibt es in den so genannten neuen außer dem rechten Rand auch einen linken. Dass dieser linke Rand rein zahlenmäßig schon bis weit in die Mitte reicht, in Brandenburg zweitstärkste Partei überhaupt ist, ändert nichts an der ihr immer noch bescheinigten Außenseiterrolle. Auch dass sie sich als Regierungs- wie als Oppositionspartei durchaus an die demokratischen Spielregeln hält, hindert kaum einen westlichen Beobachter, diese breite östliche Randerscheinung mit jenem Befremden zu betrachten, das allem gilt, was im Osten anders ist als im Westen. In den tausend Wahlanalysen werden NPD und PDS in einen radikalen Topf geworfen, und dann wundern sich alle, dass ein paar dumme Wähler das auch tun. Alles, was im Osten nicht die allzu westlich gebliebenen Parteien wählt, wird als Protestwähler betrachtet. Da wählen die Mecklenburger ihre regierende PDS vermutlich aus Protest gegen sich selbst! NPD, DVU und Republikaner übrigens sind reine Westimporte. Dass sie hier so viele Anhänger gefunden haben, liegt nicht an dem, was uns trennt, sondern ausschließlich an dem, was uns immer noch eint – an der Dummheit. Die ist so gesamtdeutsch geblieben wie unsere gegenseitigen Vorurteile, mit denen auch die Politiker spielen, wenn damit Stimmen zu gewinnen sind.

Nein, nicht alle, die hier anders denken, denken weniger demokratisch. Und nicht alles, was im Westen politischer Alltag ist, hat was mit Demokratie zu tun. Ich erinnere mich an die Tage vor der ersten freien Volkskammerwahl hier in Ostberlin. Da traf ich einen wackeren SPD-Wahlkampfhelfer aus Neukölln, der seinen Pankower Genossen unter die Arme greifen sollte und wollte. Er erzählte mir kopfschüttelnd, wie ahnungslos diese östlichen Demokratieneulinge in den Wahlkampf gingen, nicht nur die eigenen Genossen übrigens. Die CDU-Leute seien nicht anders. Jetzt noch, ein paar Tage vor der Wahl, säßen sie alle zusammen, um Sachfragen zu besprechen. Miteinander! Statt gegeneinander Wahlkampf zu treiben. Als ich ihm damals sagte, dass auch ich die Klärung von Sachfragen wichtiger fände als den ganzen schönen Wahlkampf, sah er mich voll Mitleid an und meinte nur: »Menschenskind, ihr habt noch viel zu lernen.« Und ich sagte damals so blauäugig, wie ich es eben kurz nach der Wende noch war: »Wie wär's, wenn wir das gegenseitig täten?« Damals ahnte ich noch nicht, dass hier nur eine Seite lernen sollte.

Wer hat die Wende gewonnen, wer verloren?

Um das gleich vorauszuschicken – ich gehöre zu den Gewinnern der deutschen Einheit, obwohl ich 1990 nicht zu denen gehörte, die sie um jeden Preis und von heute auf morgen wollten, nachdem die Mauer gefallen war. Mir war die von uns selbst erkämpfte Freiheit im Osten zunächst wichtiger als das Wohlstandsversprechen aus dem Westen mit der logischen Konsequenz des bedingungslosen Anschlusses an die Bundesrepublik. Dass ich damit zu einer kleinen Schar weltfremder Intellektueller gehörte, wurde mir zuerst von meinen östlichen Landsleuten auf der Straße klar gemacht, die nun nicht mehr nur *das*, sondern sofort *ein* Volk sein wollten. Wie weltfremd wir Ostintellektuellen waren, wurde uns auch umgehend von den meisten der ganz und gar real denkenden Westintellektuellen bescheinigt. Arroganz wurde uns vorgeworfen, weil wir als Privilegierte des alten Systems dem Volk die schnelle D-Mark nicht gönnen wollten, ohne die es ja auch keine Reisefreiheit geben konnte. Nein, das Experiment, von dem wir träumten, jener dritte Weg, hatte nach der Sackgasse, in die das zum Realsozialismus pervertierte andere Experiment geführt hatte, keine Chance.

Die Wiedervereinigung war – genauso, wie sie dann erfolgte – ein demokratischer Akt, getragen von einer überwältigenden Mehrheit in Ost und West. Sie war eines für kurze Zeit wirklich vereinten Volkes Wille. Dass heute eine überwältigende Minderheit auf beiden Seiten diese Vereinigung am liebsten rückgängig machen würde, gibt uns Zweiflern von damals auch nachträglich nicht etwa Recht. Die Ostdeutschen, die in jenen Wochen unter dem Beifall des Westens nach Freiheit *und* Wohlstand gerufen hatten und jetzt »nur« noch für ihre verlorene soziale Sicherheit auf die Straße gehen, kämpften und kämpfen um ihre Menschenwürde.

Natürlich klingt der Ruf nach Freiheit edler als der nach mehr Geld. Aber wem das Geld zum menschenwürdigen Leben fehlt, dem nützt die Freiheit am Ende gar nichts. Die Arroganz, die man vor der Vereinigung uns zögernden Intellektuellen vorwarf, weil wir Freiheit wichtiger fanden als Wohlstand, dieselbe Arroganz muss man jetzt denen vorwerfen, die sich mokieren über die Demonstranten von heute, die statt von Freiheit nur noch von Geld reden. Wer genug Geld hat, muss nicht drüber reden. Und im freien Land Bundesrepublik Deutschland Freiheit wie einst in der unfreien DDR zu fordern, das wäre doch ein bisschen überflüssig. Hier fehlt es viel weniger an Freiheit als an gerechter Verteilung des Wohlstandes. Oder sehe ich da wieder etwas falsch?

Nur noch mal zur Erinnerung – die Freiheit haben sich diese Ostdeutschen selbst erkämpft, und der Wohlstand ist ihnen vom Westen versprochen worden. Keiner von denen, die uns heute vom Primat der Freiheit vor sozialer Sicherheit predigen, hat –

anders als die heute für soziale Sicherheit Demonstrierenden – je für seine Freiheit kämpfen müssen.

Als satirischer Schriftsteller weiß ich die neue Freiheit sehr zu schätzen, besonders die Abwesenheit von staatlicher Zensur. Die ökonomischen Zwänge sind zwar auch nicht ohne. Aber ob ich mich denen unterwerfe oder nicht, ist keine Frage von Sein oder Nichtsein, sondern nur noch eine Frage des Lebensstandards. Die Bewegungsfreiheit genieße ich noch ganz bewusst und jeden Tag, wenn ich an eine Grenze komme. Wo die in Berlin mal war, das weiß ich noch ziemlich genau und freue mich, dass sie nicht mehr da ist, auch wenn ich ihre Spuren in dieser geschichtsvergessenen Stadt manchmal vermisse. Man wüsste das, was ist, mehr zu schätzen, wenn man das, was war, noch erkennen könnte. Materiell geht es mir unvergleichlich viel besser als zu DDR-Zeiten. Ich konnte mein schönes altes Haus instand setzen und fahre ein Auto, von dem ich früher nur hätte träumen können, wenn ich je von Autos geträumt hätte.

Warum also bin ich trotzdem so unzufrieden? Es stimmt ja, ein politisches System nach meinem Geschmack müsste noch erfunden werden, und ich bin mir nicht sicher, ob sich eine Mehrheit darin wohl fühlte. Insofern ist es schon richtig, dass auch auf mich keiner hört, wenn ich an meinem Stammtisch, der Kabarett heißt, allzu einfach das einklage, was so schwer zu machen ist – eine vernünftige Politik, die sich am Menschen orientiert und nicht nur den oft von ihr selbst geschaffenen Sachzwängen hinterherläuft. Praktische Vorschläge werden von mir nicht erwartet. Und das ist – wie Berlins Bürgermeister in anderem Zusammenhang mal sagte – auch gut so. Ich weiß nichts besser, ich weiß nur eben manches anders. Vor allem aber weiß ich, was da so alles falsch läuft, ohne sagen zu können, wie man es richtiger machen könnte.

Wenn ich nur daran denke, was ein Berufspolitiker alles bedenken muss, um nach bestem Wissen und Gewissen, aber ohne alle Sachkenntnis Entscheidungen zu fällen, die für uns alle bindend sind. Ob zum Beispiel die neuesten gesetzlichen Bestimmungen zum Dosenpfand nun richtig sind oder nur die fixe Idee eines grünen Umweltministers – ich weiß es nicht. Wissen es alle, die im Parlament dafür oder dagegen stimmen? Ganz zu schweigen von solchen Gewissensfragen wie: Ladenschluss – ja oder nein. Ich bin froh, dass mich keiner danach fragt. Ich müsste nämlich, wäre ich Politiker, dasselbe tun, was unsere Abgeordneten in den Parlamenten auch tun, nämlich versuchen, mein Gewissen mit den Entscheidungen meiner Fraktion – wie die auch immer aussehen mögen – in Übereinstimmung zu bringen.

Worüber unsere Parlamentarier alles entscheiden müssen, ohne mehr davon zu verstehen als ich, das nötigt mir schon Respekt ab. Respekt vor einem Mut, den ich aus Gewissensgründen nicht aufbringen könnte. Ich hab's gut. Ich kann nachher alles das besser wissen, was ich vorher auch nicht gewusst habe. Dass Hartz IV uns keine neuen Arbeitsplätze bringen wird, dass der Ein-Euro-Job so wenig unsere Probleme lösen wird, wie es die Ich-AG getan hat. Dass eine Personal-Service-Agentur nur ein neuer Name ist für eine ziemlich alte Anstalt. Ach so, das steht ja im Moment, da ich davon schreibe, noch nicht fest. Aber ich gehe ziemlich sicher davon aus, dass ich im Nachhinein Recht behalten werde. Bei dem, was in der Bundesrepublik in den letzten Jahren an Politik gemacht wurde und wird, ist es nicht so schwer, im Nachhinein Recht zu behalten.

Aber – vorsichtshalber betone ich das noch mal – verglichen mit dem, was in der DDR Politik zum Wohle des Volkes hieß, ist das, was ich heute als politischen Alltag erlebe, nur halb so schlimm. Halb so schlimm erscheint mir allerdings immer noch schlimm genug. Als ich seinerzeit, als die DDR-Bürger sich ausschließlich alles Gute von der schnellen Einheit versprachen und kein Haar in der gesamtdeutschen Instant-Suppe sehen wollten, etwas von dem voraussagte, was dann leider eingetreten ist, bekam ich viel Post vom Volk. Das waren keine freundlichen oder unfreundlichen Leserbriefe, wie sie mich heute manchmal erreichen. Das waren meist sehr konkrete Drohungen. Auch Morddrohungen. Dass sie anonym waren, versteht sich von selbst. Vor allem meine ostdeutschen Landsleute wollten sich damals kein Salz in ihren süßen Einheitsbrei schütten lassen. Ich bin – wie gesagt – ganz und gar nicht stolz darauf, in so vielen Punkten Recht behalten zu haben. Nein, ich schäme mich vielmehr dafür, dass ich aus mangelnder Sachkenntnis selbst zu vieles geglaubt oder wenigstens gehofft habe, was damals von Einheitsfachleuten so falsch vorausgesagt wurde. Im Unterschied zu den Politikern hofft man als Satiriker so inständig wie vergeblich, nicht Recht zu behalten.

Aber dass wir nach so vielen Jahren der Einheit einander noch so fremd gegenüberstehen würden in Ost und West – das hatte ich mir mit meinem Schwarzseher-Verstand nicht vorstellen können. Ich meinte allen Ernstes, dass wir uns trotz aller Unterschiede in der Sozialisation, im Grunde unseres deutschen Herzens ähnlich genug sind, um nach fünf bis zehn Jahren zueinander gefunden zu haben. Dass wir gerade wegen unserer Gemeinsamkeiten einander immer fremder werden könnten, nein, darauf wäre ich nicht gekommen. Viele von den Ost-West-Querelen hielt ich für so abwegig, dass ich mich reinen Herzens darüber nur lustig machte. Ich dachte, man müsste das alles nur ein bisschen übertreiben, um zu zeigen, wie absurd unser Gezänk ist. Und nun ist das, worüber ich meinte, lachen zu dürfen, zu einem Ernst geworden, den eigentlich nur noch Außenstehende komisch finden können. Die Annahme, dass wir uns über unsere gemeinsamen Dummheiten irgendwann – und sei es nur im Kabarett – zusammenlachen würden, hat sich leider als ganz und gar falsch erwiesen. Denn nun treiben wir mit solchen Scherzen einen entsetzlichen Ernst. Auch das gesamtwestdeutsche Feuilleton, von der Boulevard-Presse gar nicht zu reden, befindet sich im Anflug auf das Niveau der Stammtische.

Die Frage, warum der Ossi ist, wie er ist, muss sich keiner mehr stellen, weil inzwischen alle wissen, dass er einfach zum Kotzen ist. Dieselbe Antwort hat die andere Seite für den Wessi gefunden. Liegt das nur daran, dass es uns jetzt wirtschaftlich schlechter geht, als das fürs deutsche Selbstverständnis erträglich ist? Oder liegt es nicht auch daran, dass den Duisburgern gesagt wird, das Anspruchsdenken der Lausitzer wäre schuld, wenn sich ihr Lebensstandard dem der Cottbusser annähert statt umgekehrt? Oder wenn man den Arbeitslosen in Rostock und Prenzlau erklärt, sie bekämen deshalb weniger Arbeitslosengeld als die Langzeitarbeitslosen in Gelsenkirchen, weil die Lebenshaltungskosten in München nun mal höher seien als in Mecklenburg.

Solche Erklärungen tragen viel dazu bei, dass die Kluft zwischen Ost und West genau da wächst, wo in Ost und West die Kluft zwischen Arm und Reich größer geworden ist. Wird der Ost-West-Konflikt nicht allzu gern von Politik und Wirtschaft als Nebenkriegsschauplatz benutzt, um von den gefährlicheren sozialen Konflikten abzulenken? Wenn man dem einen Armen klar machen kann, dass der andere Arme schuld ist an seiner Armut, dann wissen beide, wo der Feind sitzt. Solche Argumentation ist von ähnlicher Qualität wie die immer und überall wieder geglaubte Behauptung, dass es die Ausländer seien, die den Inländern die Arbeitsplätze wegnähmen. Demagogie ist keine Domäne, die den Rechts- oder Linksradikalen vorbehalten ist.

Wenn ich früher sagte, wir müssten uns ja nicht lieben, es reiche doch, wenn wir einander aushielten, dann hielt ich das schon für den kleinsten gemeinsamen Nenner. Ich ahnte nicht, dass wir unsere letzte Gemeinsamkeit in der gegenseitigen Abneigung finden würden. Und in der gegenseitigen Verdächtigung. Da reicht es, dass in Berlin ein ostdeutscher Kultursenator einen ebenfalls aus Ostdeutschland stammenden, bedeutenden Schriftsteller zum Intendanten des Deutschen Theaters berufen will, um ein ostdeutsches Komplott dahinter zu vermuten und den Untergang dieser nationalen Einrichtung zu prophezeihen. Da wird dem einst im Westen als Oppositionellen gefeierten Autor seine DDR-Herkunft vorgeworfen und unterstellt, er wolle der vereinten Hauptstadt das alte DDR-Theater wieder aufzwingen.

Wenn ein Ostdeutscher einen anderen Ostdeutschen für so ein Amt vorschlägt, dann ist eine Demokratie bedroht, in der das Postengeschiebe zum selbstverständlichen Alltag gehört. Dass alle wichtigen kulturellen und wissenschaftlichen »Leuchttürme« in Ostberlin gleich nach jener Wende selbstverständlich von Westdeutschen besetzt wurden – egal, ob es sich um die Humboldt-Universität, die Charité, die wichtigen Museen der Stadt oder die Staatsoper handelte –, das war nie Gegenstand öffentlicher Diskussion. Das wurde allenfalls in den von der Abwicklung betroffenen ostdeutschen Akademiker- oder Künstlerhaushalten beklagt. Wehren konnte sich keiner, und ein Thema für die Medien war das schon gar nicht. Denn in den vielen, vielen Chefredaktionen von Presse, Funk und Fernsehen passierte genau dasselbe. Manche westliche Fernseh- und Rundfunkanstalt war froh, ihr Mittelmaß in den Osten abschieben zu können, um dort Spitzenpositionen zu besetzen. Die wenigen Ostjournalisten, die im Gnadenakt übernommen wurden, taten meist genau das, was sie in der DDR gelernt hatten – sie passten sich an. Schließlich waren sie ja auch nur wegen erwiesener Unauffälligkeit übernommen worden. Wo Mittelmaß auf Mittelmaß trifft, gibt es kaum Reibung. So mancher von denen, die in der DDR aufmüpfig waren – die gab es auch unter Journalisten –, musste erfahren, dass er sich damit unter den neuen Verhältnissen so wenig beliebt machte wie früher.

Im Osten ist eine ganze Elite abgewickelt worden, um Platz zu schaffen für Leute, die ihren Vorgängern allzu oft nur eine Qualität voraushatten – sie kamen aus dem Westen. Das verlief ohne viel Aufhebens. Bei den Diplomaten, die ja auch nicht alle nur dumme Betonköpfe waren, wurde nach Qualifikation gar nicht erst gefragt. Sie hatten dem falschen System gedient. Tausende Akademiker, nicht etwa nur in den Geistes- oder Gesellschaftswissenschaften, wo noch eine gewisse politische Logik zu erkennen gewesen wäre, wurden abgewickelt. Dazu gehörten auch Bauchchirurgen oder Röntgenärzte, die die Unmenschlichkeit besessen hatten, DDR-Spitzenfunktionäre behandelt zu haben, als wären sie normale Kranke. Sie wurden wegen Staatsnähe aus dem Operationssaal entfernt. Das alles fand praktisch unter Ausschluss der Öffentlichkeit statt. Für die Medien wurde so ein Fall nur interessant, wenn ein Stasiverdacht so eine Ablösung zwangsläufig erscheinen ließ. Und da war sich der Verdacht allein oft schon Beweis genug. Zu den Gewinnern der Wende jedenfalls gehört die Toleranz auf keinen Fall.

Zu denen, die sich besonders viel von der schnellen Vereinigung versprachen, gehörten Handwerker und kleine Gewerbetreibende, die nicht sehr zahlreichen Geschäftsleute, die sich in der DDR mehr oder weniger mühsam gehalten hatten. Sie meinten, nun in der freien Wirtschaft ihre Chance zu bekommen, denn jetzt würde ja endlich Leistung belohnt. So ein Handwerker hatte seine Werkstatt bei mir auf dem Hof. Ihm war es in der DDR ziemlich gut gegangen. Ich fand sogar, in gewisser Beziehung zu gut. Ich hatte Haus und Grundstück mit seiner Werkstatt auf dem Hof gekauft, weil ich sonst keine größere Wohnung gefunden hätte. Als ich ihn fragte, warum er das Grundstück nicht selbst gekauft hat, sagte er nur, mit so einer Elektromotorenwerkstatt und dem ganzen Dreck, den sie verursache, würde er doch nach Feierabend nicht auch noch leben wollen. Dass ich mich mit einem immer dreckigen Hof voller alter Elektromotoren abfinden musste, war eben mein Pech. Er hatte ganz in der Nähe ein großes, sauberes Wohngrundstück und dazu ein Wochenendhaus an einem der Berliner Seen. Kurz, er lebte eben, wie man als Handwerker in der DDR leben konnte. Ich als Hausbesitzer hatte ihn mit seiner Werkstatt mitgekauft. Freiwillig hätte er mein Grundstück nie verlassen, und zwingen konnte ich ihn nicht. Die Gesetze waren in jedem Fall auf Seiten des Mieters, und die Miete war lächerlich gering.

Kaum war die Marktwirtschaft hier eingezogen, zog er freiwillig aus und verschandelt seitdem seinen eigenen Hof mit der eigenen Werkstatt. Als ich ihn – zugegeben, ein bisschen schadenfroh – fragte, warum er das jetzt täte, sagte er nur, dass er sich ja ausrechnen könne, was er künftig an Gewerbemiete zahlen müsste. Und bei den Rechten, die ich als Vermieter in der Marktwirtschaft hätte, könnte er ja auch hier nicht mehr so schalten und walten, wie er das bisher ganz selbstverständlich getan hatte.

Von den zahlreichen Privatgeschäften in meiner Umgebung gibt es inzwischen so gut wie keines mehr. In die wunderschön renovierten Altbauten an der Hauptstraße sind Billigladenketten eingezogen, Versicherungsvertreter haben da ihre Büros, aber viele Läden stehen leer. Ein Bäcker hat sich noch gehalten, ein Fleischer, der aber nur verkauft, was ihm ein Großfleischer fertig liefert, und meine alte Apotheke gibt es hier auch noch. Die hat sogar mehrere Konkurrenten bekommen, ohne in ihrer

Existenz gefährdet zu sein. Denn Medikamente werden wohl in der Marktwirtschaft gerade in Krisenzeiten mehr gebraucht als in der Diktatur.

Ein kleiner Buchladen dümpelt noch vor sich hin. Aber gegen die Buchhandelsketten in den verschiedenen Einkaufszentren der Umgebung hat er wie die anderen Einzelhändler keine Chance. Aus dem grauen Einzelhandelsgeschäftsleben in meinem Viertel ist ein bunter Leerstand geworden. Auch die Handwerker, an denen es zu DDR-Zeiten immer gefehlt hat, kämpfen jetzt um ihr Überleben. Wie es meinem Hofhandwerker von einst geht, weiß ich nicht.

Die verbliebenen Handels- und Gewerbetreibenden in der Umgebung versuchen, der einzigen Geschäftsstraße hier immer wieder vergeblich ein attraktives Aussehen zu verleihen. Gegen Rudis Resterampe, Pfennigland, Connys Container und die viel versprechende Ankündigung an jedem zweiten Ladenfenster »Alles muss raus« kommen sie nicht an. Was im Westen eines langsamen, Jahrzehnte dauernden Todes starb, der kleine Mittelstand, starb hier eines schnellen Wendetodes. Wo ich früher auf allerlei tristen Transparenten lesen konnte, dass der Sozialismus in seinem Lauf nicht aufzuhalten sei, steht auf den bunten Werbeflächen von heute »Geiz ist geil«. Also auch der geistige Horizont hat sich mit der Wende nur unwesentlich erweitert.

Nicht ganz so schwer scheinen es andere Nachbarn jetzt hier zu haben, obwohl sie einst mit allen Mitteln gegen die Wende kämpften. Die vielen Mitarbeiter des Staatssicherheitsdienstes, die zu den eigentlichen Verlierern gehörten und auch gehören sollten, hatten es in Wendezeiten besonders schwer. Gegen sie richtete sich damals der geballte Volkszorn. Meine kleine Nebenstraße war ja früher – wie der ganze Kiez – das Zuhause vieler hochrangiger Stasimitarbeiter. Die Häuser dieser Oberen erkannte man schon daran, dass sie keine Namensschilder trugen. Das hat sich geändert. Die Namen sind jetzt dran, und die Mieter noch drin in ihren Häusern. Nicht alle, aber viele. Die meisten von ihnen sind längst Rentner, ihre Pensionen vermutlich nicht hoch, aber offenbar sicher. Wie könnten sie sonst die hohen Mieten hier bezahlen?

Der Volkszorn ist längst verraucht. Und ich bin weit davon entfernt, ihnen ihre ungefährdete Weiterexistenz zu missgönnen. Im Gegenteil. Dass sie alle bürgerlichen Rechte genießen, sie andernfalls vor Gericht einklagen dürfen, das halte ich für einen ganz großen Wendegewinn. Wenn ich daran denke, wie sie ihre Gegner behandelt hätten, wäre die Wende umgekehrt verlaufen, dann wiegt für mich die neue Freiheit alles auf, was hier an alter Sicherheit verloren ging. Eine Demokratie, die auch ihre Feinde von gestern leben lässt – und Gott sei Dank sind sie von gestern –, verdient es, verteidigt zu werden.

Dass es manchem Stasiopfer von einst heute schlechter gehen kann als den Tätern von einst, das gehört zu den Ungerechtigkeiten, die beweisen, dass der Rechtsstaat noch lange keine Gerechtigkeit garantieren kann. Aber er verhindert zumindest, dass nach der nächsten Wende neue Opfer zu beklagen sind.

Freiheit oder soziale Sicherheit

Dass im Osten der Wert der Freiheit weniger geschätzt würde als die soziale Sicherheit gehört zu den Negativ-Konstanten im westdeutschen Meinungsbild. Die Ostdeutschen haben demnach ihre Diktatur so verinnerlicht, dass sie auf Dauer demokratieuntauglich geworden sind. Mit unsereinem, muss ich daraus schließen, ist Deutschland einig Vaterland nicht mehr zu machen. Oder bin ich persönlich gar nicht gemeint? Das kann nicht sein in meinem Alter. Ich habe ja sogar mal öffentlich erklärt, dass wir Ostdeutschen inzwischen beide Systeme gut genug kennen, um – besser als die Westdeutschen, die nur das eine erlebt haben – Vor- und Nachteile von beiden abwägen zu können. Natürlich ist nach 40 Jahren Diktatur die Demokratie auf jeden Fall ein Fortschritt. Aber haben wir nicht auch die Erfahrung gemacht, die beim alten Nestroy lautet: »Überhaupt hat der Fortschritt das an sich, dass er viel größer ausschaut, als er wirklich ist.«

Dass wir ungläubigen Ossis aus enttäuschter Erfahrung dem Neuen genauso misstrauen, wie wir dem Alten misstraut haben, sollte man uns nicht vorwerfen. Man sollte vielmehr fragen, woher das Misstrauen kommt, und ob es denn so ganz unangebracht ist. Dafür müsste man uns allerdings erst mal zuhören. Aber über anderer Leute Beschränktheit den Kopf zu schütteln, ist nun mal einfacher, als ihnen zuzuhören. Und wir beleidigten Ostmenschen ziehen uns frustriert zurück und schütteln unsererseits den Kopf über den Westmenschen, der uns ja gar nicht verstehen will. Von Lichtenberg stammt die traurige Frage: »Sagt, ist noch ein Land außer Deutschland, wo man die Nase eher rümpfen lernt als putzen?« Es ist nicht alles falsch, was die Klassiker über Deutschland und uns Deutsche gesagt haben.

Ich bin sicher, es gibt auch andere Länder, in denen das so ist. Aber das macht ja nichts besser. Siegen macht nicht klüger und Freiheit nicht toleranter. Die eigenen Wertvorstellungen nicht für die allgemein gültigen zu halten, das erfordert offenbar mehr Geduld und Vorstellungskraft, als uns gegeben ist. Da gibt es die von sich selbst überzeugten besseren Menschen, die steif und fest behaupten, wir seien alle gleich. Wer das bestreitet, ist von vornherein ein Rassist, auf jeden Fall kein guter Mensch. Ich weiß nicht, ob irgendwas auf der Welt besser wäre, wenn wir alle gleich wären. Manches wäre vielleicht einfacher. Aber weil wir das eben nicht sind, ist das Zusammenleben auch für tolerante Menschen kompliziert.

Mein ausländischer Nachbar hat außer der anderen Nationalität oft genug auch andere Lebensgewohnheiten als ich, andere Vorstellungen von Nachtruhe, Sauberkeit und Ordnung. Das ist im Alltag nicht immer leicht zu ertragen und überhaupt nicht so schön bunt, wie es beim Karneval der Kulturen auf Kreuzberger Straßen und Plätzen aussieht. Das Haus der Kulturen der Welt ist noch lange kein Wohnhaus. Gemeinsame Straßenfeste können nicht darüber hinwegtäuschen, dass Multikulti im Mehrfamilienhaus nicht zwangsläufig ein fröhliches Beisammensein garantiert. Eine Urwaldtrommel ist nicht nur exotisch. Im Nebenzimmer, zur falschen Zeit geschlagen, ist sie auch verdammt laut und störend.

Nun ist es keine Urwaldtrommel, die den kulturellen Unterschied zwischen uns Deutschen ausmacht. In Görlitz und Aachen wird auf ähnlichen Instrumenten gespielt, wird dieselbe Sprache gesprochen, auch wenn das eine oder andere Wort hier anders besetzt ist als dort. Unsere kulturelle Herkunft oder das, was wir dafür halten, ist in Ost und West die Gleiche. Lessing-Goethe-Schiller-Heine haben wir alle irgendwie – wenigstens dem Namen nach – in der Schule vermittelt bekommen. Aber die spielen im gesamtdeutschen Alltag, wenn nicht gerade ein Gedenktag ansteht, nur noch eine weitgehend stumme Rolle als Straßennamen, in Stein gehauene oder in Bronze gegossene Standbilder.

Das klassische Erbe wurde in der DDR hochgehalten, während die Moderne eher misstrauisch beobachtet wurde. Literatur und Kunst spielten hier im Alltag zwar auch nicht unbedingt die Hauptrolle, wurden aber in dieser geschlossenen Gesellschaft wesentlich wichtiger genommen als in der nach allen Seiten offenen BRD. In der Literatur und auf dem Theater suchten die Leser und Zuschauer hier das, was in den Medien nicht vorkam – die kritische Auseinandersetzung mit der Gegenwart. So konnte es ein Königsdrama von Shakespeare auf dem DDR-Theater noch zu aufregender Aktualität bringen, eine werkgetreue *Faust*-Inszenierung zu einer erbitterten Auseinandersetzung über die Gegenwart führen.

Im Westen war es nach den Achtundsechzigern, für die alles auf eine sehr direkte, manchmal auch platte Art politisch war, weitgehend nur noch eine Modefrage, was gerade zur Bildung, zum Weltbild gezählt, oder was nur noch als überflüssiger, veralteter Ballast galt. Der »Bildungsbürger«, für den Klassik und Moderne gleich wichtig waren, wurde auf beiden Seiten zum Auslaufmodell. Im Osten sollte die »gebildete Nation« aus dem Kreis nicht sonderlich interessierter Werktätiger hervorgehen. »Greif zur Feder, Kumpel!« So hieß eine Losung, mit der man den einfachen Arbeiter zum Schriftsteller machen wollte. Das hat der Literatur nicht geschadet, ihr aber auch kaum weitergeholfen. Die nicht proletarischen Dichter sollten den Arbeitern nach dem Maule und der Partei aus dem Herzen dichten. Dafür schickte man sie an die Basis. Sie sollten mit den Arbeitern, für die sie schrieben, auch leben und arbeiten. Diese Art parteifrommer Kunst, auch »Bitterfelder Weg« genannt, interessierte auf Dauer weder die Werktätigen noch die Intellektuellen. Sie hatte sich bald selbst erledigt. Ihre führende Rolle in Fragen von Kunst und Literatur hatte die Partei schon lange, bevor ihr die politische Macht abhanden kam, verloren. Aus dem sozialistischen Realismus wurde eine immer realistischere Kritik an dem, was sich fälschlicherweise Sozialismus nannte. Da half zum Schluss auch keine noch so wachsame Zensur mehr.

Im zensurfreien Westen suchte man des Pudels Kern immer mehr auf der schillernden Oberfläche von allerlei Modeerscheinungen. Die Generation Grass wurde von einer Generation Golf abgelöst und der Lächerlichkeit preisgegeben. Da half ihm auch kein Nobelpreis – politisches Engagement war nicht mehr zeitgemäß. Die Achtundsechziger nahmen sich kurzerhand selbst zurück. Aus Freiheit wurde Beliebigkeit, die Form zum Design, der Inhalt zur reinen Formsache. Auf dieser Plattform sind wir nun also gemeinsam gelandet. Damit eine Sache Erfolg hat, muss heute »neu« draufstehen. »Noch nie da gewesen«, gilt als Qualitätsmerkmal für allerlei Kunst, die von Scharlatanerie nicht zu unterscheiden ist. Hinter den modern gewordenen Kunststückchen ist das Kunstwerk oft kaum noch zu erkennen. In Zeiten des rasend um sich selbst kreisenden Stillstandes gehört die Sinnfreiheit zu den Grundtugenden moderner Kunstausübung. Sinnfreiheit scheint zur einzigen Gemeinsamkeit von Hoch- und Massenkultur geworden zu sein, die sich ansonsten nichts zu sagen haben. Die Schlingensiefs haben das intellektuelle Niveau und die Geschmacksgrenzen der Yellowpress erreicht. Im Osten heißt das entsprechende Zentralorgan *SUPERillu* im Westen *Gala* oder *Bunte*. Wir schämen uns für gar nichts mehr, außer für den jeweils anderen. Zumindest in der Schamlosigkeit scheint die deutsche Einheit ihre Vollendung gefunden zu haben.

Ich gebe zu, mich gleich nach der Wende für meine Landsleute geschämt zu haben, weil sie über geschenkte Plastiktüten und Bananen in Verzückung gerieten wie die Ureinwohner eines afrikanischen Dschungels über die Glasperlen der weißen Kolonisatoren. Dass ihnen ihre Würde weniger wert zu sein schien als die 100 Mark Begrüßungsgeld, mit dem sie dann in die Warenhäuser stürmten, als kämen sie allesamt aus einem Armenhaus, das hat mich ziemlich betroffen gemacht. Waren das dieselben, die gerufen hatten: »Wir bleiben hier«? Kaum waren die Grenzen offen, konnte davon keine Rede mehr sein. Ich ging wochenlang nicht mehr aus dem Haus und sah mir das

Spektakel, das meine Landsleute nun auf freier Wildbahn boten, nur noch im Fernsehen an. Damit wollte ich nichts zu tun haben.

Ich hatte gut klüger sein. Schließlich kannte ich die Warenhäuser schon vorher, weil ich im Westen hatte arbeiten dürfen. Da hatte ich ja viele qualvollen Stunden zugebracht, um für die Familie oder Freunde das zu finden, was sie – die dort nicht hindurften – sich so gewünscht hatten. Da ich immer nur wenig Westgeld hatte, kaufte ich meist allerlei billigen Schnickschnack, dessen größter Wert darin bestand, dass man ihn im Osten nicht zu kaufen bekam. Aber um das festzustellen, musste man ihn erst mal besitzen.

Das holten die, die vorher nicht in den Westen gedurft hatten, als sie keiner mehr aufhielt, sofort nach. Und sie kamen nicht – wie ich zuvor – einzeln. Sie kamen in Horden und waren von weitem zu erkennen. Hätte ich vor 1989 im Westkaufhaus als Einzelner gesagt, woher ich komme, ich hätte vermutlich mit meinen paar Westkröten und wegen meiner östlichen Herkunft Mitleid erregt. Schon deshalb habe ich mich nie als Ostdeutscher zu erkennen gegeben. Die nun Ende 1989 die westlichen Warenhäuser stürmten, wurden nach dem ersten sektseligen Begrüßungstaumel belächelt und schließlich nur noch als lästig empfunden. Das waren nicht mehr die mutigen Demonstranten, die man aus dem Fernsehen kannte und von Ferne bewundert hatte, weil sie sich von keiner Staatsmacht mehr einschüchtern ließen. Die jetzt kamen, schienen keine Freiheit, sondern nur noch die D-Mark zu vermissen.

Was sie nun mehr einschüchterte als vorher die Staatsgewalt, war der Glitzerglanz der Kaufhäuser, der Luxus der Wühltische. Sie benahmen sich mitten im späten Herbst, wie sich normale Westdeutsche nur beim Sommer- oder Winterschlussverkauf zu benehmen pflegten, wie Schnäppchenjäger eben. Und sie waren als »Außerirdische« sofort zu erkennen an ihren lächerlichen Anoraks, an diesen längst aus der Mode gekommenen ausgewaschenen Jeans und an den staunend aufgerissenen Augen. Sie konnten sich nicht satt sehen an all dem ausgestellten Reichtum.

Aus den Freiheitskämpfern waren, kaum war die Mauer gefallen, gewöhnliche Wirtschaftsflüchtlinge geworden. Die Freiheit hatten sie sich zu Hause erkämpft. Nun wollten sie am Wohlstand, der zur westlichen Freiheit gehörte, auch teilhaben. Darin unterschieden sie sich nicht von den meisten der so genannten Republikflüchtigen, die vorher auf lebensgefährlichen Wegen in den Westen geflohen waren. Natürlich hatte es unter denen auch politisch Verfolgte gegeben, die zuallererst in die Freiheit geflohen waren. Viele hatte der Westen aus den Stasigefängnissen freigekauft. Aber die weitaus meisten, die ich kannte, und die ich allesamt vergeblich zum Bleiben überreden wollte, suchten im Westen neben der Bewegungsfreiheit vor allem das bessere Auto, den höheren Lebensstandard. Darin konnte ich auch früher nichts Verwerfliches erkennen.

Dass Otto Normalverbraucher dahin geht, wo er das bessere Angebot findet, halte ich Otto Konsummuffel für eine Selbstverständlichkeit. Schon weil ich dieses bessere Angebot jetzt durchaus auch zu schätzen weiß. Dass mir die Freiheit von Zensur, von politischer Bevormundung wichtiger war als der ganze schöne Wohlstand, hängt mit meinem Berufsbild zusammen. Ich habe im Unterschied zu vielen meiner Landsleute unter der Zensur mehr gelitten als unter dem Ersatzteilmangel oder den fehlenden Südfrüchten. Aber dass für den Bauern in Mecklenburg oder den Chemiearbeiter in Bitterfeld die Zensur nicht zu den Alltagssorgen gehörte, das habe ich auch in tiefen DDR-Zeiten vermutet. Der Überdruss an der östlichen Mangelgesellschaft und die Sehnsucht nach dem westlichen Überfluss waren für die meisten größer als ein Freiheitsdrang, der heute von einem idealen Menschen erwartet wird, wie man früher bei ihm das Vertrauen in eine bessere Zukunft voraussetzte, die all das bringen sollte, was die Gegenwart nicht leisten konnte. Der Mensch lebt nicht vom Brot allein, von Moral allein mag er schon gar nicht leben.

Kaum war die Zensur im Osten verschwunden, ließ auch das Interesse an kritischer DDR-Literatur schlagartig nach. Bücher, die noch Wochen vorher als Bückware unter dem Ladentisch gehandelt worden waren, landeten auf dem Müll. Jetzt waren im »Leseland« DDR Reiseführer gefragt, Ratgeberliteratur, eben das, was man fürs praktische Leben brauchte. Theater und Kabaretts hatten von einem Tag zum andern ihr wunderbar aufmerksames Publikum verloren. Jetzt waren aus den Zuschauern Akteure geworden, die draußen auf den Straßen und Plätzen Tacheles redeten. »Freiheit statt Sozialismus« wurde zwar gesagt, aber gemeint war damit auch Wohlstand statt Mangelwirtschaft. Und unter Freiheit verstanden die meisten, die bis dahin hinter Mauer und Stacheldraht eingesperrt waren, zuerst nur Reisefreiheit.

Als ich vor kurzem bei einem Gespräch mit sehr gutwilligen westdeutschen Bekannten leicht ironisch bemerkte, wir Ostdeutschen seien in unserer großen Überzahl als Wirtschaftsflüchtlinge in die Bundesrepublik gekommen, erntete ich empörten Widerspruch. Mit so einer Behauptung würde ich meine Landsleute beleidigen und all denen Recht geben, die sich im Westen über die habgierigen Ostdeutschen aufregten, die nur materielle Ansprüche stellten und die Vorzüge von Freiheit und Demokratie nicht zu schätzen wüssten. Da traf ich also genau die Illusionen wieder, die ich bis zum 9. November 1989 selbst gehegt hatte. Bis dahin hatte ich ja wirklich geglaubt, dass es der Mehrheit der Leute, die hier auf die Straßen gegangen waren, nur um Freiheit, also zum Beispiel um eine freie DDR gegangen wäre, um ein selbstbestimmtes Leben. Von Wiedervereinigung war weder auf den Leipziger Montagsdemonstrationen noch auf der großen Berliner Kundgebung die Rede gewesen. Ich hatte nicht an die übergroße Mehrheit gedacht, die in den Wendetagen zu Hause abgewartet hatte, wie die Sache ausgehen würde. Ob wir am 4. November auf dem Berliner Alexanderplatz nun 500 000 oder 1 000 000 Demonstranten waren – wir waren eine Minderheit. So wie es vorher die Montagsdemonstranten in Leipzig auch gewesen sind. Die Mehrheit kam erst auf die Straße, als der Kampf entschieden war.

Nach dem 9. November 1989 hatten die umjubelten Wortführer des 4. November kaum noch etwas zu melden. Wo immer sie jetzt auftraten und noch von Freiheit oder gar ostdeutscher Selbstbestimmung sprachen, mussten sie damit rechnen, ausgepfiffen zu werden. Jetzt sahen die Ostdeutschen ihr Heil von woanders kommen, aus dem Wirtschaftswunderland. Und die von da kamen, versprachen ihnen dieses materielle Heil, das viel verführerischer war als das von Freiheit und Selbstbestimmung ohne jede Wohlstandsgarantie. Wer sein Volk für dumm verkauft, muss immer damit rechnen, dass es darauf hereinfällt, dachte ich damals in meinem enttäuschten Hochmut. Und es ist ja hereingefallen auf genau die Versprechen, deren Einhaltung es jetzt einklagt. Das ist sein Recht. Denn wo steht geschrieben, dass ein Volk klüger sein muss als seine Politiker? Wer den Wirtschaftsflüchtling ruft, muss sich nicht wundern, wenn er kommt.

Brecht sprach oft und gern von der Weisheit des Volkes. An die wollte ich nur zu gern und viel zu lange glauben und besaß doch selber nichts von dieser Weisheit. Heine nannte das Volk »den großen Lümmel«. In den demokratischen Sonntagsreden spricht man heute gern vom Volk als großem Souverän. Was ich bei Kästner lese, kommt dem, was ich heute glaube, wohl am nächsten: »Das Quadrat will kein Kreis werden; auch dann nicht, wenn man es überzeugen könnte, dass der Kreis die vollkommenere Figur sei. Die Menschen lehnen es seit Jahrtausenden mit Nachdruck ab, sich von uneigennützigen Schwärmern zu Engeln umschulen zu lassen.« An anderer Stelle rät er dem, der die Menschheit ändern wolle, bei sich selbst anzufangen und da am besten auch aufzuhören. Aber das gehört wohl zu dem Einfachen, das so schwer zu machen ist.

Wann ist die deutsche Einheit vollendet?

»Wenn der letzte Ostdeutsche aus dem Grundbuch ausgetragen ist.« Diese Antwort hörte ich erst neulich in Dresden von einem jungen Schaupieler. In ihrem Sarkasmus ähnelt sie dem, was den DDR-Witz früher ausgemacht hatte. Über solche bitterbösen Späße zu lachen, waren wir im Osten gewöhnt. Der staatlich verordnete Optimismus hat aus uns alles andere als Optimisten gemacht. Wir vermuten – das dürfte dem sächsischem Einfluss geschuldet sein – immer das Schlimmste. Das ist Selbstschutz. So kann man nämlich nicht so leicht enttäuscht werden.

Ein paar Tage nach meinem Dresden-Besuch hörte ich einen ziemlich bekannten zornigen Journalisten aus München im Fernsehen sagen, zur Einheit würden die Deutschen überhaupt erst finden, wenn sich die Ostdeutschen ihre primitiven DDR-Vorstellungen vom Zusammenleben endgültig aus dem Kopf geschlagen hätten. Wenn sie aufhörten mit ihrer typischen Miesepetrigkeit, ihrem Jammern, ihrer vom Untertanengeist gespeisten Meckerei. Da damit nicht zu rechnen sei, müsse man also warten, bis dieses Ostvolk endlich ausgestorben wäre. So etwas nannten wir früher die biologische Lösung, wenn wir unseren greisen DDR-Führern den Tod wünschten. Solange sie lebten und an der Macht wären, meinten wir, würden sich die Verhältnisse hier nicht ändern. Das war kein sehr humaner Gedanke, und wir kleideten ihn vorsichtshalber in allerlei Witzchen.

Der Münchner Journalist meinte das mit dem Aussterben nicht als Witz, bestritt auch, damit vielleicht ein bisschen zu übertreiben, was seine Interview-Partner ihm lächelnd unterstellten. Sie widersprachen ihm nicht direkt. Sie ließen ihn einfach ausreden. Das war, fand ich, das Schlimmste, was sie ihm antun konnten. So geriet er erst richtig in Fahrt und brachte das, was er meinte, auf den bösen Punkt.

Mit dem im Osten lebenden Volk – Pack hat er nicht gesagt, aber überdeutlich gemeint – sei kein Staat zu machen. Erst wenn es diese Leute nicht mehr gäbe, würden wir Deutschen – wen immer er damit meinte – ein Volk werden. Zu denen, die erst noch sterben müssten, bevor die deutsche Zukunft beginnen könnte, gehört also nicht nur meine Altersklasse, sondern auch mein junger Schauspielkollege aus Dresden, meine Kinder und alle ihre Altersgenossen, die in der DDR zur Schule gegangen sind und das nicht als Makel, der sie allzeit minderwertig macht, erkennen wollen. Auch die ganz Jungen hätten keine Chance, wenn sie nicht täten, was seiner Meinung nach alle Besseren unter den Schlechten zu tun hätten, nämlich den Osten zu verlassen, um sich im fortgeschrittenen Teil des Vaterlandes zu würdigen Volksgenossen qualifizieren zu lassen. Wer sich dem unheilvollen Einfluss östlicher Mentalität nicht entzieht, kann nie zu seinem Volk gehören. Mich tröstet, dass auch der Kollege aus München nach seiner Zeitrechnung die Vollendung der Einheit nicht mehr erleben wird.

Mit ihm nicht vereint zu werden – das sage ich ganz ehrlich –, macht mir nicht das Geringste aus. Solche – mit Verlaub – Idioten hatten wir im Osten auch ohne Wiedervereinigung schon mehr als genug. Sie bildeten als Allein-Recht-Habende hier eine ganze Regierungspartei und wollten ganz allein entscheiden, wie das richtige Volk auszusehen habe, wer dazu gehören dürfe und wer nicht. Dass zehn Deutsche natürlich dümmer seien als fünf, das habe ich nicht erst bei Heiner Müller nachlesen müssen, das habe ich vorher geahnt. Ich habe aber auch nicht die Hoffnung, dass die Dummen in den kommenden Generationen weniger zahlreich sein würden. Mit einer bestimmten Anzahl von Dummköpfen ist bisher noch jedes Volk dieser Erde gesegnet gewesen, und wir Deutschen hatten da nie einen weniger als die anderen Völker. Um das Zusammenleben mit ihnen kommen wir nicht herum. Im Gegensatz zu dem zornigen Journalisten aus München habe ich mich längst damit abgefunden, mit ost- und westdeutschen Dummköpfen in einem Volk zusammenleben zu müssen. Wodurch würden sich die Schlauen denn auszeichnen, gäbe es die Dummen nicht? Und schließlich ist doch auch gar nicht so sicher, zu welcher Gruppe man selbst gehört. Es gibt fast immer einen Dummen mehr, als jeder denkt.

Ich wünsche ihm und mir ein langes Leben, damit wir beide über seinen Unsinn vielleicht noch mal gemeinsam lachen können. Ich kenne ihn nämlich persönlich. Dass er mir einen baldigen Tod wünscht, hat er mir aber nie ins Gesicht gesagt. Auch die Idioten im Osten sagen, solange sie unter sich sind, dass ein guter Wessi nur ein toter Wessi sein kann. Mein Münchner Bekannter scheint gar nicht zu ahnen, wie viel ihn mit diesem Teil des Ostvolkes vereint. Auf jeden Fall eint sie schon heute zumindest das Niveau der Auseinandersetzung.

Er nannte das, was er da von sich gab, eine unbequeme Wahrheit. Denken würden viele wie er, aber den meisten fehle es eben an Mut, so etwas offen auszusprechen. Da mag er Recht haben. Viele denken – wenn so ein Wort hier angebracht ist – ähnlich. Aber ein gnädiges Schamgefühl hält sie davon ab, das in die laufende Kamera zu sagen oder gar – wie er – ein ganzes Buch darüber zu verfassen. Man kann diese Art unbequemer Wahrheit auch Volksverhetzung nennen. Denn das von ihm postulierte Volk hat die völkische Eigenschaft, eine Millionen zählende Minderheit aus der Volksgemeinschaft auszuschließen. Dass es sich dabei um Rassismus handeln könnte, würde er entschieden bestreiten. Die Ostdeutschen sind schließlich keine Rasse, und er hat ja bestimmt auch nichts gegen Ostdeutsche allgemein. Bismarck etwa oder Hindenburg würde er vielleicht noch gelten lassen. Nur gegen die, die sich von der DDR haben prägen lassen, hat er seine starke Abneigung. Die sollen ja auch nicht umgebracht werden. Sie dürfen sozial verträglich aussterben. Für die Vollendung der deutschen Einheit die biologische Lösung abzuwarten, das gibt uns allen Gelegenheit für verbale Auseinandersetzungen, um wenigstens die Zeit bis dahin totzuschlagen.

Wenn wir alle Sachsen wären

Dann würde, da bin ich ganz sicher, keiner von uns über den sächsischen Dialekt lachen. Das allein wäre ein schwerer Verlust für unser gesamtdeutsches Humorbedürfnis. Dass er für Leute, die von außerhalb kommen, komisch klingt, das hat er mit den meisten deutschen Dialekten gemeinsam. Dass ausgerechnet die Sachsen neben den Bayern zu den meist belachten deutschen Volksstämmen gehören, kann aber nicht nur an ihren so unterschiedlichen Dialekten liegen. Hinter beiden verbergen sich ganze Weltanschauungen. Bei den Sachsen ist die Mundart Ausdruck einer Kleineleutementalität. Sie schauen sich die Welt von unten an und misstrauen allen großen Worten. Schon weil sie wissen, wie komisch große Worte auf Sächsisch klingen.

Man versuche nur einmal eines der vaterländischen Gedichte von Theodor Körner, etwa »Lützows wilde verwegene Jagd«, so aufzusagen, wie es der Dichter zu Hause vermutlich gesprochen hat. Sächsisches Pathos, das ist, wie Beethoven auf der Schalmei oder Wagner auf dem Kamm geblasen. Auch Karl Mays Romane *Der Schatz im Silbersee* oder *Winnetou* in des Autors Radebeuler Heimatidiom gesprochen klingen unglaublich komisch. Hans Reimann hatte mit seinen Karl-May-Übersetzungen ins Sächsische große Lacherfolge. Die großen deutschen Balladen mit ihrem heiligen Ernst, von der Leipzigerin Lene Voigt in ihr Heimatidiom übertragen, werden zu urkomischen Lachnummern. Deutsche Klassik durch den sächsischen Kakao gezogen, das ist intelligenter als jedes akademische Literaturseminar.

Der banalste hochdeutsch gesprochene Flachsinn klingt für unsere dummen Ohren intelligenter als manche sächsisch gesprochene Weisheit. Dass es von Nietzsche keine Tonaufnahmen gibt, scheint mir für seine Rezeption von entscheidender Bedeutung zu sein. *Also sprach Zarathustra* »uff sächssch geblärrt« – man würde den Philosophen wohl für einen ziemlich ausgeflippten Mundartdichter halten. Dieser Dialekt scheint ausschließlich für den alltäglichen Umgang geeignet zu sein, oder um sich über jemanden lustig zu machen, und sei es nur über sich selbst. Die Sachsen sind Meister der Selbstverhohnepipelung. Fürs Kabarett ist ihre Sprache Gold wert. Wo der hochdeutsch schreibende Kabarettautor an jeder Pointe feilen muss, bis sie sitzt, kann der sächsische Autor voll auf seinen von Hause aus komischen Dialekt vertrauen. Da macht allein schon der Klang die komische Musik. Und diese, von Natur aus urkomische Sprache, wurde und wird doch von großen Dichtern gesprochen.

Wieso ein Lessing sich mit seiner sächsischen Kanzleisprache hat durchsetzen können, ist nur damit zu erklären, dass es sich hier um die reine Schriftsprache handelte. Von Goethes gesprochenem Hessisch und Schillers Schwäbisch erkennt man Spuren in manchen ihrer Reime wieder. (»Neiche, du Schmerzensreiche«, um nur den berühmtesten Hessen-Reim zu nennen.) Von Lessings Kamenzer Sächsisch habe ich in seinen Werken kaum eine Spur entdeckt, außer in der *Minna von Barnhelm* natürlich. Aber das ist ja auch nur eine Komödie, und das Heitere gilt im deutschen Sprachraum nicht allzu viel. Trotz des unbestreitbaren Handicaps, im sächsischen Alltagssprachraum aufgewachsen zu sein, kamen und kommen – wie gesagt – gerade aus Sachsen immer wieder bedeutende, ernsthafte Dichter. Zum Besten, was es an Lyrik in der DDR gab, gehörten die Gedichte der »sächsischen Dichterschule«. Ein paar dieser Dichter kenne ich persönlich und muss beim Lesen ihrer Werke immer erst mal vergessen, wie sie reden, um zu erkennen, wie gut sie »trotzdem« schreiben.

Ich habe sechs Jahre in Sachsen gelebt, drei Jahre in Leipzig und drei in Dresden, und konnte dabei feststellen – was den meisten Nichtsachsen verschlossen bleibt –, dass nicht nur die Mentalität, sondern auch der Dialekt in beiden Städten sehr verschieden ist. Gemeinsam haben Leipziger und Dresdner, dass sie vom jeweils anderen sagen, er würde furchtbar sächseln beziehungsweise spräche das falsche Sächsisch. Aber das war ja auch schon zu Reimanns Zeiten so. Dass auch die Chemnitzer Mundart ihre eigenen, urkomischen Schönheiten besitzt – wem würde das außerhalb Sachsens auffallen? Ganz zu schweigen vom Annaberger Idiom! Für den Berliner klang und klingt das alles gleich. Auch das Thüringische ist für ihn sächsisch. Und dieses Sächsisch hatte lange Zeit im nichtsächsischen Teil der DDR einen eher feindlichen Klang. Wenn wir zu Ulbrichts Zeiten unser Ländchen SBZ nannten, dann meinten wir die Sächsisch Besetzte Zone. Dass Ulbricht, den wir damals Sachsens Rache an Preußen nannten, in Sachsen genauso unbeliebt war wie im Rest der kleinen Republik, das zählte nicht. Wer aus Sachsen kam – und das war ja sofort zu erkennen, wenn er nur den Mund aufmachte –, den betrachteten nicht nur die Berliner als Angehörigen der »fünften Besatzungsmacht« in Deutschland.

Die in Berlin erzählten Sachsenwitze waren damals nicht freundlicher als heute die Ossi- oder Wessiwitze. Intelligenter waren sie auch nicht. Platz für Feindseligkeit findet sich auf engstem Raum. Fremd kann einem schon der Nachbar sein hinterm Maschendrahtzaun. Nein, wir brauchten diesen Wiedervereinigung genannten Zusammenschluss nicht, um festzustellen, wie spinnefeind wir einander sein können. Man rückt ja nur zusammen, wenn sich ein neuer Feind am deutschen Horizont zeigt. Enzensberger hat das sehr einleuchtend beschrieben in seiner Beobachtung über die Reisenden in einem Eisenbahnabteil. Sie betrachten jeden, der neu hinzukommt, genau so lange als fremden Eindringling, bis der Nächste kommt. Gegen den rückt man dann einträchtig zusammen, bis der Übernächste kommt.

Dass man als Berliner, schon am Autokennzeichen zu identifizieren, in Sachsen keinen besseren Ruf genoss als umgekehrt der Sachse in Berlin, gehört zu den auf Gegenseitigkeit beruhenden Selbstverständlichkeiten deutscher Nächstenliebe. Wir lieben unsern Nächsten so wenig wie uns selbst. So wie die Berliner die Sachsen für ihren Ulbricht und die vielen sächsisch sprechenden Parteifunktionäre verantwortlich machten, so machten die Sachsen später die Berliner für Honeckers Politik verantwortlich, also für die Bevorzugung der Hauptstadt und ihrer Bewohner in allen Bereichen des täglichen Lebens, von der Versorgung bis zum Wohnungsbau. Unser großes Berliner Maul war vermutlich für die eher kleinlauten Sachsen ein zusätzliches Indiz dafür, dass wir mit dem Saarländer unter einer Decke steckten. Mir sind in Leipzig zweimal die Autoreifen zerschnitten worden, und ich war und bin alles andere als ein Feind der Sachsen. Das konnte man allerdings meinem Auto nicht ansehen, und es war ja gewiss auch nicht persönlich gemeint.

Die Omnipräsenz der Sachsen in der ganzen Republik – wie gesagt, dazu gehörten für uns die Thüringer, die Vogtländer, Erzgebirgler, die Hallenser, eben alles, was für unsere Ohren sächsisch sprach – hatte trotz der Ablehnung letztendlich doch etwas Prägendes. Die DDR war im Guten wie im Bösen ein Land der kleinen Leute. Großbürgerliche Überreste wie die Familie meiner Schwiegereltern wirkten geradezu exotisch. Die meisten von ihnen waren längst in den Westen gegangen. Welche Lücke sie hinterlassen hatten in unserer »Volksdemokratie«, das wurde vielen von uns erst nach der Wende klar. Das sozialistische Kollektiv hatte den verloren gegangenen Bürgersinn nie wirklich ersetzen können.

Die Sachsen wurden hier fast überall abgelehnt oder verspottet, aber ihre Mentalität – und das ist eben nach meiner Beobachtung die der kleinen Leute – haben wir weitgehend angenommen in unserer ostdeutschen Provinz. Darüber wollte ich in den Achtzigerjahren einen ganzen satirischen Theaterabend schreiben. Das sächsische Feindbild entsprach in seiner Absurdität in etwa dem im Westen gepflegten Ossi-Feindbild von heute. Nebenbei sollte es so etwas wie ein kleiner sächsischer Kulturspiegel werden, also eher ein Loblied auf die Verpönten, zu Unrecht Verlachten. Worin bestand denn Preußens Beitrag zur deutschen Kultur und worin der Beitrag Sachsens?

Noch kurz vor dem Untergang des sächsischen Abendlandes

DDR begann ich die Geschichte für die Ostberliner Volksbühne als satirisches Programm vorzubereiten. Heißen sollte es »Die Sachsen kommen«. Darin wollte ich am Beispiel Sachsens ein Bild vom Krähwinkel DDR zeichnen, von der Beschränktheit ostdeutscher Provinz. Alles das, was ich von sächsischer Vergangenheit sagte, hätte ich von der feudalsozialistischen DDR-Gegenwart nicht sagen dürfen. Wenn ich von den sächsischen Herrschern und ihren Untertanen sprach, meinte ich natürlich die DDR-Herrscher und ihr störrisches Volk. Die Parallelen lagen für mich auf der Hand, und diese, der Zensur geschuldete Verfremdung, machte die Sache für mich nur noch spannender und viel komischer. Der sächsische Dialekt klingt so gemütlich und kann doch auch so »heemtücksch« sein. Nach meinen jahrzehntelangen Kabaretterfahrungen war ich mir sicher, das Publikum würde verstehen und über die DDR lachen, wo ich Sachsen sagte. Auch die Zensur hätte verstanden, würde mir aber die böse Absicht nicht nachweisen können.

Das Manuskript war schon »abgenommen«, die Lieder komponiert und das Plakat bereits entworfen. Aber dann scheiterte das schöne Projekt daran, dass die Sachsen, von denen ich im Titel behauptet hatte, sie seien im Kommen, in immer größerer Anzahl im Weggehen begriffen waren. Unter denen, die weggingen, war auch einer von den Schauspielern, mit denen ich gerade anfangen wollte zu probieren.

Die Konflikte in der DDR hatten sich inzwischen so zugespitzt, dass mir meine als liebenswürdige Sachsenschelte verkleidete DDR-Kritik plötzlich viel zu harmlos erschien. Das Textbuch landete wie so viele Satiren aus jener Zeit in der Ablage. Nach der Wende hätte der Text nur noch das Zeug zu einem leicht ironischen, sächsischen Heimatabend gehabt. Und solche Abende werden in Leipzig und Dresden jetzt oft genug gestaltet, von den echten Sachsen, die das viel besser können.

Wenn ich heute in meinem Manuskript blättere, dann erscheinen mir viele der Anspielungen auf die politische Wirklichkeit von damals wie aus einer ganz anderen, längst versunkenen Welt. Manche Pointen verstehe ich selbst kaum noch. So muss es westlichen Besuchern gegangen sein, die in unsere Kabarettprogramme geraten sind und sich gewundert haben, worüber die Leute hier so gelacht haben. Seit die Blume Zensur, durch die wir damals sprechen mussten, eingegangen ist, ist auch der Reiz der heimtückisch versteckten Andeutung dahin. Was uns damals beschäftigte, uns auf die Barrikade brachte, das ist heute so vergessen, dass ich mich manchmal frage, ob ich das wirklich erlebt habe oder nur aus Erzählungen Dritter kenne. Wieso erwarte ich also, dass je einer verstehen würde, was ich selbst kaum noch verstehe, diese seltsam verdruckste, gemütliche DDR-Diktatur?

Was sich nicht verändert hat und kaum je verändern wird, das ist die sächsische Mentalität. Sie war, nach allem, was ich darüber gelesen habe, unter Friedrich August nicht anders, als ich sie dann unter Ulbricht kennen gelernt habe. Und sie ist heute nicht anders geworden. Man mag sie mögen oder nicht, ändern kann man sie nicht. Politische Systeme kommen und gehen, der Sachse wurschtelt sich durchs eine wie durchs andere. Er ist nicht immer so harmlos, wie er redet. Gleich nach 1933 – man mag es kaum glauben – gab es unter ihnen unverhältnismäßig viele stramme Nazis. Auch heute haben sie in der Sächsischen Schweiz ihre Festung Königstein zur Neonazihochburg ausgebaut. Im kleinen Mann kann eben auch ein großer Nazidummkopf stecken. Die Reimanns scheinen mir allerdings typischer zu sein, die Vigilanten, die rechtzeitig ahnen, wie der Hase laufen wird und sich sehr schnell den jeweils neuen Machtverhältnissen anpassen, aber möglichst so, dass man ihnen danach nichts beweisen kann.

Statt sich mit den Mächtigen anzulegen, stellen sie sich lieber dumm. Mit einem einzigen Satz können sie den erbittertsten Streit versöhnlich beenden: »Nu, wennses so sähn, hamse natierlich ooch wieder recht.« Das sagen sie und denken sich ihr Teil. Der Sachse hat auch seine Ecken, aber die meisten davon sind rund.

In einem der Texte für mein nicht aufgeführtes Sachsenprogramm heißt es: »Der Sachse marschiert durch keine Siegestore, er mährt sich durch die Hintertür. Hintertüren kann man noch so fest verschließen, ein Sachse wird höchstens feststellen: Nuja, sie glemmt ä bisschen. Und er wird durchschlüpfen. Sachsen kann man auf Dauer weder ein- noch ausschließen. Sachsen sind Weltbürger aus der Provinz.« Und eines der zahlreichen Lieder geht so:

Ich bin ein Sachse – kennt ihr meine Narben?
Mach ich den Mund auf, werde ich erkannt.
Der sächs'sche Dialekt hat viele Farben.
Doch das ist nur für Sachsen int'ressant.
Darheeme machen wir's uns ganz gemietlich.
Da sächseln alle. Hochdeutsch klingt da fremd.
Darheeme sind wir ziemlich unterschiedlich.
Bloß draußen stehn wir alle nackt im Hemd.

Zum Schlagen sind wir Sachsen viel zu friedlich.
Wir geben nach und tückschen ewig rum.
Auch Ehekräche klingen hier gemietlich.
Wir zanken höflich, und wir meckern stumm.
Wir fressen's rein, doch ohne zu verdauen.
Wir bleiben freundlich und verzeihen nie.
Wir lassen uns auch hier und da verhauen –
ein Sachse rächt sich immer irgendwie.

Wir sind nicht laut, doch nie zu überhören.
Wo ihr auch hinkommt, Sachsen sind schon da.
»Sie wer'n entschuldschen – darf ich sie mal stören –
ist das da vorne der Himalaja?«
Wir kraxeln rauf und runter unermiedlich –
für uns hat alles Fremde seinen Reiz.
Ein Sachse findet auch die Alpen niedlich.
Sein Herz jedoch gehört der Sächs'schen Schweiz.

Hier sind die Berge hübsch und überschaubar,
die höchsten Gipfel nicht so elend hoch,
die Wege reinlich, wenn auch nicht ganz sauber –
hier ist er Mensch, und Sachse ist er ooch.
Hier ist die Welt in Ordnung und beschildert.
Hier kommt man nicht vom rechten Wege ab.
Die Wildnis ist hier nicht so arg verwildert.
Hier ist des Sachsen Wiege und sein Grab.

Die kleinen, überschaubaren Verhältnisse haben auch uns Nichtsachsen geprägt. Wir haben die Enge zugleich verflucht und verinnerlicht. Aus Sehnsucht nach der großen weiten Welt gaben wir unseren Kindern Namen wie Jacqueline, Juliette, Ricardo oder Gordon. Das nicht gestillte Fernweh ließ so etwas wie Heimweh erst aufkommen, als aus dem Kleingarten DDR ein offenes Feld geworden war. Aus unseren Binnengewässern fühlten wir uns übergangslos ins offene Meer geworfen. Aus der Sehnsucht nach der Fremde wurde ganz schnell die Angst vor den Fremden. Jetzt heißen unsere Kinder wieder Max und Moritz, Anna und Pauline. Vielleicht kam alles nur zu plötzlich und ging ein bisschen zu schnell. Inzwischen haben wir Kleingärtner uns ja auch ans freie Feld gewöhnt und versuchen nun, da sich alles um uns herum verändert hat, wenigstens im Privaten noch wir selbst zu bleiben. Ein bisschen von dem zu bewahren, ohne das auch der Weltbürger aus Castrop-Rauxel oder Miesbach nicht gut leben kann – Heimat und Herkunft und die gemeinsame Vergangenheit.

Man kann das auch Identität nennen. Und die hat viel zu tun mit der Mentalität. Wenn dem Ostschaf überall gesagt wird, es dürfe nicht so bleiben, wie es ist, dann wird es eben gelegentlich bockig. Denn bei dem Versuch, die Mentalität zu ändern, kann es passieren, dass genau die zurückschlägt. Seine Mentalität kann man nun mal nicht so leicht ablegen wie seine politischen Überzeugungen oder die Essgewohnheiten. Bei der erwähnten Lene Voigt steht: »Es gibt nichts Ulkigeres als einen Sachsen, der sich geniert, einer zu sein.« Ich füge hinzu: Nichts ist lächerlicher als ein kleiner Ossi, der jetzt den großen Wessi spielt. Oder umgekehrt. Das Viereck mag kein Kreis werden, auch wenn es deshalb nicht zu den besseren Kreisen aufschließt. Wenn alles plötzlich rund sein soll, kann es vorkommen, dass man sich erst recht auf seine Ecken besinnt. Das ist es, was die Ostdeutschen in den letzten Jahren immer mehr tun. Nach den Jahren der bedingungslosen Anpassung, dem vergeblichen Versuch, der eigenen Vergangenheit zu entkommen, der Angst sich lächerlich zu machen, bestehen sie nun darauf, anders zu sein.

Das kann durchaus komische Züge annehmen. In Dresden beobachte ich mit wachsendem Vergnügen, wie die Leute immer unverwechselbarer zu werden versuchen, indem sie sich zumindest äußerlich von uns Preußen absetzen, mit denen sie so lange in der sozialistischen Einheits-Zwangsjacke steckten. Statt jener preußisch-sächsischen Einheitskleidung, der so genannten Präsent-Zwanzig-Mode, die uns DDR-Bürger einst unverwechselbar machte, tragen viele von ihnen jetzt die ganz und gar individuellen bayerischen Trachtenjacken. Vielleicht als kleine Sympathiebekundung von Freistaat zu Freistaat, auf jeden Fall aber als Zeichen der Unabhängigkeit vom Preußen-Berlin, mit dem sie in den vergangenen Jahrhunderten keine guten Erfahrungen gemacht haben. Mal sehn, ob es mit Bayern jetzt besser klappt.

Etwas jedenfalls, was es in der DDR immer weniger gab, entwickelt sich nun zu ungeahnter Blüte – der Stolz darauf, Sachse zu sein, sächsisch zu sprechen, selbstverständlich das richtige, also das Dresdner Hofsächsisch. Oder das Leipziger Messesächsisch. Oder den Chemnitzer Proletarierslang. Schließlich nannte man sich da ja auch mal Karl-Marx-Städter. Man mag darüber lächeln, aber sie sind auf dem Rückweg zu sich selbst, zu ihrer Eigenart in dieser globalisierten Welt. Und wer sich selbst gefunden hat, verliert auch seine Angst vor allem Fremden.

Zu ihrer Eigenart gehört nun mal auch, dass Sachsen grundsätzlich davon ausgehen, ein bisschen benachteiligt zu werden. Sie rechnen immer damit, etwas nicht zu bekommen, um dann nicht enttäuscht zu werden. Sie bleiben auf dem Wohnzimmerteppich, wo andere Leute große Worte machen. Auch im Gefühlsleben bleiben sie skeptisch. Eine sächsische Liebeserklärung stellt das erwartete Glück erst mal infrage: »Ä bisschen gerne ham gönnse mich wohl nich?« Wenn dann das Nein kommt, können sie sich immer trösten: »Nu, das habsch doch gleisch gesacht.« Auch heute noch, so lange nach dem Einzug der Marktwirtschaft und dem Überfluss an Südfrüchten, fragt der eingefleischte sächsische Pessimist seinen Obsthändler: »Bananen hamse wohl heute nich?« Da kann er vor der übervollen Bananenkiste stehen.

Das alte sächsische Wort für Fernglas heißt »Ranziehglas«. Und damit ziehen sie heute noch den höchsten Gipfel an sich ran, um festzustellen, dass er, »rangezogen«, gar nicht so hoch ist, wie er von weitem aussieht. Die Alpen sind schön, aber um sich das Genick zu brechen, reichen auch die Schrammsteine in der

Sächsischen Schweiz. So wie die Bayern seit eh und je mit ungebrochenem Selbstbewusstsein behaupten, »mia san mia«, so sagen die Sachsen jetzt wieder, »so sinn mir äben«. Wenn das erst alle Ossis und Wessis – in welchem Dialekt auch immer – von sich sagen, dann dürfen wir endlich davon ausgehen, dass die deutsche Einheit ihre Vollendung in der Vielfalt gefunden hat.

Von der Gnade, eine Zeitenwende zu erleben

40 Jahre DDR erscheinen mir, nachdem sie schon so lange zurückliegen, immer noch wie eine Ewigkeit. Dass sie wirklich vorbeigegangen sind, kommt mir auch heute noch wie ein Wunder vor. Alles war hier auf den Erhalt des Bestehenden ausgerichtet. »So, wie wir heute arbeiten, werden wir morgen leben«, hieß eine Losung. Aber keiner glaubte, dass er morgen besser leben würde, nur weil er heute besser arbeitete. Warum sollte er also besser arbeiten? Der Nachbar tat es ja auch nicht. Es geht auch so, sagte man sich und schimpfte gemeinsam darüber, dass sich das alle sagten.

Wie ein Mehltau hatten sich Gleichgültigkeit und Resignation über das Land gelegt. Das, was wir heute so vermissen – die absolute Sicherheit vor jeder Veränderung –, lähmte alles. Die Zeit, die seit der Wende zu rasen scheint, schien bis dahin nur stillzustehen. Ein Fünfjahresplan löste den andern ab, ein Parteitag den vorhergehenden. Die Losungen wechselten, der Alltag blieb sich gleich. Abwechslung brachte nur das Warenangebot in den Geschäften – mal war das Fleisch knapp, mal die Butter. In den Zeitungen konnte man dann lesen, dass in der DDR, verglichen mit der Bundesrepublik, überdurchschnittlich viel Fleisch oder Butter verzehrt würde. Darüber regten sich die Leute mehr auf als über den ganzen Mangel. »Wenn sie doch wenigstens mal die Wahrheit sagen würden«, war zu einer ständigen DDR-Redensart geworden.

Stattdessen sprach man offiziell, auch als es hier für alle sichtbar nur noch abwärts ging, weiter von der »gesetzmäßigen Entwicklung vom Niederen zum Höheren«. Honecker rief noch kurz vor Torschluss den oft parodierten Satz aus: »Den Sozialismus in seinem Lauf halten weder Ochs noch Esel auf!« Brecht hatte im Jahr der Gründung der DDR geschrieben: »Die Mühen der Gebirge liegen hinter uns, vor uns liegen die Mühen der Ebenen.« Das mochte in den Anfangsjahren noch einen Sinn ergeben haben. Aber diese Mühen der Ebenen bestanden seit Jahrzehnten nur noch in dem Bemühen, immer neue Ausreden für die immer gleichen, nicht gelösten Wirtschaftsprobleme zu finden. Mal war der Klassenfeind schuld mit seinem Handelsembargo und mal das Wetter mit seinen feindlichen Einflüssen. Die Probleme selbst schienen uns oft nicht so schlimm wie die Lügen, mit denen man versuchte, sie aus der Welt zu reden. »Die sollen uns doch nicht auch noch für dumm verkaufen.« Das war die zweite dieser Redensarten, die nicht etwa heimlich hinter vorgehaltener Hand ausgesprochen wurde.

Die Hoffnung, einmal etwas anderes zu erleben als den sozialistisch verlangsamten Trott, schwand mit den immer bleierner werdenden Jahren mehr und mehr. Damals hatten nicht die Regierten Angst vor Veränderung, sondern die Regierenden. In jeder Veränderung sahen sie sofort die Gefahr, ihre Macht zu verlieren. Honecker gab kurz vor seinem Sturz noch die lächerliche Losung aus: »Vorwärts immer, rückwärts nimmer!« Der ganze Fortschritt, von dem man bis zum Schluss in der Zeitung lesen konnte, bestand im täglichen Leben aus der ständigen Wiederholung desselben Ärgers und der wachsenden Wut über das, was die Partei als Informationspolitik verkaufte. Es gab keine Arbeitslosen, jeder hatte sein garantiertes Auskommen, die Preise waren stabil, aber – das wollten die Verantwortlichen nicht zur Kenntnis nehmen – alle waren damit unzufrieden. Die Angst vor der Zukunft bestand für die DDR-Bevölkerung schließlich nur noch darin, dass sie fürchtete, es würde ewig so bleiben, wie es war. Diese Furcht trieb sie schließlich auf die Straße, auch die Wut auf den Lügenteppich einer Propaganda, die ein ganzes Volk für dumm verkaufte. Alles wollten sie, nur nicht länger diese DDR!

Dabei war die DDR ja wirklich ein fürsorglicher Staat gewesen, der scheinbar für alles vorgesorgt hatte. Seine Bürger sollten sich keine Gedanken machen, das erledigte er für sie. Kein Wunder, dass die Bürger ihn auch für alles, was sie selbst verschuldeten, verantwortlich machten. Kein Handwerker, der seinen Pfusch nicht aufs System schob. Kein Kellner, der seine schlechte Laune nicht mit den Widrigkeiten der Arbeits- und Lebensbedingungen im Sozialismus begründete. Kein Verkehrspolizist, der den Verkehrsteilnehmer nicht spüren ließ, wer hier die Staatsmacht repräsentierte. Das, was sich Diktatur des Proletariats nannte, war zu einer Diktatur der Diensthabenden geworden. Jeder rächte sich im Dienst für die Erniedrigungen, die er in seiner Freizeit über sich ergehen lassen musste. Im Dienst machte man es sich bequem, und alle regten sich außerhalb der eigenen Dienstzeit auf über die Bequemlichkeit der Diensthabenden.

Worüber wir uns alle immer wieder wunderten, das war die Tatsache, dass sich dieses System überhaupt so lange halten konnte. Ich erinnere mich an unzählige Gespräche mit vielen Leuten, die aus verschiedenen Wirtschafts- und Wissenschaftsbereichen kamen. Jeder von ihnen wusste von seinem Gebiet, dass da eigentlich alles am Zusammenbrechen war. Mikroelektronik, Maschinenbau, Autoindustrie, Grundlagenforschung – alles war hoffnungslos zurückgeblieben, lebte von der Substanz. Wieso das

Ganze trotzdem hielt, das konnten wir uns alle zusammen nicht erklären. Ein Staat kann eben nicht Pleite machen, sagten wir uns und hofften – nein, nicht dass die DDR Pleite ginge. Wir hofften, dass endlich die Wahrheit gesagt würde. Darin waren wir uns fast alle einig – das Schlimmste war nicht die Misswirtschaft, der überall verwaltete Mangel, das Schlimmste war, dass wir von Partei und Regierung belogen wurden über die wirklichen Verhältnisse. Aber nach dem Zusammenbruch der DDR wollten viele von denen, die eben noch gerufen hatten: »Wir bleiben hier!«, nur noch aus dieser Mangelwirtschaft heraus und zogen mit eingerollten Fahnen dahin, wo sie sich von einem funktionierenden Wirtschaftssystem eine sichere Existenz, ein lebenswertes Leben versprachen.

Wie schwer es sein würde, mit der ganzen hässlichen DDR-Wahrheit zu leben, das wurde erst klar, als sie in Wendezeiten Stück für Stück herauskam. Da war natürlich zuerst das, was über die Staatssicherheit bekannt wurde. Vieles wusste man vorher. Von der Allgegenwart ihres Überwachungsapparates war man immer ausgegangen. Dass da einer von denen mit am Tisch sitzen konnte, wenn man auf die DDR schimpfte, damit hatte man einfach gerechnet. Aber das hinderte kaum einen am Schimpfen. Wenn es im Telefonhörer knackte, fragte man schon mal nach, ob man wiederholen solle, damit sie mitschreiben könnten. Weil sie selbst gern den Eindruck erweckten, allgegenwärtig zu sein, gingen wir davon aus, dass sie es auch wären. Selbst der harmloseste DDR-Bürger war sich vor allem im Nachhinein sicher, dass nicht nur sein Telefon abgehört worden war. Jeder meinte, dass es in Mielkes Archiv eine Akte über ihn geben müsste. Natürlich eine Opferakte. Die Täter schienen alle davon auszugehen, dass ihre Akten vernichtet seien. Eine möglichst dicke Opferakte war jetzt so etwas wie ein moralisches Führungszeugnis, ausgestellt von einer alles andere als moralischen Anstalt.

Mit dem Sturm auf die Stasizentralen und der Enttarnung aller Stasispitzel glaubte man, die ganze böse DDR wie den Beelzebub austreiben zu können. Stasi und SED waren das Böse an sich, der Rest war die verfolgte Unschuld, die nun ihrerseits mit der Verfolgung der Alleinschuldigen beginnen konnte. Keiner musste bei so eindeutiger Schuldzuweisung auf sich zeigen. Niemand hatte mitgemacht außer den Stasileuten und den SED-Genossen.

Für die Medien war das Thema Staatssicherheit das Griffigste von allen. Sie stürzten sich mit dem unerbittlichen Eifer moralischer Empörung auf jeden Verdächtigen. Bei der Jagd auf die Jäger von einst galt in den Medien lange Zeit keine journalistische Sorgfaltspflicht. Der Verdacht war da über jeden Beweis erhaben. Endlich hatte das Böse einmal Namen und Anschrift. Die Adressen der hauptamtlichen Stasimitarbeiter hatte man gleich in mehreren Zeitungen veröffentlicht. Jetzt durfte man endlich die jagen, die vorher ein ganzes Volk gejagt hatten. Ich erfuhr aus der Zeitung, was ich vorher geahnt hatte, dass es nämlich außer meinem Haus in der kleinen Nebenstraße, in der ich wohne, fast nur Stasiadressen gab. Dass der erwartete Sturm auf sie dann doch ausblieb, hatte wohl damit zu tun, dass der Volkszorn sich bei der Veröffentlichung schon so weit gelegt hatte, wie die allgemeine Existenzangst um sich zu greifen begann. Denn kurz nachdem man die Schuldigen entdeckt hatte, stand ja auch für die Unschuldigen plötzlich alles infrage – was würde aus dem Arbeitsplatz, aus dem Sparguthaben, aus dem Grundstück, auf dem man bis dahin so sicher gewohnt hatte?

Das journalistische Interesse an allem, was Stasi hieß, hielt unvermindert an, auch wenn das Interesse der Leute auf der Straße nachließ. Wie gesagt – die eigenen Sorgen … Bald begegnete ich hier in meiner Stasihochburg auch höheren und höchsten Staseoberen, deren Gesichter ich nun erst durch Zeitung oder Fernsehen kennen gelernt hatte, obwohl sie so lange vorher schon in meiner Nachbarschaft gewohnt haben mussten. Wieso hatte ich sie früher nie gesehen? Aufgefallen waren mir nur ihre dicken Westautos mit den Ostberliner Kennzeichen, in denen sie morgens in ihre Büros und abends wieder nach Hause fuhren. Ich kann mich nicht erinnern, einem von ihnen je begegnet zu sein. Jetzt bewegten sie sich zu Fuß aber völlig frei und wie selbstverständlich, während ich bei solchen zufälligen Begegnungen lange Zeit ein mulmiges Gefühl nicht loswurde. Neben einem Mielke-Stellvertreter beim Bäcker anzustehen, dessen Foto ich am Vorabend noch auf dem Bildschirm oder gerade eben in der Zeitung gesehen hatte, das war schon ein bisschen unheimlich. Und dann war es auch wieder komisch, solche Leute mit ihren Frauen diskutieren zu hören, ob sie zum Frühstück Milchbrötchen oder Schusterjungen essen wollten. Wenn so ein General dann seine Frau auch noch »Mutti« nannte, konnte ich mir ein Grinsen nicht verkneifen.

Das waren bestimmt keine Unschuldsengel, auch wenn sie in ihrem Zivil jetzt ganz harmlos aussahen, eben wie gewöhnliche Vatis, die mit ihren Muttis einkaufen gingen. Denen von oben so weit unten zu begegnen, das war und ist für mich noch immer ein Erlebnis der besonderen Art. Dass wir nicht von Geistesriesen beherrscht wurden, hatte ich immer geahnt, aber gar so schlicht hatte ich mir die Generalität denn doch nicht vorgestellt. Von der Banalität des Bösen zu lesen, ist doch etwas ganz anderes, als ihr beim Bäcker zu begegnen.

Soweit ihnen eine individuelle Schuld nachgewiesen werden konnte, kamen sie dann auch vor bundesdeutsche Gerichte und für ein paar Jahre ins Gefängnis. Davon erfuhr man aus den Nachrichten. Man nahm es zur Kenntnis und war im Übrigen mit dem eigenen Überleben beschäftigt. Der Rechtsstaat wird's schon richten, dachte man, auch wenn einem der Rechtsweg manchmal sonderbar verschlungen erschien, und die Richter nicht immer einen kompetenten Eindruck machten. Das System, über dessen Verantwortliche sie zu Gericht saßen, schien ihnen oft genug ein Buch mit sieben Siegeln geblieben zu sein. Inzwischen sind die Verurteilten wohl alle wieder auf freiem Fuß, und dem einen oder andern begegne ich heute noch auf der Straße oder im Supermarkt, ohne das seltsame Gefühl ganz losgeworden zu sein. Den Bäcker, bei dem ich sie früher traf, gibt es nicht mehr.

Selbst ihr oberster Dienstherr Mielke konnte, nachdem er aus Alters- und Krankheitsgründen Haftverschonung erhalten hatte, gänzlich ungefährdet in eine normale Neubauwohnung ziehen. Zu Wendezeiten hätten ihn die aufgebrachten Ostberliner vermutlich gelyncht, wenn sie ihm so ohne jeden Personenschutz auf der Straße begegnet wären. Jetzt kümmerten sich treu sorgende Genossen von einst um ihren immer hinfälliger werdenden Stasichef und statteten ihm schließlich – konspirativ wie sich das für Geheimdienstler gehört – auch das Begräbnis aus.

Natürlich haben Journalisten seine neuen Nachbarn immer mal wieder gefragt, wie sie das denn fänden, neben ihrem obersten Verfolger von einst zu wohnen. Aber die Befragten schienen allesamt nichts Schlimmes mehr dabei zu finden. Von Rachegedanken war jedenfalls nichts zu hören. »Das ist doch jetzt ein alter, kranker Mann. Der tut mir ja nichts mehr.« So lautete der Kommentar einer älteren Frau im Fernsehen. Andere sagten gar nichts, zuckten nur mit den Schultern. Die Fernsehreporter schlossen aus solchem Gleichmut, dass in dieser Gegend wohl sowieso nur PDS-Leute wohnten. Der leise Verdacht, dass sie alle irgendwie dazugehört haben müssten, klang in den Kommentaren immer mal durch. Und der Vorwurf, dass sich die Ostdeutschen ihrer Vergangenheit nicht stellen wollten, wird vor allem von denen erhoben, die diese Vergangenheit nicht erlebt haben. Gewiss kann auch der Blick von außen manchmal erhellend sein. Aber dieser Blick besteht allzu oft aus den alten Vorurteilen, die aus den Zeiten des Kalten Krieges stammen.

Gerade deshalb scheint das Thema Stasi hier im Osten keines mehr zu sein, nachdem es bis zum Überdruss strapaziert wurde. Immer wenn die Medien jetzt noch einen neuen alten Fall aufrollen – seltsamerweise geschieht das meist in Wahlkampfzeiten –, dann reagieren die Leute eher genervt oder gelangweilt. Diese unbegreiflichen Ossis scheinen ihren Unterdrückern einfach nichts mehr nachzutragen. Heißt das aber nun wirklich, dass sie ihre Vergangenheit nicht aufarbeiten wollen, oder haben sie einfach genug davon, sie unentwegt von Leuten aufgearbeitet zu bekommen, die diese Vergangenheit nur vom Hörensagen kennen?

Wie oft ist es mir schon passiert, dass mir mein DDR-Leben erzählt wurde von Leuten, deren Wissen darum im Wesentlichen aus dem Studium von Stasiakten besteht. Für sie ist natürlich DDR gleich Staatssicherheit. Darüber wissen sie viel besser Bescheid als ich, der ich nicht mal die mich betreffenden Akten gelesen habe. Dass ich dazu keine Lust habe, weil ich daraus nichts Neues über mein Leben erfahren dürfte, das verstehen sie meist nicht. Sie kennen Struktur und Aufgabenstellung des Ministeriums natürlich genauer als ich. Und sie erwarten, dass ich nun einfach nur noch glücklich bin, diesem furchtbaren Alltag, den sie aus den Akten ja genauer kennen als ich, entronnen zu sein.

Sie verlangen nicht, dass ich ihnen persönlich dankbar bin. Aber ein bisschen mehr Begeisterung für Freiheit und Demokratie nach den Jahrzehnten, die ich im Überwachungsstaat zugebracht habe, erwarten sie schon von mir. Dass der Gedanke an die Stasi in meinem DDR-Alltag eine ziemlich untergeordnete Rolle gespielt hat, können sie nur so deuten, dass ich nicht wissen wollte, was um mich herum geschah.

»Sie scheinen gar nicht zu wissen, wie es in der DDR wirklich zuging.« Auch den Satz habe ich mir schon sagen lassen von neueren DDR-Fachleuten. Und dann kommen immer die schrecklichen Einzelheiten von Verhörmethoden, von Internierungsplänen aus den Hinterlassenschaften des Mielke-Imperiums. Als ich das Stasigefängnis in Berlin-Hohenschönhausen besichtigt hatte, war ich auch erschrocken über das, was ich glücklicherweise zu DDR-Zeiten nicht erleben musste. Gewiss – diese Stasi mit all ihrer schrecklichen Praxis und ihren krankhaften Theorien gehörte zur DDR-Wirklichkeit, die wir, soweit das ging, auch verdrängt haben. Sie war aber Gott sei Dank für die meisten nur ein sehr kleiner Teil dieser Wirklichkeit. Für den, der ihrem Apparat in die Hände fiel, konnte dieser kleine Teil zum lebensentscheidenden werden. Kein Zweifel, dass diese Stasi viel Unheil angerichtet hat. Aber mit ihren Akten wurde und wird auch im Nachhinein oft genug Schindluder getrieben. Die Staatssicherheit hat heute eine Wichtigkeit bekommen, die sie in meiner Erinnerung nie hatte. Wer ihre schriftliche Hinterlassenschaft heute auszulegen versucht, ohne sich die Mühe zu machen, auch etwas über den DDR-Alltag in Erfahrung zu bringen, der kann nur zu dem bekannten DDR-Bild vom Reich des Bösen kommen.

Allzu langes, gläubiges Aktenstudium muss nicht zur Wahrheitsfindung führen. Zu viel Buchstabenglauben kann den Blick für die Wirklichkeit auch bei denen trüben, die sie erlebt haben. Wer die Herrschaft über die Stasiakten übernommen hat, der beginnt irgendwann – das war bei Gauck zu beobachten, wie es jetzt auch bei Marianne Birthler zu sehen ist – die Wichtigkeit dessen, was er da zu verwalten hat, zu überschätzen.

Man hält dann irgendwann den aktenkundigen Ausschnitt für das Ganze. Frau Birthler meint nach eigener Aussage, einen Schatz zu verwalten, und der ist doch nicht mehr als ein Haufen Scheiße, der angelegt wurde, um Menschenleben zu zerstören, nicht um sie abzubilden. Aus diesem Zerrbild kann kein Menschenbild werden. Ich habe viele solcher Akten zu Gesicht bekommen, viele Bekannte und Freunde haben mir von dem erzählt, was sie in ihren gelesen haben. Die Wahrheit über sich oder andere dürfte noch keiner darin gefunden haben.

Die Hoffnung, aus den letzten Schnipseln, die da in tausenden Säcken lagern, noch irgendwelche neuen Erkenntnisse zu gewinnen, halte ich für verfehlt. Mag sein, dass der eine oder andere Täter nicht mehr enttarnt wird. Aber man könnte mit dem Geld, das das Zusammenpusseln kostet, das eine oder andere Opfer entschädigen.

Dass man versucht, aus den Erkenntnissen eines Geheimdienstes auf die Lebenswirklichkeit eines ganzen Volkes zu schließen, das dürfte wohl einmalig sein in der Geschichte. Auch die Nazizeit lässt sich nicht mit den Gestapoakten erklären. Die Gestapo hätte ihr Unheil nicht anrichten können, wäre das System nicht gewesen, in dessen Auftrag sie ihr furchtbares Handwerk betrieb. Mit der Stasi ist es nicht anders, auch wenn man die DDR nicht mit dem mörderischen Nazisystem auf eine Stufe stellen kann. Dass sich Geheimdienste immer und überall allzu gern wichtig machen, das dürfte auch in demokratischen Staaten nicht unbekannt sein.

Ich weiß nicht, wie die Akten des Verfassungsschutzes aus den Zeiten von KPD- und Berufsverboten aussehen. Jedenfalls wurde da ja auch allerlei Belastendes über vermutete oder wirkliche Gegner gesammelt. Und dass so mancher Abhörskandal in der Bundesrepublik bekannt geworden ist, liegt ja auch nicht an der Auskunftsbereitschaft der zuständigen Behörden. Aber aus dem, was die Geheimdienste so gespeichert haben, allgemein gültige Rückschlüsse auf das Leben in der Bundesrepublik zu ziehen, wäre wohl genauso absurd. Wie demokratisch die Geheimdienste in der Bundesrepublik gearbeitet haben, das kann man erst sagen, wenn deren Akten einmal geöffnet werden. Dass man deshalb die Geschichte dieser Bundesrepublik neu schreiben müsste, glaube ich nicht. Zu korrigieren wäre sicher das Bild von BND und Verfassungsschutz.

Die Hölle DDR – wenn es denn eine gewesen sein sollte – haben wir uns in aller Unschuld auch gegenseitig bereitet im alltäglichen Umgang miteinander. Nicht die Bedrohung durch die Stasi hat unser Leben bestimmt. Das hieße, diesem Spitzelverein im Nachhinein allzu viel Ehre anzutun und uns selbst unzulässig zu entlasten. Die vorher erwähnte Herrschaft der Diensthabenden, die Gleichgültigkeit im Umgang mit dem, was allen gehörte, also keinem, die vorauseilende Resignation, die sich heute wie damals in dem Satz äußert, dass man ja doch nichts machen könne, alles das, was wir in veränderter Form auch in der Bundesrepublik wiederfinden, bestimmte unser Tun und Lassen viel mehr als die Angst vor der Staatssicherheit. Dem nicht größer und nicht kleiner gewordenen Mangel an Zivilcourage begegnen wir in der Bundesrepublik genauso wie einst in der DDR.

Die 100 000 Überwachungskameras an öffentlichen Plätzen, in jedem Supermarkt und selbst am Arbeitsplatz nehmen wir inzwischen mit ähnlichem Gleichmut hin wie die Überwachung durch die Staatssicherheit früher. Wir ahnen allenfalls, wer welche Daten über uns speichert, so wie wir früher ahnten, dass wir abgehört würden. Damals waren wir uns wenigstens sicher, wer uns zu welchem Zweck überwachte. Auch diese unschöne Sicherheit ist in der schönen neuen Datenwelt von heute verschwunden. Ein Großteil der neuen Freiheit von

Überwachung jedenfalls scheint mir eingebildet. Wovor mich ein Datenschutzbeauftragter schützt, weiß ich so lange nicht, wie ich nicht erfahre, wer welche Daten zu welchem Zweck über mich sammelt. Der Satz, dass nichts zu fürchten habe, wer nichts zu verbergen hat, gilt vielleicht für die Verbrechensbekämpfung. Aber welches Verbrechen wird mit meinen Daten eigentlich bekämpft? Ich werde mir im Falle einer neuen Wende wahrscheinlich wieder sagen lassen müssen, dass ich gar nicht wissen wollte, was wirklich um mich herum geschah.

Unser dem Zusammenbruch des Systems geschuldeter Vorteil besteht darin, dass wir gezwungen waren, uns wenigstens einmal von Grund auf infrage stellen zu müssen. Im Gegensatz zu den vielen selbstgewissen Westdeutschen mussten wir einfach zur Kenntnis nehmen, wie sehr man sich irren kann. Die Erfahrung des Scheiterns kann auch für den, der mit der DDR eigentlich nichts zu tun haben wollte, zu den wichtigsten Lebenserfahrungen gehören. Sie war für viele schmerzlich, und manche dabei gerissenen Wunden sind noch nicht verheilt. Wir haben allesamt einen Bruch in der Biographie. Eine Ewigkeit, jedenfalls das, was wir dafür hielten, überlebt zu haben, macht skeptischer. Nichts ist unendlich. Wir haben dieses System gestürzt und mussten danach feststellen, wie tief wir selbst darin verwickelt waren. Wie tief uns auch das geprägt hat, was wir abgelehnt haben, wissen wir erst jetzt.

Wir waren einmal gezwungen, alles infrage stellen zu müssen, was uns selbstverständlich zu sein schien. Jedenfalls hatten wir die Chance, das zu tun. Ob wir sie genutzt haben, beziehungsweise, ob uns das etwas genutzt hat, ist noch nicht heraus. Einmal haben wir versucht, selbst Geschichte zu machen, statt sie mit uns machen zu lassen. Der Versuch ist geglückt, musste aber gleich danach abgebrochen werden, weil wir keinen Plan hatten, wie es nach dem Sieg über die Unfreiheit weitergehen sollte.

Wir sind mit den unterschiedlichsten Illusionen auf die Straße gegangen – jeder mit seinen eigenen. Kaum eine hat sich wirklich erfüllt. Insofern sind wir sogar zweimal gescheitert. Bestimmt würden wir heute auch die DDR für das Reich des Bösen halten, wenn wir jetzt in einem Reich des Guten gelandet wären. Stattdessen mussten wir feststellen, was wir eigentlich aus dem Lauf der Geschichte hätten wissen müssen: die Dummheiten wechseln, aber die Dummheit bleibt. Genauso ist es mit den wechselnden Ungerechtigkeiten und dem bleibenden Unrecht. Es gibt kein gerechtes Gesellschaftssystem, solange es von uns Ungerechten gemacht wird. Aber wer außer uns sollte es machen? Ein Gottesstaat – auf welchen Gott er auch immer begründet sein mag – ist wohl das schlimmste aller denkbaren Menschenwerke. Aus so einem – wenn auch atheistischen – Gottesstaat kommen wir ja. Das versprochene Paradies hieß Kommunismus. Gelandet sind wir in einem Konsumparadies mit einer angeschlossenen parlamentarischen Demokratie, die den einen Nachteil hat, keine Konkurrenz mehr zu haben.

Es gibt immer nur besser oder schlechter funktionierende Systeme. Am besten ist es, wenn mindestens zwei miteinander konkurrieren, weil sich dann keines als das Alleinseligmachende aufspielen kann. Das wissen wir aber erst, seit es das andere nicht mehr gibt. Wäre der Sozialismus eine echte Alternative gewesen, beziehungsweise wäre der Sozialismus einer gewesen, könnte sich der Kapitalismus nicht so aufspielen, wie er das im Moment tut.

Globalisierung bedeutet doch nichts anderes, als dass der Kapitalismus jetzt auf der ganzen Welt konkurrenzlos herrscht. Wenn die Wirtschaft heute von den Zwängen der Globalisierung spricht, dann ist das kein anderer Zwang als der, den sie jetzt auf der ganzen Welt ausübt. Jeder einzelne Kapitalist ist zwar Konkurrent des anderen, aber vereint üben sie inzwischen die internationale Solidarität gegen das Proletariat aller Länder. Die Gefahr ist, dass hinter dem ganzen Kapitalismus die Demokratie kaum noch erkennbar ist.

Die Zwänge sind heute andere, aber der Zwang ist geblieben. Früher war er politisch. Jetzt ist er ökonomisch. Wir hatten die Wahl zwischen zwei Übeln. Vom einen wussten wir aus jahrzehntelanger Erfahrung, wie übel es ist. Vom anderen mussten wir es erst noch lernen. Der Untergang des einen hat das andere leider nicht besser gemacht. Im Gegenteil. Dass der Ostdeutsche jetzt beide miteinander vergleicht, und dass dieser Vergleich nicht in allen Punkten so eindeutig ausfällt, das nährt natürlich den Verdacht, dass er die Freiheit geringer schätzt als der Westdeutsche.

Beiden Systemen gemeinsam ist, dass sie gelobt werden wollen. Der real-existiert habende Sozialismus war ein verlogenes, sich unentwegt selbst lobendes System. Die Zustimmung des Volkes war angeordnet und erfolgte per Knopfdruck, bis dieses Volk gegen den befohlenen Jubel protestierte. Heute verlangt keiner, dass wir den Kapitalismus und die internationale Solidarität des Kapitals hochleben lassen. Aber dass dieser demokratische Kapitalismus die beste aller miserablen Gesellschaftsordnungen ist, so viel Einsicht wird schon erwartet. Diese Art von Selbstlob klingt realistischer, ist aber nicht weniger unbescheiden. Die Welt ist nun mal schlecht, aber im Kapitalismus ist sie das am wenigsten. Wer mehr will, ist Kommunist, und was Kommunismus ist, das hat man ja gesehen. Dass es zwischen beiden eine dritte Möglichkeit geben könnte, das haben sogar die Kommunisten bestritten.

Und nun kommen ausgerechnet so ein paar Millionen übrig gebliebener DDR-Bürger und ningeln an diesem allein existierenden Kapitalismus herum. Bloß weil sie beide Systeme kennen gelernt haben, mögen sie keines so recht von Herzen. Viele von ihnen träumen heute wieder, wie im Herbst 1989, den Traum von Freiheit und Gleichheit. Das sind meist nicht die, die wirklich auf der Strecke geblieben sind. Obwohl es ihnen persönlich, jedenfalls materiell, heute besser geht als zu DDR-Zeiten, wollen sie nicht einsehen, dass ein bisschen mehr Gerechtigkeit in der Freiheit nicht möglich sein sollte.

Zu diesen Träumern gehöre ich. Mir, der ich nicht nur die Freiheit allgemein, sondern auch viele der Freiheiten genießen kann, die man mit Geld bezahlen muss, will nicht einleuchten, dass so viele von uns daran nicht teilhaben sollen. Das will ich schon deshalb nicht, weil ich Angst habe, sie könnten sich diese Freiheiten gewaltsam holen, auch um den Preis der Freiheit. Ich bin von Hause aus kein Revolutionär. Zum Wertvollsten an der Wende im Osten gehört für mich die Gewaltlosigkeit, mit der das unfreie System gestürzt wurde.

In Erich Kästners *Ansprache an die Millionäre* steht, was ich meine:

»Warum wollt ihr so lange warten,
bis sie euren geschminkten Frauen
und euch und den Marmorpuppen im Garten
eins über den Schädel hauen?

Wie lange wollt ihr euch weiter bereichern?
Wie lange wollt ihr aus Gold und Papieren
Rollen und Bündel und Barren speichern?
Ihr werdet alles verlieren.«

Kästner war zwar auch gebürtiger Ostdeutscher, Dresdner, also Sachse sogar. Aber DDR-Bürger war er nie und Kommunist auch nicht gerade. Insofern dürfte seine Warnung doch wenigstens bedacht werden. Sie ist allerdings schon über 70 Jahre alt und hat bisher meines Wissens noch keinen zur Einsicht gebracht.

Vom Realitätsverlust der Politik

Das ist eine alte Geschichte – deutsche Politik scheitert nun schon fast ein Jahrhundert lang immer wieder an einer Wirklichkeit, die die Regierenden nicht zur Kenntnis nehmen wollen oder können. Mal ist da das aktive Vergessen oder Verdrängen der Realitäten zu beobachten, mal das eher passive gar nicht erst zur Kenntnis nehmen. Beides geschieht sowohl bewusst als auch unbewusst. Die den Überblick haben sollten, verschließen ihre Augen vor dem Nächstliegenden. Um sich nicht den Blick für die Zukunft trüben zu lassen, übersehen sie lieber, was diesen Blick in der Gegenwart verstellen könnte.

Im deutschen Kaiserreich ging man noch im September 1918 allen Ernstes davon aus, der Weltkrieg würde mit einem »Siegfrieden« enden. Zwei Monate später war alles vorbei. Und selbst als schon alles vorbei war und auch in Sachsen die Revolution tobte, fragte König Friedrich August der Letzte seine Minister noch: »Derfen die denn das?« Revolution machen, meinte er und ließ sich in Dresden spazieren fahren, als ginge ihn das alles nichts an. Er meinte als Sachse unter Sachsen: »Ich habe den Leiten nischt gedahn, und die duhn mir ooch nischt.« Was er seinen Landeskindern mit seiner Mitverantwortung für Sachsens Kriegsbeteiligung angetan hatte, hat er entweder später aktiv verdrängt oder von Anfang an passiv gar nicht wahrgenommen.

Kaiser Wilhelm floh nach Holland und verkündete umgehend, sein Gewissen vor Gott sei rein, er habe den von ihm erklärten Krieg nie gewollt. Sein Generalstab setzte sich – »im

Felde unbesiegt« – an die Heimatfront ab, um dort an der Dolchstoßlegende zu stricken. Die besagte, die feigen Zivilisten in der Heimat hätten den tapfer kämpfenden Militärs an der Front den Dolch von hinten in den Rücken gestoßen. Mein Schwiegervater muss das ähnlich gesehen haben, obwohl ihm keiner einen Dolch in den Rücken gestoßen hatte. Aber sie hatten ihm, dem jungen Offiziersanwärter, auf dem Leipziger Heimatbahnhof die Rangabzeichen von der Uniform gerissen. Und ganz ohne Rangabzeichen ist für einen Militär schlecht kämpfen.

Den »Schandfrieden von Versailles«, der einer fast bedingungslosen Kapitulation des deutschen Kaiserreiches gleichkam, ließen die Generäle dann von zivilen Politikern unterzeichnen, die man damit umgehend für die deutsche Niederlage verantwortlich machen konnte. Auf solcher Grundlage durften dann die Sozialdemokraten Scheidemann und Ebert unter dem Schutz der kaiserlichen Restarmee die Republik ausrufen. Keine Frage, dass der kaiserliche Beamtenapparat unangetastet blieb. Die standhaften Demokraten gaben der Republik eine beispielhaft demokratische Verfassung, die nur einen Fehler hatte – man konnte sie bei Bedarf weitgehend außer Kraft setzen. Dann regierte man eben mit nicht ganz so demokratischen Notverordnungen.

Die Angst vor dem Kommunismus stellte jede andere Gefahr in den Schatten. Sie machte die ebenfalls kaiserlich gebliebene Justiz auf dem rechten Auge, auf dem sie nie gut gesehen hatte, ganz blind. Und die Kommunisten prügelten sich zwar mit den Nazis, sahen aber ihren Hauptfeind lieber bei den Sozialdemokraten. Zum Schluss glaubten auch die Sozialdemokraten, die Demokratie nur noch retten zu können, indem sie einen kaiserlichen Feldmarschall zum Reichspräsidenten wählten. Der wiederum berief, um die Republik vor einem linken Umsturz zu bewahren, den Gefreiten Adolf Hitler zum Reichskanzler. Die Angst vor links gehört zum Kontinuum deutscher Geschichte.

Hitler führte dann unter Verkennung aller Kräfteverhältnisse in seinem Größenwahn Deutschland in einen Krieg gegen die ganze Welt. Zum Schluss befehligte er von seinem Bunker aus nur noch Geisterarmeen, und seine Generäle, die die Wirklichkeit kannten, folgten ihm blindlings ins Verderben.

Auch die DDR scheiterte am Realitätsverlust ihrer Politiker. Honecker regierte zum Schluss ein Land, das so nur noch in seiner Vorstellung existierte, ein Volk, das ihm davonlief, wo es nur konnte. Das zur Kenntnis zu nehmen, hat er sich bis zum Schluss geweigert. Auch nach seinem Sturz hat er nicht glauben wollen oder können, dass es nicht der Verräter Gorbatschow war, der seinen schönen Sozialismus in den Abgrund getrieben hatte, sondern er selbst. Und seine treulosen Genossen im Politbüro, die ihn mit ihrer Palastrevolution erst gestürzt hatten, als sowieso nichts mehr zu retten war. Ihr ganzes Verdienst bestand dann darin, dass sie gegen das Unvermeidliche nicht mehr mit militärischer Gewalt vorgingen. Für deutsche Politikerverhältnisse war das allerdings schon unverhältnismäßig viel Realitätssinn.

Aber das eigentliche Verdienst am friedlichen Ausgang der ganzen Umwälzung kommt vor allem einem zu – Gorbatschow. Er hat, der Realität ins Auge sehend, das furchtbare Experiment Sozialismus gewaltlos abgebrochen. Für einen herrschenden Politiker eine ungeheure Leistung. Angetreten war er, den Sozialismus zu retten. Aber um das tun zu können, hat er eine Glasnost genannte Bestandsaufnahme veranlasst, von der er sicher nicht sofort ahnte, wie vernichtend sie ausfallen würde. Aber schließlich musste er einsehen, dass dieser Sozialismus nicht mehr zu retten war. Diese Wahrheit zur Kenntnis zu nehmen, dazu gehörte mehr Mut als zu jeder Abwehrschlacht. Dass einer, der noch die Macht hatte, sie gewaltsam zu verteidigen, bereit war, das eigene Scheitern zu akzeptieren, wo hat es das vorher gegeben in der Welt der Politiker?

Sein berühmter Satz, den wir im trostlosen Oktober 1989 nur auf die Realitätsferne unserer Politgreise in der DDR bezogen, traf wenig später auf ihn selbst zu: »Wer zu spät kommt, den bestraft das Leben.« Er war zu spät gekommen, aber gerade noch rechtzeitig, um uns alle vor Schlimmerem zu bewahren. Die Gefahr, dass sein Beispiel Schule machen könnte, besteht leider nicht. Vor der Realität kapituliert man nicht als Politiker. Man übersieht sie und wundert sich immer erst, wenn es zu spät ist.

Aus dem Untergang des einen Systems zogen die Politiker des anderen nun den ganz und gar falschen Schluss, gesiegt zu haben. Es ist aber – das wird mit dem Abstand der Jahre immer klarer – nur übrig geblieben. Und so, wie es übrig geblieben ist, bietet es kaum Aussicht auf mehr politische Vernunft. Die einzige Realität, die noch gilt, ist die Realität der militärischen Stärke. Die Welt ist nicht friedlicher geworden, seit das »Reich des Bösen« aufgehört hat zu existieren. Die Umwelt ist nicht besser, die Dritte Welt nicht reicher geworden. Im Gegenteil. Das Gleichgewicht des Schreckens wurde abgelöst vom Übergewicht der einzigen Supermacht, die nun Kriege führt, die vorher nicht denkbar gewesen wären.

Der Krieg gegen den Terror schafft immer neue Kriegsschauplätze und immer mehr Terroristen. Lokale Konflikte, die vorher unter Kontrolle gehalten wurden, weil die Welt in zwei Lager aufgeteilt war, die streng über ihre jeweiligen Einflussgebiete wachten, brachen sofort nach dem Zusammenbruch des Sowjetimperiums aus. Was amerikanischer Imperialismus ist, wissen wir so richtig erst, seit er vom sowjetischen nicht mehr in Schach gehalten wird. Die einzige Großmacht ist nicht mal mehr auf das Einverständnis ihrer Verbündeten aus Kalten Kriegszeiten angewiesen. Sie meint, die Welt nach ihrem Bilde gestalten zu können und keine Rücksichten mehr auf ihren ehemals guten Ruf nehmen zu müssen. Den Krieg ums Erdöl führt sie wie einen Religionskrieg mal im Namen der Demokratie, mal als Kampf gegen den Terrorismus, mal als beides zusammen. Dass dabei im Geburtsland der Demokratie selbst diese Demokratie Schaden nimmt, ist leider keine Erfindung der Antiamerikaner. Im Gegenteil, meist sind es die Amerikaner selbst, die ihrer Regierung vorwerfen, im Ausland einen heiligen Krieg für die Demokratie zu führen, um sie im Inland desto leichter abbauen zu können. Dass die Rechnung der Bush-Administration trotzdem aufgegangen ist, beweisen die Ergebnisse der letzten Präsidentenwahlen. Wer sich an Leib und Leben bedroht fühlt, gibt notfalls ein Stückchen Freiheit her für seine Sicherheit.

Die von den USA als Schurkenstaaten ausgemachten Diktaturen sollen in die Demokratie bombardiert werden. Damit tut das demokratische Amerika im Grunde nichts anderes als das, was man einst den Kommunisten nachsagte – es versucht, die Menschen zu ihrem Glück zu zwingen, ob sie wollen oder nicht. Statt die Amerikaner als Befreier zu begrüßen, sehen immer mehr Afghanen und Iraker in ihnen die feindlichen Besatzer und bekämpfen sie mit allen Mitteln des individuellen oder organisierten Terrors. Oder sie sympathisieren zumindest mit denen, die das tun. Die immer hilfloser wirkende Militärmacht versucht indessen mit Waffengewalt freie Wahlen zu erzwingen, bei denen ausschließlich von ihnen akzeptierte Demokraten gewählt werden sollen. Demokrat ist natürlich nur, wer auch amerikafreundlich ist. Das heißt, wer der demokratischen Ölförderung durch amerikanische Konzerne zustimmt.

Der arme GI, der in eine ihm völlig fremde, feindliche Welt geraten ist, die er zu befreien meinte, sieht sich einem ihm ganz unbegreiflichen Hass der Befreiten ausgesetzt. Er kannte, wie sein Präsident, das Land nicht, bevor er einmarschierte, spricht dessen Sprache nicht, versteht die andere Religion schon gar nicht. Er glaubt – was bleibt ihm übrig – das, was sein Präsident ihm sagt, nämlich, dass er hier in der Fremde Freiheit und Demokratie verteidige. Da er es auch bei der Zivilbevölkerung mit Leuten zu tun hat, die für ihn von Terroristen nicht zu unterscheiden sind, darf er sie auch als solche behandeln. Folter gehört zum Alltag des Antiterrorkreuzzuges. In solchen Diktaturen wurde und wird schließlich immer gefoltert. Der demokratische Zweck heiligt inzwischen jedes gewaltsame Mittel.

Das alles klingt wie sowjetische Propaganda aus den Zeiten des Kalten Krieges. Nicht nur der Kapitalismus allgemein hat sich, seit er konkurrenzlos herrscht, als genau der herausgestellt, den Marx im *Kommunistischen Manifest* beschrieben hatte. Auch der amerikanische Imperialist benimmt sich inzwischen genauso, wie er in sowjetischen Propagandalehrbüchern beschrieben wurde. Kein Wort von solcher Propaganda würde man glauben, keinem Bild trauen, könnte man sie nicht im amerikanischen Fernsehen und Rundfunk hören und sehen. Das immerhin unterscheidet den amerikanischen Imperialismus vom sowjetischen. Er lässt zu, dass die Medien die Wahrheit über die schlimmsten Verbrechen der eigenen Regierung berichten, soweit es ihnen gelingt, sie aufzudecken.

Das macht keines der Verbrechen ungeschehen. Aber es lässt zumindest die Hoffnung, dass Amerika sich nicht auf Dauer einem christlich verbrämten Fundamentalismus unterwerfen wird. Der Trost ist schwach, aber es ist einer – ein Präsident wie Bush junior könnte ein Ausrutscher neben anderen sein. Die amerikanische Demokratie hat einen McCarthy und einen

Watergate-Skandal überstanden. Das waren Zeichen der Stärke dieser Demokratie, ihrer Fähigkeit, sich zu korrigieren. Zu den Realitäten von heute gehört ja nicht nur die militärische Übermacht der Vereinigten Staaten. Die lange, demokratische Tradition gehört auch dazu. Dass die Amerikaner, so übermächtig ihre Nation im Moment auch scheinen mag, nur fünf Prozent der Weltbevölkerung ausmachen, ist eine Tatsache, an der man auf Dauer nicht vorbeikommen wird. Und dass eine Großmacht an ihrer eigenen Hybris zugrunde geht, wäre ja auch nichts Neues in der Weltgeschichte.

Im Nachkriegsdeutschland gab es nach der totalen Niederlage zunächst mal zu verdrängen, dass außer Hitler, Himmler, Göring, Goebbels und dem Hauswart mit dem goldenen Parteiabzeichen überhaupt einer etwas gewusst hatte. Das gelang anfangs im Osten wie im Westen gleichermaßen. Man war mit nichts als Überleben beschäftigt. Zukunft hatte nur, wer keine Vergangenheit hatte. Also einigte man sich darauf, dass viel Unrecht geschehen war, ohne genau sagen zu können, wer es wem angetan hatte. Selbst ein Mann wie Erich Kästner wollte damals nicht von einer Schuld der Deutschen sprechen, allenfalls von Schulden, die an die Sieger zu zahlen wären.

Die Unterschiede in den aktiven wie passiven Verdrängungsleistungen deutscher Nachkriegspolitik wurden erst sichtbar, nachdem geklärt war, wess' Brot wir künftig essen würden. Der Wohnort bestimmte ab sofort die Art der Vergangenheitsbewältigung. Die Bundesrepublik übernahm die Rechtsnachfolge des Deutschen Reiches und verpflichtete sich, wie Kästner es gesagt hatte, wenigstens materiell wieder gutzumachen, was durch Geld nicht wieder gutzumachen war.

Die Naziverbrechen – darauf einigte man sich in einem Akt der Selbstverleugnung – waren im deutschen Namen verübt worden. Damit war die individuelle Schuldfrage erst mal aus der

Welt. Was man in den ersten Jahren noch verdrängen musste, nahm man später einfach nicht mehr zur Kenntnis. So schien es gar keinen mehr zu stören, dass 1969 mit Kurt Georg Kiesinger ein deutscher Bundeskanzler gewählt wurde, der einmal aktives Mitglied der NSDAP gewesen war. Als ihn eine etwas überreagierende Journalistin dafür öffentlich ohrfeigte, wurde allein die Ohrfeige zum Thema. Die Mitgliedschaft dieses deutschen Kanzlers in der Nazipartei erregte die Öffentlichkeit viel weniger als die unerhörte Tatsache, dass mit Willy Brandt ein Mann Kanzler werden konnte, der im Ausland gegen Nazideutschland gekämpft hatte.

Dass es sich bei den Schuldigen im Dritten Reich nicht um irgendwelche staaten- und namenlosen Naziverbrecher gehandelt hatte, die sich unrechtmäßig des deutschen Namens nur bemächtigt hatten, das wagte ein deutscher Bundespräsident erst 1985 auszusprechen. Er erregte damit großes Aufsehen, weil er der Erste unter allen Kanzlern und Präsidenten war, der nicht nur die Verbrechen, sondern auch die Verbrecher bei ihrem deutschen Namen nannte.

Auch in der DDR stellte man sich auf ganz eigene Art der Aufarbeitung dieses Kapitels deutscher Geschichte. Zwar gab es auf unserer Seite nie einen Zweifel daran, dass die Naziverbrechen wirklich von Deutschen begangen worden waren. Von denen wussten wir aber, dass sie fast ausnahmslos ihren Wohnsitz im Westen genommen hatten. Wir wohnten auf der anderen Seite, Tür an Tür mit den Siegern der Geschichte. Das waren seinerzeit die siegreichen Sowjetmenschen, mit denen uns schon bald eine ewig genannte Freundschaft verband. Dieser Bruderbund bewahrte uns vor der Auseinandersetzung mit dem, was unsere Väter getan hatten. Wir wurden sozusagen im Schnellverfahren Antifaschisten honoris causa, während sich die Westdeutschen auf der anderen Seite im gleichen Tempo zu Demokraten ehrenhalber entwickelten. Sie schlossen ihren Bruderbund, den sie atlantisches Bündnis nannten, mit den Amerikanern. So bekam der Kalte Krieg den kleinen Nazis auf östlicher Seite genauso gut, wie er den größeren Globkes und Seebohms im Westen bekam. Die einen brauchte man, um beim Aufbau des Sozialismus zu helfen, die anderen um einen von Grund auf demokratischen Staat zu errichten.

Der Osten wurde nicht müde, dem Westen seine prominenten Altnazis in der Regierung vorzuhalten, um sich damit zum einzigen deutschen Friedensstaat zu stilisieren, der mit der nationalsozialistischen Vergangenheit wirklich gebrochen hatte. Im Westen leugnete man im Gegenzug die Existenz dieses anderen Staates. Der Alleinvertretungsanspruch als Staatsdoktrin auf der einen Seite und der Kampf um internationale Anerkennung auf der anderen kam beide Seiten teuer zu stehen. Das eine wie das andere musste immer wieder erkauft werden. Unter dem Motto: »Was ich nicht sehe, darfst du auch nicht sehen«, erkaufte sich die Bundesregierung beim Rest der Welt die Bereitschaft, die Realität deutscher Zweistaatlichkeit genauso wenig zur Kenntnis zu nehmen, wie sie es selbst tat. Diese Art geteilter Blindheit ließen sich viele Regierungen von der Bundesrepublik gut bezahlen, während sich andere Regierungen für die diplomatische Anerkennung der DDR an dieser schadlos hielten. Die Kosten der Spaltung trugen also durchaus beide Seiten.

Als die Regierung Willy Brandts ihr Geld besser anlegen wollte, nannte die Opposition das Verzichtspolitik und Ausverkauf der deutschen Interessen. Ein Hauch von Versailles wehte durch die bundesdeutschen Debatten jener Zeit. Die Anerkennung von Realitäten scheint einfach nicht im deutschen Interesse zu liegen.

Mit dieser entschlossenen Haltung, sich von einer störenden

Wirklichkeit nicht aus dem Konzept bringen zu lassen, stand und steht deutsche Politik natürlich nicht allein. Aber immerhin ist es ein deutscher Vorschlag, sich vor dem Elend der Dritten Welt dadurch zu schützen, dass man die Elendsflüchtlinge schon in den Ländern abfängt, aus denen sie flüchten. Dann muss man sie ja nicht wieder zurückschicken, und die Urlauber auf Lampedusa oder anderswo im schönen Mittelmeer müssen die hässlichen Elendsgestalten nicht an ihren Urlaubsparadiesen vorbeiziehen sehen. Uns bleiben die Fernsehbilder davon erspart, die uns den guten Appetit bei den Abendnachrichten verderben. In der Dritten Welt ist das Elend zwar unvergleichlich viel größer, aber es wird seltener gefilmt. Europa den Europäern und das afrikanische Elend den Afrikanern! Da fällt so ein Flüchtlingslager mehr oder weniger gar nicht mehr auf. Die Palästinenser haben sich ja auch an ihr Lagerleben gewöhnen müssen. Dass gerade von dort so viele Selbstmordattentäter kommen, liegt doch nur daran, dass die Zäune um ihre Lager nicht hoch genug sind. Schon die alten Römer haben sich mit einem Limes vor dem Ansturm der Barbaren geschützt.

Dass ein Zusammenhang zwischen dem Elend in den islamischen Ländern und dem Terror besteht, kann ja schon deshalb nicht sein, weil Osama bin Laden so reich ist, und die meisten seiner Kämpfer aus »besseren Kreisen« stammen und in den USA oder Europa studiert haben. Wenn Armut und Ungerechtigkeit die Wurzeln des Terrorismus wären, dann müssten ja, das habe ich neulich in einer wissenschaftlichen Analyse gelesen, die meisten dieser Kämpfer aus Mittel- und Südamerika kommen. Denn diesen Ländern hätten die USA im Laufe der Geschichte viel größeres Leid, viel stärkeres Unrecht zugefügt als irgendeinem arabischen Land. Mich beschäftigt seitdem die Frage, woher so ein Wissenschaftler weiß, dass die nächste – dann auch wieder ganz und gar unerklärliche – Terrorwelle nicht gerade von dort kommen könnte, wo noch mehr Armut und Ungerechtigkeit herrscht als da, wo der Terror jetzt seinen Nährboden findet? Oder sollte der christliche anders als der islamische Glaube die Menschen immun machen gegen solche Art blinder Gewalt? Dann müsste allerdings noch die Frage geklärt werden, was es mit dem Terror in Nordirland auf sich hat.

Seit ich die Terroristen von denen, die den Krieg gegen sie führen, in ihrem Fundamentalismus kaum noch unterscheiden kann, frage ich mich nur noch, welche von beiden Parteien inzwischen mehr unschuldige Opfer auf dem Gewissen hat. Und ob es nicht besser ist, vor dieser grausigen Realität genauso die Augen zu verschließen, wie das die meisten Politiker tun.

Sinn und Form oder Die Banalität des Banalen

Neulich war die englische Königin in Berlin zu Besuch. Schon Tage vorher war die ganze Stadt in Aufregung. Und als sie ankam, war die halbe Innenstadt ihretwegen gesperrt, ohne dass sich die Leute wie sonst darüber aufgeregt hätten. Die nette, alte Dame mit dem stets gleichbleibend freundlichen Hausfrauengesicht unter den wechselnden Hütchen überm Silberhaar wurde von den Berlinern und ihren Gästen bestaunt wie eine Außerirdische. In den Medien, besonders aber im Fernsehen, wurde das Ereignis in der Manier guter alter Hofberichterstattung ausführlich und gänzlich ironiefrei gewürdigt. Das Wichtigste, was die Kommentatoren da immer wieder bewundernd feststellten, war die Farbgebung der bei jedem Auftritt wechselnden königlichen Kostümierung. Die zweite wichtige, mehrmals wiederholte Meldung zu den verschiedenen Programmpunkten des Besuches besagte nichts anderes, als dass der Zeitplan eingehalten worden sei. Keine Kleinigkeit, wenn man bedenkt, wie oft sich die Queen in kürzester Zeit von Kopf bis Fuß umziehen musste, bevor sie sich dem nächsten Programmpunkt zuwenden durfte.

Man konnte den Eindruck gewinnen, sie habe den ganzen Berlin-Besuch nur genutzt, um endlich mal ihren Kleiderschrank auszuführen. Die Farbpalette reichte von freundlichem Altrosa über Taubenblau bis Violett. Es waren auch Farben dabei, deren Namen ich vorher nie gehört hatte. Der Queen scheinen einfach alle Farben zu stehen. Zumindest muss sie selbst davon überzeugt sein. Denn sie trägt alle mit der gleichen Selbstverständlichkeit wie ihre ebenfalls ständig wechselnden Handtaschen, die trotz der raffinierten Farbnuancen alle irgendwie gleich aussehen. Wenn man bedenkt, dass sie die ja auch jedesmal wieder umpacken muss, zweifelt man keinen Moment mehr daran, dass Queen-Sein eine Ganztagsbeschäftigung ist.

Ob der Besuch über die Präsentation englischer Haute Couture hinaus noch einem praktischen Zweck gedient hat, konnte ich den Nachrichten nicht entnehmen. Gewiss, sie hat auch die eine oder andere Rede gehalten, zu dem einen oder anderen Thema. Aber als Königin darf sie sowieso nur sagen, was ihr von der Regierung zuvor aufgeschrieben wurde. Dafür brauchte man sie also eigentlich gar nicht. Das hätte Tony Blair selbst oder seine Frau machen können. Sie hat ja sicher auch das eine oder andere hübsche Kostüm im Schrank. Aber sie hat eben nicht das, was eine Königin erst zu einer Königin macht – das Märchenhafte ihrer königlichen Ahnenreihe, den angeborenen Nimbus, von dem man nicht weiß, woher er kommt.

Die Faszination, die das englische Königshaus zumindest in Deutschland ausübt, ist ja nicht allein mit dem Modebewusstsein der fast achtzigjährigen Queen zu erklären. Eine der am

Brandenburger Tor auf den hohen Besuch aus London wartende Berlinerin sagte, sie bewundere die Königin, weil sie nicht abgeneigt sei, auch mit einfachen Menschen zu sprechen. Zumindest das hat die zweite Elisabeth also auch mit Sachsens letztem August gemeinsam. Und das ist es, was die kleinen Leute nicht nur in Sachsen an den großen so schätzen – dass sie sich nicht zu schade sind, mit ihnen zu reden.

Mag es in England selbst schon hier und da umstritten sein, ob sich die Demokratie in Zeiten knapper Kassen noch so ein teures Repräsentationsstück leisten kann und muss. In Deutschland herrscht neben der Bewunderung für solchen Luxus der pure Neid. Das liegt nicht daran, dass unser augenblickliches Staatsoberhaupt ein Mann mit der Ausstrahlung eines Sparkassenfilialleiters ist. Zugegeben, er wirkte auf dem roten Teppich neben der feinen alten Queen ein bisschen wie ein aufgeregter Firmling, der zum erstenmal beim Krippenspiel mitwirken durfte. Aber neben dieser Königin haben auch andere deutsche Staatsoberhäupter blass ausgesehen. Ihr ist das Amt eben schon in die Wiege gelegt worden, während die Berufung zum Bundespräsidenten gewöhnlich erst kurz vor dem Rentenbescheid erfolgt.

Dem letzten deutschen Kaiser sagte man eine ähnliche Neigung zum Kostümwechsel nach. Er soll täglich bis zu sechsmal Kopfbedeckung und Uniform gewechselt haben. »Alle Tage Maskenball«, nannten die Berliner das damals. Dabei musste Wilhelm II. nicht nur repräsentieren wie die Queen, die übrigens mit ihm verwandt ist, er musste seinerzeit zwischendurch auch noch die ganzen Regierungsgeschäfte erledigen. Zu seinen Zeiten spielte das englische Königshaus politisch schon längst keine Rolle mehr. Gerade deshalb hat es vermutlich überlebt.

Hätte sich Wilhelm nach englischem Vorbild rechtzeitig auf seinen reichen Kostümfundus zurückgezogen und damit abgefunden, als kaiserlicher Modefummel einer deutschen Demokratie symbolisch vorzustehen, die Hohenzollern könnten noch heute im Berliner Stadtschloss sitzen. Den Deutschen wären manch finstere Einzelheiten ihrer Geschichte erspart geblieben. Und heute dürfte auch ein Mann wie Horst Köhler wieder still hinter seinem Bankschalter hocken und sich an Zahlenkolonnen ergötzen, statt vor irgendwelchen Ehrenkompanien herumzustolpern und staubtrockene Reden zu halten, in denen er das deutsche Volk vergeblich zur Zufriedenheit mit sich selbst und seiner karg-bürgerlichen Repräsentation ermuntert.

Gerade in Zeiten, in denen wir auf die Frage nach dem Sinn des Ganzen keine Antwort mehr wissen, kommt es auf die Form an, mit der man die Leere zu füllen versucht. Demokratie mag eine Gesellschaftsform sein, die den Ansprüchen des nüchternen Alltags am ehesten entspricht. An Sonn- und Feiertagen versagt sie. Wer die Woche über mit nichts anderem beschäftigt ist, als seinen Lebensunterhalt zu verdienen, der möchte wenigstens am Sonntag mal gesagt bekommen, warum er das überhaupt tut. Auch der verkaufsfreie Sonntag reicht als Antwort auf die Frage nach dem Sinn unseres Daseins nicht aus. Karstadt fehlt die Transzendenz, ohne die auch der Atheist den Glauben verliert, dass ihn allein die Befriedigung seiner materiellen Bedürfnisse schon glücklich macht.

»Kinder brauchen Märchen«, hat ein berühmter Sozialpädagoge gesagt. Wir brauchen sie alle. Bei Fontane habe ich die schöne Formulierung gefunden: »Es ist eigentlich dumm, ohne Hoffnung zu leben. Wozu hat man sie denn?« Das ist schön gesagt, aber die Frage bleibt doch, woher bezieht man diese Hoffnung, wenn man außer der Aussicht aufs Arbeitslosengeld II keine hat? Selbstbetrug ist nicht jedermanns Sache. Ein bisschen Nachhilfe braucht man schon, um etwas zu glauben, was man weder sehen noch anfassen kann. Psychopharmaka können den einzelnen Bürger ruhig stellen oder ihm wenigstens vorübergehend aus der Depression heraushelfen. Ein ganzes Volk braucht mehr. Dass Rauschmittel wie Alkohol allein nicht weiterhelfen bei der ideellen Bewältigung der Sinnfreiheit, können wir bei Russen, Finnen und unseren eigenen Bundestagsabgeordneten seit vielen Jahren studieren.

Die alten Römer boten ihrem Volk, zu dem die Sklaven natürlich nicht gehörten, neben einer Vielzahl von Göttern vor allem Spiele, um ihnen das Leben lebenswert erscheinen zu lassen. Diese Spiele waren ganz und gar nicht so harmlos, wie es ein Dschungelcamp von heute ist, wo unbewaffnete Spieler, mit denen draußen keiner mehr spielen will, sich und den Zuschauern auf die Nerven gehen. Bei den römischen Spielen floss noch echtes Menschenblut, nicht nur Stierblut wie beim zeitgenössischen spanischen Stierkampf. Das geschah, nach allem, was überliefert ist, zur vollen Zufriedenheit des Publikums. Hätten sich die Sklaven nicht irgendwann gewehrt, dürfte man ihnen wohl heute noch zuschauen bei ihren sinnstiftenden Gladiatorenkämpfen auf Tod und Leben, statt irgendwelchen abgetakelten Unterhaltungskünstlern dabei zuzusehen, wie sie sich ganz und gar freiwillig vor Würmern ekeln statt vor sich selbst.

Auch öffentliche Hinrichtungen zählten zu den Feiertagsvergnügungen vergangener Zeiten. Damit verschaffte man den Leuten nicht nur Ablenkung von einem grauen Werktag, man vermittelte ihnen auch die Genugtuung, sich selbst ihres Lebens weiterhin erfreuen zu dürfen. Selbst die aufgeklärten französischen Revolutionäre von 1789 verließen sich nicht darauf, das Volk mit schönen Worten wie »Freiheit, Gleichheit, Brüderlichkeit« zu begeistern. Die Guillotine verlieh ihrem revolutionären Aufbruch viel von der sinnlichen Überzeugungskraft, die man braucht, um ein Volk über längere Zeit bei der Stange zu halten.

Wie glücklich können wir uns schätzen, dass eine Königin

bei uns nicht mehr öffentlich hingerichtet werden muss, um die uns eigene Lebensfreude zu steigern. Heute reicht es, dass sich so eine Queen aus England oder ein hübsches Prinzenpaar von anderswo auf unseren Straßen zeigt und ein paar bürgerliche Hände schüttelt, ohne sich zu ekeln, um unserem grauen Alltag etwas von jenem bunten Sinn zu vermitteln, der das Leben auch in der Demokratie lebenswert erscheinen lässt.

Die christliche Kirche hatte in längst vergangenen Zeiten nicht nur mit frommen Gebeten und Gottesdiensten für Besinnung und Unterhaltung ihrer Gläubigen gesorgt, wie sie das heute immer vergeblicher zu tun versucht. Die Inquisition fügte den Ketzern zwar allerlei schmerzhaftes Ungemach zu, den Zuschauern aber bereitete sie damit die spannendste Unterhaltung und bewahrte sie davor, von ihrem Glauben abzulassen. Die erhaltenen mittelalterlichen Darstellungen zeigen, dass solche Veranstaltungen viel besser besucht waren als die gewaltfreien Gottesdienste unserer Tage. Die Schreie der Gefolterten waren ein überzeugender Beitrag, um den Gemeinschaftssinn der Rechtgläubigen zu stärken. Auch Hexen wurden ja nicht etwa nur zur Abschreckung öffentlich verbrannt. Ihr Tod auf dem Scheiterhaufen diente genauso der allgemeinen Erbauung des Publikums wie seiner Selbstbestätigung.

Wie harmlos erscheint dagegen alles das, was Staat und Kirche heute über die Medien dem Volk zur Ablenkung, Unterhaltung und Sinngebung bieten. Man könnte geradezu von einer Profanisierung des gesellschaftlichen Umgangs von Staat und Volk sprechen. An die heiligen Werte von einst scheint kaum noch einer zu glauben. Zumindest fehlt der Wille, sie durchzusetzen. Die nachhaltige Wirkung mittelalterlicher Sinngebung ist damit ein für alle Mal verloren. Öffentliche Hinrichtungen und Folterungen blieben im Gedächtnis des Volkes. Wie schnell werden dagegen die heute üblichen langweiligen

Gedenkveranstaltungen für irgendwelche anonymen Opfer vergangener Zeiten vergessen, in denen der Glaube – woran auch immer – noch mehr zählte als der richtungslose Zweifel an allem. Heute legt man höchstens noch Gedenkminuten ein, wo man früher reinen Herzens Sinngebung mit Todesfolge betrieb. Es war nicht alles schlecht im Mittelalter.

Die Nazis waren die Letzten, die mit ihren mitreißenden Veranstaltungen ihr Volk noch in einen Rausch ständiger Begeisterung zu versetzen vermochten. Sie verbrannten ihre unzähligen Opfer zwar nicht mehr öffentlich. Aber Bücherverbrennungen und das Anzünden von Synagogen gehörten noch zu ihrem öffentlichen Programm. Und welche nachhaltige Wirkung erzielten sie darüber hinaus mit ihren Fackelzügen, Fahnenweihen und Siegesparaden! Wie schnell vergessen waren dagegen – 50 Jahre später – die gut gemeinten, aber gänzlich folgenlosen Lichterketten, mit denen friedfertige Bürger gegen die Ausländerfeindlichkeit in der Bundesrepublik protestierten? Der Aufstand der Anständigen brach mangels Beteiligung der Zuständigen schnell wieder zusammen. Die Nazis marschieren weiter.

Auch das, was in der DDR an sinnstiftenden Maiparaden, Jugendweihen und Fahnenappellen veranstaltet wurde, war nur noch ein lächerlicher Abklatsch altdeutscher Fahnenweihen und Naziaufmärsche. Die SED-Parteitage waren peinliche Kleinkunstdarbietungen, verglichen mit jenen Reichsparteitagen der NSDAP in Nürnberg. Wer würde in den öffentlichen Vereidigungen der jungen Bundeswehrsoldaten von heute überhaupt noch einen Sinn sehen, gäbe es da nicht ab und zu die jugendlichen Störer, deren Unterhaltungswert weit über dem der zur Vereidigung angetretenen Soldaten liegt. Sie bringen wenigstens ein bisschen alternative Farbe ins Grau bundesdeutscher Sinnstiftung. Eine nackte Mädchenbrust erregt heutzutage weitaus mehr öffentliches Interesse als die feierlich geschwollene Brust eines zivilen Verteidigungsministers beim Zapfenstreich.

Der Marxist Bertolt Brecht hatte einst seinen Galilei auf dem Theater die Ankunft des wissenschaftlichen Zeitalters verkünden lassen. Das ist allerdings mehr in die Theater- als in die Weltgeschichte eingegangen. Denn es hat sich längst herausgestellt, wie wenig Galileis wissenschaftliche Erkenntnisse und die seiner Nachfolger auf das Verhalten der Menschheit eingewirkt haben. Ob die Entdeckung, dass die Erde eine Kugel und keine Scheibe ist, mehr als die Planungen der globalen Reiseveranstalter beeinflusst hat, ist noch nicht erwiesen. Das Wissen der Menschheit mag sich ständig erneuern. Die Hoffnung, dass sich mit diesem neuen Wissen für den Einzelnen eine neue Perspektive eröffnen würde, hat sich bisher nicht erfüllt.

Weder die Natur- noch die Geisteswissenschaften konnten bisher das menschliche Bedürfnis nach Sinn befriedigen. Ganz ohne das bisschen Glauben an etwas Höheres müssten gerade die Genforscher verzweifeln angesichts der deprimierenden Erkenntnis, wie wenig sich die menschlichen Gene von denen einer Fruchtfliege unterscheiden. Ganz zu schweigen von überhaupt nicht nachweisbaren Unterschieden zwischen Kaiser, König, Bettelmann. Genetisch betrachtet stehen wir alle auf gleicher Höhe, nicht weit über der Fruchtfliege. Das mag einerseits am Selbstbewusstsein nagen, wenn man sich zu Hause in der Küche von diesen Insektenschwärmen eingekreist fühlt. Andererseits kann es helfen, die Minderwertigkeitsgefühle abzubauen, die viele von uns Normalbürgern noch empfinden, wenn sie einer Lichtgestalt wie Prinz Ernst August von Hannover begegnen.

Das Wissen um solche genetischen Verwandtschaftsverhältnisse müsste auch für eine Queen viel deprimierender sein als für einen Sozialhilfeempfänger. Der bekommt ohnehin jeden Tag zu spüren, dass ihn so viel nicht unterscheidet von anderen niederen Lebewesen. Unter dem Mikroskop des Genforschers mit der Queen einmal gleichzuziehen, das klingt allerdings viel versprechender, als es ist. Der Alltag des Sozialhilfeempfängers wie der der Queen findet außerhalb der Genlabore statt.

Vor Gott sollen wir ja schon seit Jahrhunderten alle gleich sein. Aber das hat den kleinen Leuten hier unten bisher wenig geholfen. Was also sollten sie sich jetzt von ihrer Gleichstellung im Genlabor versprechen? Da kann man sich, wenn einen die Queen auf der Straße keines Blickes würdigt, zehnmal in Gedanken sagen: »Selber Fruchtfliege!« Es macht einen nicht größer und die Queen nicht kleiner.

Auch der gentechnisch entschlüsselte Mensch bleibt sich selbst und seinen Mitmenschen das alte Geheimnis. Am Apollo-Tempel in Delphi steht die Inschrift: »Erkenne dich selbst.« Das halte ich schon für eine ziemlich unlösbare Aufgabe. Ich fürchte, damit werden wir auf absehbare Zeit beschäftigt sein. Was wir nicht über uns selbst herausbekommen, das wird uns keine Wissenschaft und keine Religion erzählen können. Und wenn ich sehe, wie unterschiedlich wir genetisch kaum zu unterscheidenden Menschen sein können, dann habe ich vor der Konkurrenz der Fruchtfliegen keine Angst.

Ein kleines Mädchen, das der Queen bei ihrem Berlin-Besuch zuwinkte, antwortete auf die Frage des Fernsehreporters, ob sie selbst gern so eine Königin wäre: »Nö. Dann müsste ich ja immer bloß rumreisen und könnte nicht mit meinen Freundinnen spielen.« Das war kindlicher Bürgersinn, den die umstehenden Erwachsenen mit Lachen quittierten. Aber dass so eine Queen mal nach Berlin käme, das fand das Mädchen auch schön. »Mal zum Angucken«, sagte sie. Und dabei wollen wir's auch belassen. Was brauchen wir bei unserer Geldknappheit ein eigenes Königshaus? Wir brauchen im Grunde den Bundespräsidenten ja gar nicht. Es reicht doch, immer mal so eine Märchenfigur aus anderen Ländern zu uns einzuladen, um zu sehen, was sich diese anderen Länder noch leisten können. Und die ganze Sinnfrage lassen wir lieber. Sie könnte uns bei allem Fortschritt doch überfordern.

Wenn wir erst alle Rentner sind

Wenn ich heute so in die Zeitung schaue und lese, was uns die Demographen voraussagen, kann das ja so lange nicht mehr dauern, bis wir Deutschland-einig-Rentnerland sind. Ein Blick in den Spiegel bestätigt mir, warte nur, bald gehörst du dazu. Das hat man als junger Mensch gar nicht glauben wollen, dass man selbst mal so alt werden könnte. Theoretisch wusste man es natürlich. Aber der praktische Glaube fehlte, bis einem dann der Rentenbescheid jede Illusion raubte. Rentner werde ich von allein, hatte ich mir so lange gesagt und mich um 1000 Nebensächlichkeiten wie Beruf und Familie gekümmert. Das ist nun lange her, aber die gute alte Zeit, da ich noch nicht an meine Altersvorsorge dachte, habe ich in schöner Erinnerung. An alles Mögliche dachte ich damals – was mal aus mir werden könnte, was aus meinen Kindern. Nur an eines verschwendete ich kaum einen Gedanken – wie das wird, wenn ich mal Rentner bin.

Die Quittung habe ich inzwischen in der Hand – meinen vorläufigen Rentenbescheid. Der sieht so aus, wie er eben aussieht bei einem, der sich nicht rechtzeitig, also von frühester Jugend an, darum gekümmert hat, wovon er im Alter einmal leben wird.

Diesen Leichtsinn habe ich vermutlich von meiner Mutter geerbt. Die sagte in den härtesten Nachkriegszeiten, wenn es darum ging, was wir am nächsten Tag essen würden, meist nur: »Kommt Zeit, kommt Rat.« Irgendwie kam auch immer wieder was auf den Tisch, und wenn es nur Kohlrüben waren. Manchmal tröstete sie uns auch mit dem schönen Versprechen: »Euch soll es einmal besser gehen.« Kaum ging es uns dann aber besser, sagte sie auch schon, was bisher alle Älteren den Jüngeren irgendwann mal gesagt haben: »Euch geht es einfach zu gut.« Dass es mir zu gut gehen könnte, darauf bin ich übrigens nie gekommen. So etwas dachte ich dann erst von meinen Kindern, als es denen wirklich so gut ging, wie es mir in ihrem Alter nie gegangen war. Dass es ihren Kindern, also meinen Enkeln, auch einmal zu gut gehen würde, wird nach allem, was man heute so hört und liest, keiner mehr sagen können. Es sei denn, es kommt alles ganz anders, und die Zukunftsprognosen von heute stellen sich morgen als solche von vorgestern heraus.

So fahrlässig gedankenlos, wie ich früher in meine pensionierte Zukunft sah, tun das junge Menschen heute jedenfalls nicht mehr. Immer häufiger höre ich von Achtzehnjährigen, die kurz vor dem Abitur stehen, dass sie sich große Sorgen machen. Nicht etwa um Arbeits- und Studienplatz. Damit kann man sich ja beschäftigen, wenn es so weit ist. Aber die Altersvorsorge ist heute nichts mehr, was bis morgen Zeit hat! Das lese und höre ich nicht nur in den Medien, sondern auch in unzähligen Gesprächen mit Leuten in meiner Umgebung. Seit uns die Demographen unsere bedrohte Zukunft anhand der zu erwartenden Alterspyramide bis zum Jahre 2050 erklären, beginnt die Sorge um die Rente gleich nach der Entbindung.

Da sieht der junge Vater zum erstenmal das Neugeborene und erschrickt: Mein Gott, schon auf der Welt und noch nichts für die Altersvorsorge getan! Und die Mutter fragt nicht etwa, wie Mütter das früher getan haben: »Ist es nicht süß?« Sie fragt: »Was wird, wenn das Kind in den Vorruhestand kommt?« Manchen Eltern fällt erst danach ein, dass das Kleine vorher noch einen Namen braucht. Ich habe bis heute keine Ahnung, was meine Kinder mal an Rente bekommen werden, und die haben inzwischen alle schon selber Kinder. Auch ob sie für die Rente meiner Enkel vorgesorgt haben, habe ich sie noch nicht gefragt. Das Wort Riester-Rente ist in meiner Familie noch nicht gefallen.

Hat das vielleicht mit unser aller DDR-Mentalität zu tun, die einfach davon ausgeht, dass Vater Staat schon für uns sorgen wird? Immerhin weiß ich ja nun seit geraumer Zeit, dass ich den Vater Staat gewechselt habe. Aber dieser Stiefvater Bundesrepublik hat mir ja sofort nach der Adoption aus dem Munde von Papa Blüm versichern lassen: Die Rente ist sicher. Ich hatte ihn gar nicht danach gefragt. Aber an diesem Renten-Versprechen kam keiner vorbei, der 1990 in den Sozialstaat Bundesrepublik kam.

Dass Politiker nicht immer die Wahrheit sagen, wusste ich noch aus vordemokratischen Zeiten. Und ich glaube, Norbert Blüm hat auch gar nicht bewusst gelogen. Genauso wie Helmut Kohl wahrscheinlich an seine blühenden Landschaften geglaubt hat, hat Norbert Blüm an die sichere Rente geglaubt. Sie sind beide – Kohl wie Blüm – auf ihre eigenen Visionen hereingefallen. Soweit ich weiß, haben sie allerdings für ihre persönliche Rente per Gesetz Vorsorge treffen lassen, ohne selbst dafür etwas einzahlen zu müssen. Da sind sie wie alle anderen Politiker, die von den Gesetzen, die sie für die Allgemeinheit machen, selbst nicht betroffen sind. Deshalb können sie auch gar nicht verstehen, was andere Leute sich für Sorgen machen wegen solcher Gesetze.

Um ihre Politik vor dem Volke begründen zu können, bedienen sie sich gern der Wissenschaft. Zu ihren Lieblingswissenschaften gehört seit Urzeiten die Statistik. Denn was sich statistisch exakt errechnen lässt, kann keine gefühlte Wirklichkeit widerlegen. Statistik ist die Wissenschaft, die mit harten Zahlen alles belegen kann, was in der praktischen Politik gerade gebraucht wird. Sie zeichnet jedes politische Weichbild zur harten Realität. So rechnete sich die DDR einst mit ihrer Hilfe auf den zehnten Platz der Industrienationen hoch. Heute werden die Kosten des Sozialstaates Bundesrepublik auf ähnliche Weise hochgerechnet, bis jeder einsehen muss, dass sie unbezahlbar sind. Da braucht man die Zahlen gar nicht zu fälschen, man muss nur die richtigen Zahlen auswählen, um zum gewünschten Ergebnis zu kommen. Auch Demographie kann, gezielt ins Spiel gebracht, durchaus ihrer Rolle als demagogischer Faktor gerecht werden.

Nach allem, was uns die Demographen heute voraussagen, sind die Rentner die Einzigen, die sich bei uns noch vermehren. Mal abgesehen von den Singles. Die vermehren sich auch und zwar – das ist ein biologisches Wunder – ganz ohne sich fortzupflanzen. Auch deren Lebenserwartung steigt immer weiter, weil Singlesein nicht vorm Rentnerwerden schützt. Warum haben die Demographen unseren Müttern nur nicht rechtzeitig prophezeit, dass aus den vielen Kindern, die sie früher unter Schmerzen zur Welt brachten, letztendlich einmal fast genauso viele Rentner würden? Sie hätten sich manche schwere Geburt besser erspart. Aber niemand hat ihnen vorausgesagt, dass aus diesen geburtenstarken Jahrgängen von damals nichts als die Rentnerschwemme von heute werden würde.

Wir waren ja alle mal süße Kinder, bevor wir weniger süße Erwachsene und schließlich so hartlebige Rentner wurden, wie wir es heute in der Mehrzahl sind. Und nun müssen wir uns sagen lassen, dass wir den Jungen, von denen es immer weniger gibt, auch noch die Zukunft wegfressen. So wird aus dem sozialen Konflikt ein Generationskonflikt, der wie schon der Ost-West-Konflikt seine ablenkende Wirkung tut. Wo Alt gegen

Jung kämpft und umgekehrt, verschwinden die alten Klassengegensätze. Der junge Arbeitslose kennt nicht mehr rechts und links, nicht oben und unten, wenn er erfährt, dass sein Feind im Seniorenheim sitzt.

Da man uns Alte nun mal am Halse hat und trotz Gesundheitsreform nicht loswird, verlangt man von den Jungen von heute, dass sie denselben Fehler machen, den ihre Großeltern einst gemacht haben. Sie sollen wieder solche geburtenstarken Jahrgänge zur Welt bringen, die dann wieder als Rentnerschwemme den nachfolgenden Generationen zur Last fallen. Vorher aber sollen sie als Noch-Nicht-Rentner auf nicht vorhandenen Arbeitsplätzen die Rente für ihre Eltern erarbeiten. Das nennt man den Generationenvertrag, den die Politiker einmal abgeschlossen haben, als sie noch nicht wissen konnten, wie wenig sich die Zukunft an unsere Prognosen hält.

Die Politiker sind trotz aller demographischen Gewissheit ratlos. Sie wissen zwar, der Jugend gehört die Zukunft, aber sie wissen auch, den Rentnern gehören 20 Millionen Wählerstimmen. Mit mir bei der nächsten Bundestagswahl sogar noch eine mehr. Die CDU hat 16 goldene Jahre regiert getreu dem Grundsatz, den ich von meiner Mutter kenne: Kommt Zeit, kommt Rat. Es gab so viele Jahre lang in der Bundesrepublik einfach kein Problem, das man nicht durch Untätigkeit zu lösen versuchte. Schröder hat nun mit einer gewaltigen Kraftanstrengung Reformen in Gang gesetzt, die eine Unzahl neuer Probleme schaffen, ohne die alten zu lösen.

Und so weit ist er selbst nicht mehr vom Rentenalter entfernt. Ich habe allerdings nicht den Eindruck, dass er sich die Sorgen machen muss, die ich mir hätte machen sollen. Er kommt zwar aus ähnlich ärmlichen Verhältnissen wie ich, aber mit der Sicherheit einer Kanzlerpension sieht für ihn die ganze Armut nicht mehr so schlimm aus. Wie hätte er sonst aufs Arbeitslosengeld II kommen können? Sollte es ihm mit seiner ehemaligen Armut genauso gehen, wie es vielen von uns mit jener ehemaligen DDR geht? Je länger sie zurückliegt, desto harmloser wird sie.

Er hat seine damalige Armut nicht nur überlebt, er hat sich so weit hochgearbeitet, dass ihn seine ganze Sozialgesetzgebung von heute nicht mehr betrifft. Er regiert ja nicht für sich, sondern für uns. Und damit, wie er das tut, riskiert er sogar, von uns abgewählt zu werden. Das weiß er. Aber er weiß auch, wer dann nach ihm kommen würde. Und weil er weiß, dass wir das auch wissen, glaubt er einfach nicht, dass wir ihn schließlich doch abwählen würden. Er meint offensichtlich, wir halten ihn, wofür er sich selbst hält, für das kleinere Übel.

Er hat eine zu hohe Meinung von uns. Altersweisheit habe ich bei den Rentnern früher so wenig ausmachen können wie heute. Dass ich mit meinem Hinzukommen daran etwas ändern könnte, glaube ich – ehrlich gesagt – nicht. Es ist eher der Starrsinn, der mit dem Alter zunimmt. Das merke ich an mir selbst. Manchen alten Glauben lasse ich mir auch heute – oft genug wider besseres Wissen – nicht rauben.

Ein alter Pfarrersfreund aus DDR-Zeiten sagte mir kurz nach der Wende, er habe ein schlechtes Gewissen, weil er jetzt plötzlich so viel verdiene, wie ein Pfarrer in der Bundesrepublik eben verdient. Ich hatte erlebt, wie kärglich es bei ihm vorher zugegangen war, und sagte, er solle doch froh sein, endlich auch mal aus dem Vollen schöpfen zu können. Er widersprach mir in vollem Ernst. Er sei für die Mühseligen und Beladenen da. Die Gefahr, ganz schnell zu vergessen, wie es denen wirklich geht, sei auch für einen Pfarrer groß. Natürlich konnte er sich mit seiner Meinung in der Amtskirche nicht durchsetzen. Seine Vorstellung von einer armen Kirche war einfach weltfremd. Auch unter seinen Amtsbrüdern stand er ziemlich allein da.

Nun kann man natürlich sagen, ein Nierendoktor muss nicht selbst unter Nierenkoliken leiden, um zu wissen, wie es seinen Patienten geht. Aber er steht täglich am Krankenbett und sieht die Ergebnisse seiner Heilungsversuche. Das kann man von unseren Politikern nun gerade nicht sagen. Sie versuchen den kranken Sozialstaat anhand von statistischen Berechnungen zu heilen, ohne dem Patienten je in die Augen sehen zu müssen. Sollten sie nicht ein bisschen von dem, was sie da anrichten – und sei es nur in einem zeitlich begrenzten Selbstversuch – auch einmal selbst erfahren?

Politiker, die so denken, gab es. Von einem zumindest weiß ich noch. Gansel hieß er, glaube ich. Er war SPD-Bundestagsabgeordneter und ging doch regelmäßig einmal im Jahr – wenn ich mich recht entsinne – für ein paar Tage oder Wochen bei der städtischen Müllabfuhr arbeiten. So meinte er nicht nur zu erfahren, wie seine Wähler dachten, sondern auch welche Auswirkung die von ihm mit verantwortete Politik auf ihr Leben hatte. Sein Beispiel hat natürlich nicht Schule gemacht. Der Mann ist heute so gut wie vergessen. Ich weiß nicht mal mehr seinen Vornamen. Aber dass es so einen Politiker mal gab, weiß ich noch. Und dass der Mann bei seinen Wählern mehr Vertrauen genoss als andere, das vermute ich einfach mal.

Unter den Demographen soll es übrigens auch solche geben, die die Berechnungen ihrer Kollegen, die Bevölkerungsentwicklung bis zum Jahre 2050 betreffend, für reinen Humbug halten. Ende des 19. Jahrhunderts sollen Statistiker ausgerechnet haben, dass angesichts der ständig wachsenden Zahl von Pferdedroschken Berlin spätestens im Jahre 1950 im Pferdemist erstickt wäre. Mein großer Kollege Karl Valentin meinte zum gleichen Thema, Prognosen seien immer schwierig, besonders wenn sie die Zukunft betreffen.

Wie lustig ist die Spaßgesellschaft?

Wann sie zum ersten Mal bei ihrem heiteren Namen genannt wurde, weiß ich nicht mehr. Aber plötzlich war sie in aller Munde, die Spaßgesellschaft. Ich habe sie eigentlich nur im Fernsehen zur Kenntnis genommen. Persönlich hatte ich, nicht nur aus Altersgründen, keine Kontakte zu ihr. Über das Fernsehen hinaus weiß ich nur, was ich in ein paar flüssig geschriebenen Zeitungsartikeln und Büchern ihrer Protagonisten lesen konnte. Das las sich alles so heiter und belanglos, dass man gleich nach der Lektüre nicht mehr wusste, was man da gelesen hatte, und warum so etwas überhaupt aufgeschrieben worden war. Statt von Liebe und Eifersucht handelt die Literatur der Spaßgeneration, wenn man sie denn Literatur nennen will, von allerlei eher komischen, sich immer wiederholenden Beziehungskisten zwischen Unbeteiligten, die abends versehentlich in dasselbe Bett fallen, am nächsten Morgen aber schon nichts mehr miteinander anzufangen wissen. Das kommt vor, aber muss man daraus eine Weltanschauung zimmern? Anders als bei den eher politisch motivierten Achtundsechzigern gilt bei den Spaßbürgern der Wahlspruch: Wer zweimal mit derselben pennt, gehört *nicht* zum Establishment.

Das Leben in der Spaßgesellschaft wird als eine Art Freizeitbeschäftigung durchgestylt. Ohne Anfang und ohne Ende. Kinder gehören so wenig dazu wie Alte. Das Credo heißt: Wir wollen Spaß haben. *Just for fun* macht man *bungee jumping*, geht zu *after work partys*, sucht sich möglichst ausgefallene *locations* für *events*, deren ganzer Sinn darin besteht, dass sie stattfinden. Man hat heute ein *date* und morgen ein *date* und übermorgen einen *one night stand*. Alle sind irgendwie *cool* und gut drauf. Das Leben ist so einfach, man muss es nur *easy taken*. Gefühle sind *out*, *emotions in*. Das mit solchen Worten ausgedrückte Lebensgefühl entspricht ziemlich genau dem Sprachgefühl der Beteiligten. Die eine Sprache hatten sie schon zu Hause nicht richtig gelernt, die andere nicht in der Schule.

Lange Zeit schien nichts, was in der Welt geschah, die ausschließlich mit sich selbst beschäftigte Spaßgesellschaft aus ihrem fröhlichen Leerlauf reißen zu können. Die kleinen Kriege, die mal hier, mal da ausbrachen, gingen sie nichts an. Politik fand irgendwo draußen statt, wie überhaupt das normale Leben als absolut uncool galt. Man jobbte in einer Werbeagentur oder machte sein Geld am Neuen Markt. Das Einzige, was man zu fürchten schien, war die ständig wieder aufkommende Langeweile, die auf jedes abendliche Event folgte. Um sich davor zu schützen, erfand man immer mal wieder einen neuen Kick. Man lebte, indem man sich vom Leben ablenkte. Das hätte ewig so weitergehen können, wäre die schöne bunte Luftblase, in der sich das Spaßleben abspielte, nicht eines Tages geplatzt.

Am 11. September 2001 fielen die Türme des World Trade Centers in Manhattan in Schutt und Asche, fast zeitgleich war es zum Zusammenbruch des Neuen Marktes gekommen, und kurz danach verkündete Peter Scholl-Latour in 100 verschiedenen Talkshows das Ende der Spaßgesellschaft. Seitdem war sie zumindest aus dem Zentrum der medialen Aufmerksamkeit verschwunden, und Leute wie Peter Scholl-Latour haben für einige Zeit die Deutungshoheit über das Weltgeschehen übernommen.

Der islamistische Terror hält seitdem die Welt in Atem. Die Kriege in Afghanistan und im Irak nehmen kein Ende, auch wenn der amerikanische Präsident den Sieg längst verkündet hat. Bushs Wiederwahl hat den Rest der Welt genau so lange geschockt, bis sie dann endgültig feststand. Die Arbeitslosigkeit in Deutschland droht, nie gekannte Ausmaße anzunehmen. Die neue Weltmacht China boomt und treibt den Erdölpreis immer weiter in die Höhe. Was mit den Menschenrechten der Chinesen geschieht, geht keinen mehr was an, seit der Kapitalismus dort unter kommunistischer Führung ungeahnte Blüten treibt. In Putins Russland muss man nach wie vor jeden Tag mit einem Terroranschlag der Tschetschenen rechnen.

All der Schrecken vermochte den Medien aber nur noch kurzzeitig ihren längst wieder entdeckten Spaß am Spaß auszutreiben. Allein Harald Schmidts kurzzeitiger Rückzug aus dem Fernsehen hatte schon wieder die ganze mediale Aufmerksamkeit der Öffentlichkeit auf sich gezogen. Glaubt man den entsetzten Kommentaren in Presse, Funk und Fernsehen, so hat sein Verschwinden vom Bildschirm die Gesellschaft mehr und dauerhafter geschockt als irgendein neuer Bombenanschlag auf irgendein Touristenhotel auf Bali oder anderswo. Solche Anschläge gibt es inzwischen zu viele. Harald Schmidt gibt es nur einmal. Er ist und bleibt der einäugige Prophet unter den blinden Spaßmachern.

Auch die anderen kulturellen Hervorbringungen der Spaßgesellschaft, also die unzähligen Comedy-Sendungen laufen in aller Fernsehstille weiter. Anke Engelkes Scheitern in der Schmidt-Nachfolge hat mehr nachhaltiges Mitgefühl ausgelöst als 1000 anonyme Terroropfer. Auch den Superstar sucht Deutschland via Bildschirm immer noch weiter, und kein Container oder Dschungelcamp musste geschlossen werden, weil das von Scholl-Latour und anderen verkündete Ende der Spaßgesellschaft eingetreten ist. Und wer einmal das Spaßenglisch des geringfügig gebildeten Spaßbürgers verinnerlicht hat, der lernt auch kein Deutsch mehr. Der Unterschied zwischen Spaß- und Spießbürger ist so groß nicht, wie beide voneinander meinen. Sie schwimmen beide auf einer Welle, die heute zwar Mainstream heißt, aber eigentlich nichts anderes ist als das alte Wassertreten auf der Stelle.

»Nichts wird mehr sein, wie es vorher war« – dieser Satz wurde schon so oft gesagt und geglaubt, dass man ihn besser nie wieder aussprechen und schon gar nicht glauben sollte. Irgendwann ist alles wieder, wie es schon immer war. Weil man nur einmal lebt, und weil es immer weitergehen muss. Jeder Neuanfang mündet irgendwann im alten Trott.

Selbst 1945, als Deutschland in Trümmern lag und man meinen sollte, es sei Zeit, sich zu besinnen, stürzten sich junge Leute, die sich eben noch fanatisch am Führer und seinem Endsieg berauscht hatten, rasch in ein ganz und gar unpolitisches Vergnügen, berauschten sich an Alkolat, um zu vergessen, was sie eben noch geglaubt hatten. Schnapsbrennen gehörte in der Nachkriegszeit genauso zur Überlebensstrategie wie das Wegräumen der Trümmer und das Vergessen, wie es zu der Zerstörung gekommen war.

Die Ruinen waren die *locations*, in denen die Nachkriegsgeneration ihre wilden Partys feierte. Selbst unter den Trümmerfrauen gab es leichte Mädchen, die nicht nur Steine klopften. Keiner wäre darauf gekommen, deshalb von einer Spaßgesellschaft zu sprechen. Aber das Leben ging damals weiter, wie es nach dem 11. September 2001 eben auch weiterging. Und dazu gehörte nach allem Schrecken das bisschen Spaß, das man früher auch Lebensfreude nannte.

In der DDR versuchte man diese Lebensfreude als »frohes Jugendleben« in staatliche Bahnen zu lenken. Ältere Jugendfunktionäre, die von den ganz alten Spießbürgern in Partei und Regierung nicht zu unterscheiden waren, versuchten 40 Jahre lang vergeblich, eine als bürgerlich-dekadent verpönte Spaßgesellschaft zu verhindern, mit frommen Sprüchen und der Musik aus ihrer Jugendzeit. Erst war der Jazz verboten, dann das Auseinandertanzen, dann Elvis Presley, Rock'n'Roll und Beatmusik. Die Liste der Verbote ist so lang, wie sie allesamt vergeblich waren. Selbst Bluejeans waren lange Zeit verpönt und hatten damit nur an Reiz gewonnen. Gegen das Spaßbedürfnis kämpfen alle Ideologen ohne Erfolg. »Was verboten ist, das macht uns grade scharf«, sang Biermann. Und das traf eben nicht nur auf politische Verbote zu.

Was öffentlich verboten war, das tat man mit umso größerem Vergnügen zuerst zu Hause und schließlich doch auch immer wieder öffentlich. Da jeder Spaß in dieser Umgebung auch zum Politikum werden konnte, wurden Rock-Konzerte zu Protestkundgebungen. Je strenger das Verbot, desto größer der Spaß daran, es zu umgehen. Die staatliche Aufsicht erhöhte den Reiz und verlieh dem, was sonst nur Ulk gewesen wäre, ein politisches Gewicht. Selbst lange Haare, bestimmte »angesagte« Kleidung signalisierten Widerstand und gaben denen, die sie trugen, ein Zusammengehörigkeitsgefühl. Man sah zwar immer neidisch nach dem Westen, wo es alles gab, was musikalisch oder sonstwie Mode war, und wo man alles durfte. Aber der Reiz des Unerlaubten gab dem ganzen Jux erst seine tiefere Bedeutung, die in der Freiheit unwiderbringlich verloren ist. Was heute selbst zum Leerlauf wurde, war damals noch ein Aufbegehren gegen einen ganz andern Leerlauf.

Auch am Hofe des Sachsenkönigs Friedrich August gab es natürlich solche Ansätze einer Spaßgesellschaft, die mit Konventionen zu brechen suchte. Zielscheibe ihres heimlichen Spottes waren die spanischen Hofzeremonien aus dem 16. Jahrhundert, die in Dresden auch noch Anfang des 20. Jahrhunderts eingehalten werden mussten. Auf den Hofbällen, die zu den Höhepunkten sächsisch-königlichen Vergnügens zählten, gab es nicht nur eine strenge Kleiderordnung für Offiziere oder Kammerherren. Da wusste jeder auch, mit wem er wann und wie zu tanzen hatte und mit wem nicht. Rock'n'Roll war noch unbekannt, aber Walzer wurde schon getanzt.

Das, was in den Anfangsjahren der DDR das Auseinandertanzen war, das war bis in die letzten Jahre der sächsischen Monarchie das Linksrumtanzen bei Hofe. Ludwig Renn, der seinerzeit als junger Offizier zu solchen Hofbällen eingeladen war, erzählte von einer regelrechten Palastrevolution, die darin bestand, dass die Prinzen, also die Söhne des gemütlichen Friedrich August, einmal die Kühnheit besessen hatten, mit ihren Damen vor den Augen des Königs linksrum zu tanzen. Der Rest der Tanzgesellschaft erstarrte. Zwei Kammerherren schlugen die Revolution nieder. Sie sprachen die revolutionären Prinzen nur auf die Ungehörigkeit ihres Verhaltens an, und schon tanzten sie wieder wie alle rechtsherum. Dabei blieb es dann, bis die Revolution im November 1918 auch in Dresden das Rechtsrumtanzen erkämpfte und der ausgelassenen Spaßgesellschaft der Zwanzigerjahre den revolutionären Tanzboden bereitete.

Von den Vorzügen der Diktatur

Nicht nur der Spaß am verbotenen Spaß ist dazu angetan, das Leben in einer Diktatur weitaus sinnvoller und gleichzeitig unterhaltsamer erscheinen zu lassen als in einer Freiheit, die scheinbar keine Grenzen hat. Auch das Wissen um die vielen Verbote, das Bewusstsein, unterdrückt zu werden, kann seinen Reiz haben. Was immer man tut oder nicht tut, es geschieht ja unter Zwang, also kann man auch nichts dafür. Das gilt besonders für die Zeiten danach. Wenn dann alle fragen, die nicht dabei waren: »Wie konntest du nur?«, dann kann man reinen Herzens antworten: »Gekonnt hätte ich alles, aber gedurft habe ich nichts.« Nichts gedurft zu haben, befreit ein für alle Mal von dem Vorwurf, nichts getan zu haben. Gerade für den Unfähigen kann das Nichtdürfen eine unersetzliche Erklärung dafür sein, dass er es zu nichts gebracht hat. Der Stotterer nicht zum Nachrichtensprecher, der Legastheniker nicht zum Schriftführer, der Ängstliche nicht zum Widerstandskämpfer.

Alle klagen immer nur über die Unterdrückung der Meinungsfreiheit. Dabei kann es durchaus von Vorteil sein, keine eigene Meinung äußern zu müssen. Man erspart sich außer manchem Ärger auch viel unnötiges Kopfzerbrechen. Alle reden heute davon, wie sie unter der Diktatur gelitten hätten. Warum spricht niemand von den unschätzbaren Vorteilen der Freiheit von Verantwortung? Auch ein Verbot kann einen freimachen, frei von allerlei Versuchungen. Man denke nur an die christlichen Gebote – du sollst nicht ehebrechen. Da weiß man doch Bescheid. Du sollst dich nicht erwischen lassen, heißt das im Klartext. In der Diktatur – auch die Ehe kann eine Diktatur sein – weiß man genau, was man darf und was nicht. Das bekommt man sofort und direkt mitgeteilt. Aber man kennt in einem solch engen und überschaubaren Rahmen auch die Schlupflöcher. Man weiß nach einer kurzen Eingewöhnungszeit ziemlich genau, was trotz der Verbote geht, und was man gar nicht erst zu versuchen braucht. Etwas nicht zu dürfen, schützt den Unterdrückten davor, persönlich scheitern zu müssen.

Ich hätte in der DDR bedeutende Widerstandsliteratur schreiben können, wenn ich nur gedurft hätte. Und Hans Reimann hätte nie ein antisemitisches Wort geschrieben, wenn er nicht gemusst hätte. Das hat er selbst so gesagt. Weil ihn die Antisemiten vielleicht totgeschlagen hätten, wenn er zu den Juden, gegen die er persönlich ja nichts hatte, geschwiegen hätte. Wie mich die Kommunisten vielleicht eingesperrt hätten, wenn ich mich nicht so klug zurückgehalten hätte und immer nur haarscharf an der Verbotsgrenze vorbeigeschrieben hätte. Im

Übrigen kann über das Leben in der Diktatur sowieso niemand etwas sagen, der nicht dabei war. Das weiß jeder, der eine Diktatur überlebt hat und sich danach fragen lassen muss, wie er sie denn so überlebt hat.

Ich wurde weder verfolgt noch eingesperrt, nur – wie viele andere – ganz gewöhnlich überwacht und hier und da mal verboten. Das ist aber auch das Mindeste, was man als Satiriker von einer Diktatur erwarten darf. Und ich bin weit davon entfernt, mich darüber zu beklagen. Das habe ich auch in der DDR nicht getan, schon weil ich wusste, dass es mir wenig helfen würde, mich bei denen zu beklagen, die mich verboten hatten. Zugegeben, ich habe mich immer wieder auf Diskussionen mit ihnen eingelassen und manchmal freiwillig auf eine Pointe verzichtet, um eine andere durchzubringen. Ich habe mich auf den Kuhhandel eingelassen, obwohl ich wusste, mit wem ich da handelte. Heute weiß ich, dass ich manchen Kompromiss auch nur aus Feigheit oder Trägheit eingegangen bin. Damals sagte ich sogar zu den Funktionären, wir säßen alle am selben Tisch, nur an verschiedenen Enden. Das fanden sie eine umsichtige Standortbestimmung. Auf diese Art und Weise hatten wir zu einer Art von friedlicher Koexistenz zwischen Unterdrückern und Unterdrückten gefunden, in der jeder seine Rolle akzeptieren konnte.

Die Zensur hatte ja nicht nur Nachteile für unser Kabarett. Zu ihren unbestreitbaren Vorteilen gehörte – neben ihrem Unterhaltungswert für das Publikum –, dass man sie für alles, was zum Beispiel an einem Programm nicht gelungen war, verantwortlich machen konnte. Von vielen Pointen, die mir gar nicht eingefallen waren, konnte ich immer behaupten, sie seien von der Zensur gestrichen worden. Überhaupt machte sie unser ganzes Kabarett erst so richtig wichtig. So mancher von meinen Kollegen wusste sofort nach der Wende von den furchtbaren

Gefahren zu berichten, unter denen er hier seine satirische Untergrundarbeit geleistet hatte. So kann einem die Zensur auch nachträglich noch zu einem Ansehen verhelfen, zu dem man es ohne sie nie gebracht hätte. Unsere mutigen Satirebrüder im Westen sind heute noch stolz darauf, dass sie einmal wenigstens vom Bayerischen Rundfunk abgeschaltet worden sind. Wie stolz können wir sein, im DDR-Fernsehen überhaupt nicht vorgekommen zu sein!

So wie Hans Reimann wusste, dass er es zu Nazizeiten mit Nazis zu tun hatte, wusste ich, dass ich es in der DDR... Nein, da stocke ich denn doch. Dass ich es mit Kommunisten zu tun hätte, den Eindruck hatte ich in der DDR nur ganz selten. Vielleicht hatte ich von Kommunisten einfach eine zu hohe Meinung. Die habe ich sogar heute noch, obwohl jetzt kaum noch einer von sich behauptet, es zu sein. Ähnlich geht es mir mit den Christen in der christlichen Bundesrepublik. Die scheinen mir hier genauso selten zu sein wie einst die Kommunisten in der DDR. Mag sein, dass ich deshalb an beiden Systemen so viel herumzumäkeln habe, weil keines von ihnen gehalten hat, was es einmal versprochen hatte.

Der satirische Trick im DDR-Kabarett bestand darin, dass wir den verkündeten Sozialismus an seinen hehren Idealen maßen. Solche Tricks braucht man heute und hier nicht mehr. Keiner erwartet, dass sich praktische Politik um irgendwelche Ideale schert. Der Vorteil der Bundesrepublik ist, dass es ihr offenbar nichts ausmacht, wenn einer wie ich an ihr herummäkelt. Da gibt es noch ganz andere Kritiker, für die sie höchstens ein Achselzucken übrig hat. Darunter richtige Verfassungsfeinde. Die stehen zwar unter Beobachtung, aber zum Verbot scheint es nicht zu reichen. Und noch haben sie Mühe, bei Wahlen die 5-Prozent-Hürde zu überspringen. Den Neonazis, die es in der DDR ja auch gab, war jedes öffentliche Auftreten einfach verboten. Man musste sie also auch gar nicht zur Kenntnis nehmen.

Das Einzige, was in unserer Demokratie noch verboten ist, sind eindeutige nationalsozialistische Symbole wie Hakenkreuz, Hitlergruß und die »Auschwitzlüge«. Könnte es sein, dass sie gerade deshalb noch solche Anziehungskraft auf junge Leute ausüben, die gar keine Ahnung haben, was sich dahinter verbirgt, aber umso besser wissen, welche Reaktion sie mit dem Herzeigen der Symbole auslösen? Wer heute noch Aufsehen erregen will, der muss schon den Mut haben, zu außergewöhnlichen Mitteln zu greifen. Mit dem harmlosen Aufruf, Helmut Kohl zu töten, lockt man keinen Richter mehr hinter dem Ofen hervor.

Die Zahl der Langhaarigen in der DDR wäre nie so hoch gewesen, wenn sie nicht so viel behördliches Aufsehen erregt hätten. Ich weiß das, weil ich mal dazugehört habe. Wenn ich Fotos aus meiner Langhaar-Zeit sehe, kann ich mir diesen Mut zur Hässlichkeit nicht anders erklären.

Als Oberschüler habe ich von meiner Klassenlehrerin Hitlers *Mein Kampf*, den Hans Reimann einmal parodieren wollte, in die Hand bekommen. Nicht weil sie Nazi gewesen wäre. Im Gegenteil, sie meinte, ich solle das Zeug lesen. Der Besitz dieser Nazibibel war in der DDR strengstens verboten. Meine Lehrerin hatte sie auf dem Dachboden unter allerlei Gerümpel genauso versteckt wie mein Schwiegervater seine Uniformen mit all den militärischen Trophäen aus den beiden Weltkriegen. Hätte einer das Buch gefunden, hätte sie das mindestens ihr Lehramt gekostet.

»Du musst wissen, wovon du redest, wenn du über die Nazizeit sprichst«, sagte sie mir. »Hier steht alles drin. Keiner sollte behaupten, er hätte nicht wissen können, was Hitler mit den Juden vorhatte.« Ich gebe zu, dass ich die Schwarte 1958, als ich sie in die Hand bekam, genauso wenig gelesen habe wie Hans Reimann 1931. Ich habe darin geblättert und sie dann ganz schnell wieder zurückgegeben – wie gesagt, der Besitz war streng verboten. Und meine Mutter hätte ich damals noch nicht zu fragen gewagt, ob sie das Buch gelesen oder was sie vom Massenmord an den Juden gewusst hatte und was nicht. Sie hat mir nur mal erzählt, dass sie – wie alle damals – *Mein Kampf* zur standesamtlichen Trauung überreicht bekommen hatte und später dann verbrannte. In der DDR bekam ich zu meiner Trauung eine Ulbricht-Biographie überreicht. Ich kann mich nicht erinnern, jemals darin gelesen zu haben. Aber sie steht noch in einem meiner Bücherregale.

Dass das Land, in dem ich lebte, auch eine Diktatur war, kam mir damals kaum in den Sinn. Ich wusste zwar, dass hier nicht alles mit rechtsstaatlichen Dingen zuging. Aber nach allem, was ich über die Nazidiktatur gelesen und in der Schule vermittelt bekommen hatte, waren die beiden Systeme nicht zu vergleichen. Nein, ich wäre nie darauf gekommen, die DDR und Nazideutschland in irgendeiner Beziehung auf eine Stufe zu stellen. Das mag an meinem Unwissen gelegen haben, aber es lag – das behaupte ich heute noch – auch an den tatsächlichen Unterschieden, die keine allgemeine Totalitarismustheorie aus der Welt reden kann.

In dem noch folgenden Vierteljahrhundert meines DDR-Bürger-Seins hatte ich Gelegenheit, mich langsam, fast unmerklich an die vielen kleinen Unfreiheiten zu gewöhnen. Manche davon nahm ich bald schon nicht mehr wahr oder – noch schlimmer – einfach als gegeben hin. Dass es sich um eine Diktatur handelte, wurde mir erst allmählich bewusst. Aber das Leben darin war eben durchaus auch bequem. Man konnte sich einrichten in dieser Freiheit von Verantwortung. Wer nicht gerade Karriere machen wollte, konnte sich einfach heraushalten.

Nicht mal zu einem Lippenbekenntnis war man gezwungen. Mir verschaffte mein Beruf Freiheiten, die andere nicht hatten. Als freischaffender, parteiloser Autor und Regisseur hatte ich mit dem Mief von Partei- und Gewerkschaftsversammlungen nichts zu tun. Ich lebte in gewissem Sinne sogar außerhalb der Gesellschaft. Kabarett und Theater gehörten ohnehin zu den vielen Nischen, die es in der DDR gab.

Mein größtes Privileg war, dass ich im Westen arbeiten durfte. Ich kannte – anders als die große Mehrheit – beide Seiten und sah eben auch Vor- und Nachteile beider Systeme. Was Arbeitslosigkeit bedeutete, durfte ich an meinen belgischen Theaterkollegen studieren. Was es für den normalen DDR-Bürger bedeutete, eingesperrt zu sein, wusste ich natürlich trotz meines Privilegs. Der ganze Rest meiner Familie war ja davon betroffen. Bei jedem Grenzübertritt erlebte ich den Staat DDR von seiner hässlichsten, menschenverachtenden Seite. Trotzdem bin ich – nicht nur wegen meiner Familie und der Freunde – immer wieder zurückgekehrt in den Mief des Arbeiter- und Bauernstaates, der für einen, der ihn immer mal verlassen durfte, natürlich anders aussah als für die Eingesperrten ohne solchen Freigang.

Für sie war die DDR zwar nicht das Reich des Bösen – von der Hölle haben selbst Atheisten eine genauere Vorstellung als so ein zutiefst christlicher amerikanischer Präsident –, aber je länger die Mauer stand, desto größer wurde das Bedürfnis, einmal hinauszukommen, und sei es nur zu einem Besuch in dringenden Familienangelegenheiten. Die übergroße Mehrheit wäre ja – wie ich – auch wieder zurückgekommen. Jedenfalls sagten das die meisten von denen, die nicht hinausdurften.

Als dann die Mauer fiel, war das Gefühl der Freiheit überwältigend. Das war so etwas wie der Ausbruch aus einem Gefängnis. Was die Sache aber ganz besonders schön machte – man durfte nicht nur hinaus in die Freiheit, man durfte nach so einem Ausflug auch wieder zurück in die gewohnte Sicherheit. Die Leute, die da so überglücklich ihre ersten Schritte in die Freiheit getan hatten, standen fast alle am nächsten Morgen wieder an ihrem sicheren Arbeitsplatz. Doch spätestens als sie den dann verloren hatten, kam ihnen die ganze Freiheit plötzlich unheimlich vor. Die Diktatur hatte Sicherheit in jeder Beziehung garantiert. Dass man es sich auch im Dagegensein hatte bequem machen können, wurde vielen erst bewusst, als das, wogegen sie so selbstverständlich gewesen waren, nicht mehr existierte.

Der Wert von Sicherheit wird einem vermutlich überhaupt erst in der Freiheit bewusst. Wenn Honecker von den Vorteilen der sozialen Sicherheit in der DDR sprach, dann fühlten sich seine sozial abgesicherten DDR-Bürger eher verhöhnt. Arbeits- und Ausbildungsplatz waren Selbstverständlichkeiten, nicht mehr. Der Arbeitskräftemangel war ja nur ein Beweis dafür, dass die sozialistische Planwirtschaft nicht funktionierte. Die Erkenntnis, dass man die politische Unfreiheit nun gegen ökonomische Zwänge eingetauscht hatte, ließ die schöne neue Freiheit nur noch halb so wertvoll erscheinen. Aus der Politik hatte man sich einfach heraushalten können. Die, die sie nicht bekämpften, ließ die Diktatur leben.

In der Demokratie kann man seine Regierung wählen. Dem Arbeitgeber aber muss man dankbar sein, wenn er einem überhaupt noch Arbeit gibt. Das Wohlverhalten, das vom DDR-Bürger gegenüber seinem Staat erwartet wurde, wird nun viel konsequenter vom Arbeitnehmer gegenüber seinem Arbeitgeber erwartet. Aus der Staatsbürgerschaft entlassen zu werden, bedeutete einst Freiheit. Aus dem Arbeitsleben entlassen zu werden, bedeutet heute sozialen Abstieg. Das Gefühl, nicht mehr gebraucht zu werden, kann einen das Glück der Freiheit sehr schnell vergessen lassen.

Könnte es sein, dass das Ende der Diktatur in Ostdeutschland eine Gefahr für die Demokratie in ganz Deutschland mit sich brachte? Zu den Vorzügen der Diktatur des Ostens gehörte nämlich, dass sie die Demokratie im Westen zwang, ihre Vorzüge nicht aufzugeben. Und zu diesen Vorzügen gehörte neben der absoluten politischen Freiheit auch eine relative soziale Sicherheit. Beides zusammen machte sie erst so erstrebenswert. Die Konkurrenzlosigkeit belebt zwar vielleicht die Geschäfte der Wirtschaft. Aber auch der ökonomische Druck, den sie dank ihrer Konkurrenzlosigkeit nun ungebremst ausüben kann, ist eine Form von Unfreiheit.

Die Diktatur hatte den Vorzug, dass ihre Unterdrückungsmechanismen offensichtlich waren. Wenn uns einer erzählte, im Kapitalismus würde der Mensch durch den Menschen ausgebeutet, nickten wir und fügten hinzu, im Sozialismus sei das genau umgekehrt. Das gehörte zu den alten DDR-Witzen. Hätte uns damals einer gesagt, wir würden noch mal froh sein, überhaupt einen zu finden, der uns ausbeutet, hätten wir vermutlich erst recht gelacht. Es gehört zu den Vorzügen der Diktatur, dass wir damals über vieles noch Witze machen konnten, was uns heute gar nicht mehr komisch vorkommt.

Überhaupt lebten wir in der Diktatur viel ruhiger als in dieser freien Medienwelt, in der nicht nur von allen Naturkatastrophen, Hungersnöten und Kriegen draußen in der Welt berichtet wird. Auch jeder Mord und Totschlag im eigenen Land, vor der eigenen Haustür, macht heute Schlagzeilen, und diese Schlagzeilen machen Angst. Wie viele Leute trauen sich deshalb nachts nicht mehr auf die Straße! Sicher gab es auch in der Diktatur hier und da mal einen Toten. Aber von dem stand nichts in der Zeitung. Man schlief nicht nur ruhiger in unserer sozialistischen Menschengemeinschaft, man traute sich auch im Dunkeln noch vors Haus.

Heute hört und sieht man nur immer das Schlimme. Früher war es das Gute und Schöne, über das berichtet wurde. Gewiss kam es außerhalb unserer Grenzen im Winter auch damals schon zu schrecklichen Schneekatastrophen und Lawinenunglücken, von denen in unseren Nachrichten ausführlich berichtet wurde. Aber sofort im Anschluss zeigte man die heimischen Winterfreuden – rodelnde Kinder und fröhliche Schneeballschlachten. Das Böse blieb draußen. Sichere Mauern schützten uns selbst vor dem, was im Westen Smog hieß. Unsere Umwelt zeigte sich in den Medien nur von der schönen Seite. Da konnte einem das Waldsterben nichts anhaben.

Heute regen sich die Leute auf, weil überall von den vielen Verspätungen bei der Bundesbahn berichtet wird. Wir konnten ruhig unsere Zeitung am Morgen aufschlagen. Wenn da etwas über die Reichsbahn zu lesen war, dann handelte das von unseren heldenhaften Lokführern, denen es gelungen war, jeden zehnten Zug trotz Regens beinahe pünktlich ins Ziel zu bringen. Sicher fuhren die Züge in der DDR damals langsamer. Aber das gab uns die Muße, in unseren Zeitungen von den Weltrekorden unserer Langstreckenläufer und Sprinter zu lesen. Trotz aller Wetterunbilden brachten unsere Bauern die Ernte ein. Die alljährlichen Ernteschlachten, die das Fernsehen in voller Länge und in Farbe übertrug, waren spannend und vermittelten die Gewissheit, dass unsere Bauern am Ende dem bösen Wetter ja doch wieder ein Schnippchen schlagen würden.

Wir mussten uns keine Sorgen machen um unsere Wirtschaft. Mochte man tagsüber auch an noch so veralteten Maschinen gearbeitet haben, abends im Fernsehen konnte sich jeder über den technischen Fortschritt des sozialistischen Maschinenbaus informieren.

Mag auch nicht alles gestimmt haben, was da berichtet wurde, beruhigend war es schon zu wissen, dass das Leben nicht so grau und trostlos war, wie man es hier und da subjektiv noch erlebte. Die objektive Wahrheit, die die Partei uns verkündete, tröstete über das subjektive Empfinden hinweg, in einer Diktatur zu leben. Machtmissbrauch, Korruption und Wahlbetrug – all das gab es erst, als die Partei mit ihrer Weisheit am Ende war.

Was bleibt übrig?
Eine Fußnote im Geschichtsbuch

Von Friedrich August, dem komischen letzten Sachsen-König, blieb der unvergessliche Satz, den er bei seiner Abdankung gesprochen haben soll: »Macht eich eiern Dreck alleene!« Außerdem blieben noch ein paar hübsche Anekdoten, aufgeschrieben von jenem andern komischen Sachsen Hans Reimann. Was beide über ihre komischen Seiten hinaus verband, ist vergessen. Ein paar dunkle Flecken. Dem abgedankten Monarchen, der seinem Kaiser jubelnd zum Ersten Weltkrieg gratuliert hatte, bereitete die Weimarer Republik noch ein feierliches Staatsbegräbnis. Seine Beliebtheit bei den Sachsen überlebte auch die 40 Jahre DDR.

Die sächsische Ulknudel Hans Reimann schrieb sich selbst dann eine Autobiographie als buntes Lebensmosaik eines harmlosen Humoristen, eine Rechtfertigung für ein bisschen eigenes Versagen und eine Schuldzuweisung an alle, die ihm solche Rechtfertigung nicht abnehmen wollten. Ein paar seiner Bücher sind in der Bundesrepublik und in der DDR erschienen und werden auch heute noch verlegt. Auch seine Beliebtheit hat überlebt. In keiner sächsischen Humoranthologie fehlt sein Name. Er war nicht der Einzige unter meinen Kollegen Spaßmachern, die das Pech hatten, ein paar Lebensjahre im Tausendjährigen Reich verbringen zu müssen. Die wenigsten von ihnen sind, wie der eine Werner Finck, ganz sauber daraus hervorgegangen. Weiße Westen gibt es in dunklen Zeiten noch seltener als unter normalen Umständen. Wann und wo herrschten im vergangenen Jahrhundert schon Umstände, die man als normal bezeichnen könnte?

Ich hatte das Pech, in der anderen deutschen Diktatur gelebt zu haben, ohne es immer als Unglück zu empfinden. Wäre sie nicht zusammengebrochen, ich wäre wohl heute noch ganz zufrieden mit der Rolle, die ich da gespielt habe.

Auch heute versuche ich immer wieder, das Unrecht zu relativieren, das um mich herum geschah und wieder geschieht. Immer dieses Einerseits und Andererseits. Von der Staatssicherheit und vom Todesstreifen wusste ich wie alle hier. Es regt mich auf, wenn Leute in meiner Nachbarschaft heute noch behaupten, von dem Stasigefängnis hier um die Ecke nichts gewusst zu haben und im Übrigen meinen, es sei doch alles halb so schlimm gewesen. Aber dann regt es mich mindestens so auf, wenn die ganze DDR-Geschichte nur von ihrem Ende her gesehen wird. Wenn man versucht, die Wahrheit über das Leben in der DDR in den Stasiakten zu finden. Alles, was da zu finden ist, das ist die Sicht der Stasi auf dieses Leben. Wenn Westdeutsche, die nie den Fuß in die DDR gesetzt haben, mir erklären, wie wir Ostdeutschen hier gelebt haben, kann ich entweder das Gähnen oder das Lachen nicht mehr unterdrücken.

Aber kann denn wirklich nur urteilen, wer dabei war? War das nicht auch das Argument der Leute, die die Nazizeit in Deutschland überlebt hatten und sich damit vor einem Schuldeingeständnis retten wollten? Ist es nicht wieder das schlechte Gewissen, das unsereinen so empfindlich reagieren lässt, wenn uns einer vermeintlich zu nahe tritt? Gehört der Blick von außen nicht unbedingt dazu, um der Wahrheit über die DDR näher zu kommen? Nichts hat die SED-Funktionäre seinerzeit so aufgebracht wie die »Einmischung in die inneren Angelegenheiten« ihres Staates.

Schon zu Mauerzeiten habe ich in unzähligen Diskussionen mit Leuten aus dem Westen immer dann die DDR verteidigt, wenn sie in die Nähe der Nazidiktatur gerückt wurde. Da machte ich kaum eine Ausnahme. Auf Gastspielen in der Bundesrepublik wurden viele meiner Theaterkollegen, die zu Hause kein gutes Haar an der DDR ließen, zu ihren Fürsprechern. Dasselbe passiert jetzt so vielen Ostdeutschen, die einst entschiedene Gegner des Mauerstaates waren, die nichts sehnlicher wünschten als sein Ende und mit fliegenden Fahnen in die Arme der Bundesrepublik liefen. Sie wollen sich heute nicht die Deutungshoheit über ihr DDR-Leben nehmen lassen, nachdem sie im ersten Wenderausch selbst gemeint hatten, es ginge sie nichts mehr an. Haben wir vielleicht allesamt zu wenig von dem, was die Westdeutschen zu viel haben – Selbstbewusstsein?

Als Beteiligter kann ich gar nicht objektiv sein. Ich suche doch auch – wie der mir so unsäglich scheinende Reimann – Ausflüchte, Entschuldigungen für eigenes Fehlverhalten. Das alles hätte ich nie tun müssen, wäre mit der Wende da nicht der unvermeidliche Bruch in die Biographie gekommen. Mit seiner Vergangenheit muss sich nur auseinander setzen, wer so einen Bruch erlebt hat. Die Westlinken sind vielleicht enttäuscht vom Lauf der Welt. Von sich sind sie fast alle noch fest überzeugt, auch wenn sie ihre ehemaligen Überzeugungen längst aufgegeben haben.

Vergangenheit kann man nicht bewältigen, weil man sie ja durch nichts ungeschehen machen kann. Man kann nur – und nicht mal das immer freiwillig – entscheiden, woran man sich erinnern will und kann und woran lieber nicht. Manche Lücke braucht man, um vor sich selbst bestehen zu können. Also was werfe ich dem Reimann vor, was ich nicht auch mir vorwerfen müsste? Es ist ja immer nur der Grad der Anpassung an das scheinbar oder wirklich Unvermeidliche, der uns unterscheidet. Mit dem Gewissen ist es wie mit der Moral, beide werden immer vom jeweiligen Tagesinteresse zumindest mitbestimmt. Wie viel Gewissen kann ich mir leisten, um nicht allzu großen Schaden zu nehmen?

Am Beispiel Erich Kästners ist die ganze Fragwürdigkeit dessen zu studieren, was sich innere Emigration nannte. Es war der Versuch, sich herauszuhalten und trotzdem nicht weggehen zu müssen in die Ungewissheit der Emigration. Im Nachhinein bleibt kaum mehr als der vergebliche Versuch, sich dafür zu rechtfertigen, dass man den eigenen Ansprüchen nicht hatte gerecht werden können. Solche Rechtfertigungen waren oft genug verbunden mit dem zynischen Vorwurf an die Emigranten, sie wären ja draußen in Sicherheit gewesen, während man im Lande ständiger Verfolgung ausgesetzt war. Kästner hat sein Bleiben unter anderem damit zu erklären versucht, dass er Augenzeuge der drohenden Tragödie des Jahrhunderts habe sein wollen. Der Rolle des Chronisten dieser Tragödie ist er allerdings nicht gerecht geworden. Er hat in den ganzen zwölf Jahren nur ein paar Vorlagen für leichte Ufa-Filmchen geschrieben, um zu überleben. Alles andere hätte für ihn lebensgefährlich werden können.

Vermutlich hat er zu Anfang – wie so viele andere – die Nazis unterschätzt und sich überschätzt. Dass er bis zuletzt von allen Auslandsaufenthalten nach Nazideutschland zurückkehrte, obwohl er sich dort mehr als andere bedroht fühlen musste, dafür gibt es kaum logisch nachzuvollziehende Gründe. Nach dem Krieg versuchte er dann auf die verschiedenste Art zu erklären, was nicht nur für Außenstehende kaum nachvollziehbar war.

Erkenne dich selbst – mein Gott, die alten Griechen müssen

schon gewusst haben, wie unmöglich das sein kann! Wie viel von dem, was wir danach mit Vernunfts- oder Verstandesgründen zu erklären versuchen, hat mit Vernunft gar nichts zu tun, sondern ist nur der Verkettung von allerlei zufälligen Umständen zu danken. Der liebe Gott Zufall kann mächtiger sein als all unser Denken und Trachten. Was wäre geschehen, wenn ich nur einmal mit meiner Familie zusammen in den Westen hätte reisen können, und es hätte sich mir rein zufällig auch eine verlockende Arbeitsmöglichkeit geboten? Hätte ich dann nicht unter Umständen alle sorgfältig zurechtgelegten Gründe für mein Bleiben in der DDR einfach fallen lassen? Ich weiß es nicht und bin doch noch immer überzeugt, dass es meine freie Entscheidung war, dort zu bleiben, wo ich meinte, gebraucht zu werden.

Dass ich im besseren Teil Deutschlands lebte, habe ich nie geglaubt, aber dass es der falsche war, eben auch nicht. Die deutsche Teilung hielt ich für eine unschöne, aber nicht ungerechte Strafe für deutsche Schuld. Ich fände es auch heute nicht so schlimm, wenn es statt des einen zwei demokratische deutsche Staaten in Europa gäbe. Wir würden uns vermutlich sogar besser verstehen, als wir das jetzt noch im vereinigten Deutschland tun. So was sagt man heute besser nicht, weil sich das mit der seit 1990 wiederentdeckten Liebe zum Vaterland schlecht verträgt. Dass er seine Frau, nicht aber sein Vaterland liebe, das hat einmal ein deutscher Bundespräsident zu sagen gewagt. Aber so weit sind wir längst nicht mehr.

Der Staat, aus dem ich komme, legte einst übergroßen Wert darauf, von seinen Bürgern geliebt zu werden. Je weniger sie das taten, desto größer wurde das staatliche Liebesverlangen, das manchmal von Unzucht mit Abhängigen gar nicht mehr zu unterscheiden war. Aus der angeordneten Liebe zum sozialistischen Vaterland wurde schließlich eine einzige Fluchtbewegung. Was mich heute mit dem versöhnt, was zufällig mein

Vaterland geworden ist, das ist seine demokratische Struktur. Es fällt mir allerdings schwer, mich in eine Struktur zu verlieben. Auch meine Gefühle für den Rechtsstaat, den ich durchaus schätze, halten sich in Grenzen. Die deutsche Sprache liebe ich, schon weil ich keine zweite so gut spreche. Das Glück, in so einem reichen Land mit so einer schönen Sprache zu leben, verdanke ich wie das meiste in meinem Leben dem Zufall. Dass ich mich aber auf meine alten Tage zufällig noch mal in so etwas Abstraktes wie einen Staat verlieben könnte, das kann ich mir nicht vorstellen.

Dass ich die DDR nicht geliebt habe, liegt nicht nur daran, dass sie eine Diktatur war. An Staaten, die von ihren Bürgern verlangen, sie zu lieben, stimmt etwas nicht. Staaten sind gewöhnlich künstliche Gebilde, die aus einer Laune der Geschichte, um nicht wieder Zufall zu sagen, entstanden sind. Nicht mal eine gemeinsame Sprache ist für ein Staatsvolk Voraussetzung. Die Schweizer verstehen sich in vier verschiedenen Sprachen als Schweizer. Bei anderen – den Belgiern zum Beispiel – klappt das nicht so gut. Flamen und Wallonen sind sich im selben Vaterland spinnefeind. Hinter dem, was man den Ostdeutschen an Demokratieunfähigkeit vorwirft, steckt auch die Enttäuschung nicht erwiderter Liebe. Nun seid doch endlich mal glücklich, dass ihr mit uns das weiche Bett Bundesrepublik teilen dürft!

Ich weiß noch, wie erschrocken ich war, als ich Stefan Heym Ende 1989 zum ersten Mal sagen hörte, von der ganzen DDR werde allenfalls noch eine Fußnote im Geschichtsbuch bleiben. 40 Jahre sind für den Einzelnen doch mindestens das halbe Leben. 17 Millionen mal 40 Jahre sollten zu einer Fußnote zusammenschrumpfen? Den Gedanken fand ich einfach absurd. Was eben noch den Anschein von Ewigkeit hatte, sollte jetzt sang- und klanglos zu einem Nebensatz in der deutschen Geschichte gerinnen? Gerade jetzt, da diese Republik das Wort demokratisch nicht mehr nur im Namen trug? Aus dem, was ich für einen Aufbruch gehalten hatte, sollte der Zusammenbruch werden, die besenreine Übergabe der Immobilie Ostdeutschland an irgendwelche Alteigentümer?

Wie sehr ich mich auf diese DDR eingelassen hatte, wurde mir erst klar, als sie nur wenig später und beinahe von einem Tag auf den anderen plötzlich verschwunden war. Das Gefühl, zu dem zu gehören, was Honecker einst sein »Staatsvolk« genannt hatte, kannte ich bis dahin nicht. Als ich die Montags-Demonstranten in Leipzig rufen hörte: »Wir sind das Volk«, empfand ich zum ersten Mal so etwas wie ein Zusammengehörigkeitsgefühl. Als dann gerufen wurde, wir sind *ein* Volk, war damit schon wieder Schluss.

Bis zu ihrem Untergang meinte ich nichts von dem zu haben, was man jetzt DDR-Identität nennt. Was hätte das auch sein können? Für diesen Staat hatte ich mich oft genug geschämt, und mit den Leuten hier verband mich außer dem gemeinsamen Alltag kaum mehr, als mich mit Westdeutschen verband. Das dachte ich genau so lange, wie die DDR bestand. Meinen Reisepass, an dem ich als DDR-Bürger zu erkennen war, hatte ich bei Grenzkontrollen immer erst im letzten Moment aus der Tasche gezogen. Nein, ich sah keinen Anlass, stolz zu sein – hier zu Hause nicht und im Ausland schon gar nicht. Im westlichen Ausland wurde man ohnehin als westreisender Ostdeutscher leicht misstrauisch betrachtet. Wieso durfte der seinen Mauerstaat verlassen? Das durften doch normalerweise nur Rentner und Leute, auf die sich der Staat verlassen konnte, also treue Genossen. Ein treuer Genosse war ich zwar nicht, aber darauf, dass ich immer wieder zurückkam, konnte sich der Staat verlassen. Er hatte ja meine Familie in Gewahrsam.

Wenn ich bei solchen Westreisen ehemalige DDR-Bürger

traf, Freunde, Bekannte oder auch ganz Fremde, dann stellte sich meist sehr schnell eine seltsame Vertrautheit zwischen uns ein. Das fiel mir zwar immer mal wieder auf, aber ich schob das mehr auf die »Ausgereisten«. Sie vermittelten mir meist den Eindruck, dass sie froh seien, einem von »drüben« zu begegnen, mit ihm reden zu können über dieses Drüben. Bei ihnen habe ich seltsamerweise nie Misstrauen bemerkt. Obwohl manche von ihnen unter Lebensgefahr aus dem Staat geflohen waren, aus dem ich mit Pass und Visum kam und in den ich auch wieder zurückkehren wollte. Statt froh zu sein, von diesem gehassten Land nichts mehr hören und sehen zu müssen, waren sie neugierig auf das, was sich da inzwischen getan hatte. Ich schien für sie einfach einer aus der Heimat zu sein.

Dass sie das hässliche, kleine Mauerland trotz allem noch immer als Heimat betrachteten, fand ich eher erstaunlich. Sie waren doch nur von Deutschland nach Deutschland gegangen, hatten keine Sprachgrenze überwinden müssen. Dass auch dieser kurze Weg sie in eine fremde Welt geführt haben könnte, kam mir damals gar nicht in den Sinn. Emigration sei – meinte ich – etwas ganz anderes. Sie müssten doch am Ziel ihrer Wünsche sein. Sonst hätten sie nicht solche Gefahren auf sich genommen, die mit der Flucht verbunden waren, oder das zermürbende Warten auf die Ausreisegenehmigung ertragen, auf alle Freunde und den größten Teil ihres Besitzes verzichtet.

Als ich dann in den Achtzigerjahren zum ersten Mal in der Bundesrepublik längere Zeit arbeitete, in Oberhausen nämlich, merkte ich selbst, wie fremd man sich auch als Deutscher im anderen Deutschland fühlen konnte. Mein erstes Wochenende verbrachte ich in Oberhausen da, wo sich auch die anderen Ausländern trafen, auf dem Bahnhof. Verwandte und Freunde, die im nahen Düsseldorf und Essen wohnten, halfen mir dann zwar etwas übers Fremdsein hinweg. Aber ich fühlte mich insgesamt doch – genauso wie zuvor in Brüssel oder sonstwo –, als wäre ich im Ausland. Dabei war der Theaterbetrieb hier kaum anders, als ich ihn von Berlin, Dresden und Leipzig kannte. Mit den Kollegen freundete ich mich schnell an. Manche Freundschaft hat bis heute gehalten. Aber als ich nach Hause kam, war es nicht anders, als wäre ich aus Brüssel, Lyon oder Stockholm gekommen.

Das Gefühl, »Deutscher zweiter Klasse« zu sein, hatte man, solange es die zwei deutschen Währungen gab, sowieso. Das bekam man nicht nur dort zu spüren, wo ohnehin nur die eine, harte Währung galt. Auch zu Hause in der DDR war man erst mit Westgeld ein wirklich wertvoller Gast oder Kunde. In den immer zahlreicheren staatlichen Intershops galt die eigene Währung ja auch nicht. Das trug viel dazu bei, die Liebe der Bürger zu ihrem Staat immer heißer werden zu lassen. Mit Westgeld, das man lange Zeit als DDR-Bürger eigentlich gar nicht besitzen durfte, ließ sich jeder private Handwerker bestechen. Und man bekam sein neues Auto, auf das man sonst zehn oder 15 Jahre warten musste, innerhalb weniger Wochen geliefert. Genex hieß die eigens dafür gegründete staatliche Handelsgesellschaft. In einer Anfrage an den Sender Eriwan hieß es: »Was ist Snobismus in der DDR?« Die Antwort lautete: »Wenn man sich das *Neue Deutschland* [also das Zentralorgan der SED] über Genex bestellt.«

Selbst in den »sozialistischen Bruderländern« wurden wir Ostdeutschen zweitklassig behandelt. Man erkannte uns in Bulgarien, der Tschechoslowakei, in Ungarn und Polen – ich weiß nicht woran – sofort als DDR-Bürger und behandelte uns entsprechend mies. Trotzdem fuhren wir immer wieder hin und ließen uns am Plattensee misshandeln wie zu Hause an der Ostsee. Mit der Kraft unserer Bescheidenheit versuchten wir vergeblich zu kompensieren, was den Westdeutschen einfach ins Portemonnaie gelegt war – das Selbstbewusstsein. Wahrscheinlich aber war es gerade der unterwürfige Blick, mit dem wir im Urlaubsland ein Hotel oder Restaurant betraten, immer gewärtig, sofort des Raumes verwiesen zu werden, der uns kenntlich machte. Als Gast oder Kunde, das hatten wir zu Hause ja lernen müssen, war man Bittsteller. Man kann unser mangelndes Selbstbewusstsein auch Bescheidenheit nennen. Könnte es sein, dass wir heute noch so beleidigt reagieren, wenn die anderen den Kopf schütteln über uns, weil wir das Gefühl, benachteiligt zu werden, einfach nicht loswerden? Und weil man uns dazu auch immer mal wieder Anlass gibt – und sei es nur durch die 13 Euro weniger Arbeitslosengeld II?

Die wunderbare Zeit der Anarchie

Sie hat nur kurz gedauert, und so richtig wunderbar ist sie wohl erst jetzt in der alles vergoldenden Erinnerung geworden. Es war die Zeit, als sich der eine Staat hier auflöste, und der andere noch nicht ganz da war. Das waren unvergessliche Wochen und Monate, in denen alles möglich schien, was eben noch undenkbar war. Chaos herrschte, wo bisher mit eiserner Hand für Ruhe und Ordnung gesorgt worden war. Aus der ganzen Staatsmacht schien ein Wackelpudding geworden zu sein. Nach der ersten Euphorie über den Sieg stellten sich bei denen, die ihn errungen hatten, zwar viel zu schnell auch die Ängste vor einer nun plötzlich unsicher gewordenen Zukunft ein. Aber auf 40 Jahre trostloser Sicherheit und Ordnung folgte wenigstens eine kurze Zeit fröhlicher Anarchie.

Ein paar Monate ohne jeden Obertan, der bestimmte, wo es langzugehen hatte! Darauf waren wir Untertanen zwar allesamt nicht vorbereitet, aber den Spaß am Ungehorsam schienen die

Bravsten unter uns jetzt am lautesten zu genießen. Einmal denen den Vogel zeigen zu dürfen, gegen die man so lange nicht aufzumucken gewagt hatte, das gab auch den Furchtsamsten unter uns für kurze Zeit ein ganz neues Selbstwertgefühl. Und die Bewunderung, die wir ein paar Wochen lang bei unseren westdeutschen Landsleuten genossen, tat ein Übriges. Aus grauen Mäusen waren bunte Paradiesvögel geworden, aus stummen Kerzenhaltern ein wilder Haufen, der seiner Staatsmacht auf der Nase herumtanzte.

Was von der alten Obrigkeit übrig geblieben war, starrte gebannt auf sein losgelassenes Volk und erhoffte von ihm, nun eine Richtung vorgegeben zu bekommen. Motto: Sagt uns, wo es langgehen soll. Wir führen euch, wohin ihr wollt. Die vorher eisern auf ihrer führenden Rolle bestanden hatten, baten ihr Volk förmlich um das, was sie ihm bis gestern verweigert hatten – den Dialog, die große Volksaussprache. Sie bettelten geradezu darum, als erneuerte alte Führung nun wenigstens mit dem Volk noch mitlaufen zu dürfen, um sich dann irgendwie doch wieder an die Spitze setzen zu können. Ein Mann wie Günter Schabowski, den man eben noch als Scharfmacher kannte, stellte sich den Berlinern auf offener Straße und ließ sich von ihnen beschimpfen. Keiner der umstehenden Polizisten griff ein, und das DDR-Fernsehen zeigte das Spektakel genüsslich in den Abendnachrichten. Das war damals so viel mehr, als es heute eine Ohrfeige für den Kanzler sein kann oder ein Farbbeutel, ins Gesicht von Joschka Fischer geworfen. Dabei wusste das Volk zu dieser Zeit selbst noch gar nicht, wohin es gehen sollte. Alle wussten nur, was sie nicht mehr wollten: die Krenzens und Schabowskis nämlich, diesen ganzen sozialistischen Verein alter Männer. Ihnen das einmal ins Gesicht sagen zu können, allein dafür hatte sich die ganze Revolution für manchen schon gelohnt.

Nicht nur die da unten hatten mit solchem Ausgang nicht gerechnet, als sie auf die Straße gegangen waren. Auch die da oben waren offensichtlich auf eine solch totale Niederlage nicht vorbereitet. Weder im Osten noch im Westen schien einer geahnt zu haben, dass von deutschem Boden noch einmal eine Revolution ausgehen könnte. Weder die Staatssicherheit noch der Bundesnachrichtendienst hatten richtig aufgepasst. In der Bundesregierung gab es zwar einmal ein Ministerium für gesamtdeutsche Fragen, aber gesamtdeutsche Antworten hatte man ganz offensichtlich schon lange nicht mehr gesucht. In den üblichen Festreden wurde noch am 17. Juni des Wendejahres der Brüder und Schwestern im anderen Teil Deutschlands gedacht. Aber an einen Alltag mit ihnen hatte längst keiner mehr geglaubt. Und genau den forderten die Millionen Ostdeutschen jetzt nach kurzem Zögern. Die meisten von ihnen hatten bis zum Fall der Mauer noch vorsichtig abgewartet, wie der ungleiche Kampf zwischen Montagsdemonstranten und Staatsmacht ausgehen würde. Als alles entschieden war, meldete sich die bis dahin schweigende Mehrheit umso lautstärker mit dem Ruf nach Helmut Kohl. Die ersten Tage und Wochen der Freiheit waren ja wunderbar, aber dann möchte man als Volk doch auch wieder einen haben, der sagt, wo es langgeht, und was morgen wird.

Dass ausgerechnet in dem Teil Deutschlands die Anarchie ausbrechen würde, dem man nicht ganz zu Unrecht nachsagte, er sei deutscher, also vor allem obrigkeitshöriger als der andere, das gehörte zu den Wundern, die erst geschehen mussten, bevor man sie für möglich hielt. Als sei es nicht schon Wunder genug, dass in Deutschland überhaupt eine Revolution ausgebrochen war und auch noch gesiegt hatte. Deutsche Revolutionen zeichneten sich bisher ja vor allem dadurch aus, dass am Ende – abgesehen von dem einen oder anderen Personalwechsel – doch alles wieder so war wie vorher. Die Revolte der Achtundsechziger im Westen hatte da keine Ausnahme gemacht. Sie hatte in den Achtzigerjahren längst in den Chefetagen von Staat und Wirtschaft ihr gutbürgerliches Ende gefunden. Aus dem vorher propagierten Kampf gegen das »Schweinesystem«, den wir im Osten schon wegen seines realsozialistischen Vokabulars eher mit Befremden verfolgt hatten, war längst ein Kampf um den Platz an der Sonne der Macht geworden, also das übliche Postengerangel. Die Steinewerfer von damals sitzen nun selbst im Glashaus. Und das ist längst aus Panzerglas.

Irgendwann ging es dann im Osten auch um die Posten. Aber der Kampf um die Ämter spielte sich nicht mehr unter den Revolutionären selbst ab. Die hatten sich, ohne Helmut Kohl um Hilfe zu bitten, noch an Runden Tischen getroffen. Statt für ihre persönliche Zukunft zu sorgen, diskutierten sie über solche Nebensächlichkeiten wie eine neue Verfassung. Da war in Bonn längst beschlossen, wie es in Berlin weitergehen sollte. Statt die Bundesregierung zu fragen, saßen sie, als hätten sie hier noch etwas zu entscheiden, mit dem schmalbrüstigen Modrow und seinen machtlosen Ministern auf Zeit zusammen, um den täglichen Kleinkram zu besprechen. Dabei erzwangen sie zwar solche Kleinigkeiten wie die Auflösung des Ministeriums für Staatssicherheit. Aber Realisten waren die wenigsten von ihnen, sonst säßen sie heute nicht wieder da, wo alles einmal angefangen hatte – auf der Straße.

Ich habe selbst an einer der letzten Sitzungen des Zentralen Runden Tisches in Berlin teilgenommen. Da wurde nach stundenlanger Diskussion einstimmig ein Kulturschutzgesetz beschlossen, und alle waren sehr stolz auf das Ergebnis. In den Abendnachrichten wurde noch darüber berichtet, später hat man von einem Kulturschutzgesetz nie wieder etwas gehört. Aber Spaß gemacht hat diese Art Basisdemokratie schon. Das Ganze war so etwas wie das freie Spiel der Machtlosen im Kinderzimmer der Demokratie, eine Art Vorschultraining eben. Eine bunte Gesellschaft der Aufmüpfigen hatte sich da mit den letzten Resten der Staatsmacht getroffen.

Mit am Tisch saß neben vielen anderen, die heute vergessen sind, der designierte Kohl-Stellvertreter für den Osten, Wolfgang Schnur. Er war – das wissen wir heute – nicht der einzige Abgesandte aus dem Hause Mielke an den vielen Runden Tischen. Im Gegensatz zu den meist ungeübten Bürgerrechtlern, denen ich dort begegnete, wirkte er ausgesprochen professionell. Wo immer eine Kamera auftauchte, stellte er sich davor und sprach bereits frei und in ganzen Sätzen, was für viele Ostdeutsche damals durchaus noch nicht selbstverständlich war. Es waren eben nicht alle schlecht, die von der Stasi kamen. Und damals kamen noch viele von ihr. Sie kannten sich bestens aus im ehemaligen Untergrund. Schließlich hatten sie ja oft genug das große Wort geführt in jenen heimlichen Gruppen, in denen die ganze Anarchie begonnen hatte – bei den Dissidenten und den Bürgerrechtlern. Hätten die »Hauptamtlichen« nicht so ordentlich Buch geführt über ihre »ehrenamtlichen« Mitarbeiter, sie wären wohl allesamt ordentliche Demokraten geworden. Anders als die echten unter den Bürgerbewegten hatten sie sich schnell zurechtgefunden im neuen System und hätten sich darin nur allzu gern noch mal bewährt.

Als die ganze Basisdemokratie nach der ersten freien Volkskammerwahl dann so folgenlos endete, wie keiner von uns vermutet hatte, kehrte langsam wieder eine staatliche Ordnung ein. Es meldeten sich jetzt die Postrevolutionäre, von denen man auf den Barrikaden zuvor nichts gesehen und gehört hatte, um für eine nachrevolutionäre Ordnung zu sorgen, die der vorrevolutionären gar nicht so unähnlich war. In puncto Bürokratie übertraf sie sogar alles, was uns in realsozialistischen Zeiten so auf die Barrikade getrieben hatte.

Auch unter den gewählten Volksvertretern entpuppte sich noch der eine oder andere als stiller Mitarbeiter aus Mielkes Schattenreich. Aber zu solcher Berühmtheit wie Wolfgang Schnur oder Ibrahim Böhme, dem Sozialdemokraten unter den Spitzelpromis, hat es keiner von ihnen mehr gebracht. Viele der neuen Volksvertreter waren zu SED-Zeiten harmlose Blockflöten gewesen, also gewöhnt, sich einer führenden Partei zu beugen. Sie machten der im Westen regierenden CDU genauso wenig Ärger wie zuvor der SED. Bevor sie sich in ihren neuen Ämtern unter der neuen Führung einrichten konnten, mussten auch sie zusehen, welche ungeahnten, anarchischen Kräfte im braven Staatsvolk der DDR geschlummert hatten. Denn auch in der Volkskammer mit ihrer lustigen Präsidentin Sabine Bergmann-Pohl ging es manchmal noch zu wie in einer Rabaukenklasse. Viele Sitzungen erinnerten mehr an ein Schülerparlament als an eine gesetzgebende Versammlung. Die meisten Abgeordneten waren ja auch gänzlich ungeübt im parlamentarischen Rollenspiel. Sie gaben sich, wie sie waren. Und wie sie so waren, waren sie eben manchmal einfach nur komisch.

Selbst die Volkspolizisten, bis dahin für jene überall herrschende Ruhe und Ordnung im Arbeiter- und Bauernstaat zuständig, bewiesen mit wilden Demonstrationen und Pfeifkonzerten, dass sie sehr wohl in der Lage waren, nun diese Ruhe und Ordnung auch selbst mal zu stören. Brave Werktätige, die jahrzehntelang in aller Stille erfolgreich einen täglichen Kampf um die Planerfüllung simuliert und zuverlässig sozialistisches Brigadetagebuch über diesen Kampf geführt hatten, setzten ihre unfähigen Betriebsleitungen ab und kämpften nun wirklich – wenn auch vergeblich – um den Erhalt ihrer Arbeitsplätze. Sie besetzten sogar manche ihrer ehemals volkseigenen Betriebe. Darunter gab es auch solche, die durchaus konkurrenzfähig gewesen wären. Gerade die mussten aber schließen, weil sie den gesunden Konkurrenten im Westen das Wasser hätten abgraben können. Mit eiserner Treuhand vertrieb man die Anarchisten aus den Gruben des östlichen Kalibergbaus. So wurden aus den wilden ostdeutschen Streikenden bald ordentlich gemeldete, gesamtdeutsche Arbeitslose.

Auf den schlaglochreichen Autostraßen und -bahnen des Landes hingegen tobte die Anarchie ungebremst weiter. Bis dahin stille, bescheidene Trabant-, Wartburg- und Skodafahrer versuchten in ihren neuen westlichen Gebrauchtwagen unter Missachtung ihres eigenen Lebens und der Gesundheit anderer Verkehrsteilnehmer, die Straßenverkehrsordnung außer Kraft zu setzen. Die Einbahnstraße wurde mancherorts als unzumutbare Hürde für die freie Fahrt des freien Bürgers beidseitig befahrbar gemacht. Kein Stoppschild, keine rote Ampel und vor allem keine Geschwindigkeitsbegrenzung sollte uns auf dem Weg in die Freiheit mehr aufhalten. Auch wer vorher nie den Mund aufgemacht hatte, bestand jetzt auf seinem Recht auf Meinungsfreiheit, und sei es beim Streit um die Vorfahrt.

Das Fernsehen der DDR, bis zur Wende das gehorsame Sprachrohr von Partei und Regierung, war über Nacht zum reinen Ereigniskanal geworden. Die bis dahin von der Öffentlichkeit kaum wahrgenommenen DDR-Nachrichtensendungen der Aktuellen Kamera hatten jetzt im Osten höhere Einschaltquoten als Tagesschau und Heute-Sendung von ARD und ZDF. Denn da wurden Skandale aufgedeckt, die ihren Zuschauern die Haare zu Berge stehen ließen. Zwar hatten alle auch vorher gewusst, dass die ostdeutschen Innenstädte verfallen waren, dass Wasser und Luft in den Industriegebieten verseucht waren, dass Partei- und Staatsführung nicht die Wahrheit gesagt hatten. Aber dass man über ihre Lügen im staatseigenen Fernsehen schonungslos berichtete, das kam uns Ostdeutschen noch lange Zeit wie ein Wunder vor. Von den eigenen Medien die Wahrheit über das eigene Land zu erfahren, damit hatten wir alle nicht mehr gerechnet. Das war die reine Anarchie!

Gerade unter den Fernsehmachern gab es plötzlich viele Anarchisten, die manchmal im Überschwang einen vagen Verdacht schon für die ganze Wahrheit hielten und als solche verbreiteten. Wo so viel Unglaubliches plötzlich ans Licht kam, wurde man eben ganz schnell auch mal leichtgläubig. Was Recherchieren ist, das mussten viele Journalisten in der neuen Freiheit erst noch lernen. Es gab keine wo und wie auch immer aufgedeckte Schweinerei mehr, von der das DDR-Fernsehen nicht sofort und empört berichtet hätte. Selbst von der eher harmlosen Vorliebe unseres gewesenen Staatsratsvorsitzenden Honecker für Softpornos wurde in seinem ehemaligen Haus- und Hofsender, der so was unter seiner Aufsicht nie hätte ins Programm nehmen dürfen, mit großer Empörung berichtet. Nach Jahrzehnten der untertänigen Hofberichterstattung war das bunte Programm aus dem Berliner Osten in diesen schönen Zeiten der Anarchie zum Aufregendsten in ganz Deutschland geworden. Unsere Skandale waren jetzt die größten und schönsten.

Was zählten im Zuge der neuen Offenheit noch die paar Millionen Mark, die einst im Flick-Parteispenden-Skandal in der Bundesrepublik geflossen waren, gegen die – na, sagen wir – 5000 bis 10 000 Mark, die sich ein Partei- oder Gewerkschaftsbonze für seinen Datschenbau in der DDR beiseite geschafft hatte! Die Messingmischbatterien in den Nasszellen der östlichen Parteiführer wogen im Lande der Plastewasserhähne schwerer als alles, was im Westen an Korruptionsfällen bekannt geworden war. Anarchisten haben eben auch andere Maßstäbe als die Erbsenzähler in normal-demokratischen Korruptionszeiten.

Die Anarchie im Fernsehen der DDR ging sogar so weit, Kabarett zu senden. Dieselben Redakteure, die vorher kein kritisches Wort von mir und meinen Kollegen über den Sender hatten gehen lassen, luden uns nun ein, mal so richtig zu zeigen, was eine satirische Harke ist. Keinen Text mussten wir ihnen vor der Sendung zeigen. Zensur war ein für alle Mal, also insgesamt für fast zwei Jahre, abgeschafft. Genau so lange, bis wir unter bayerischer Anleitung alle unter öffentlich-rechtliche Aufsicht kamen. Trotzdem waren unsere Satiresendungen auch in jenen zensurfreien Zeiten vergleichsweise harmlos, allerdings oft besser recherchiert als mancher Bericht über Korruption und Amtsmissbrauch im Rest des Programms. Wir hatten eben noch die alte Schere im Kopf und meinten, dass Freiheit auch den Satiriker nicht ganz von einer gewissen Sorgfaltspflicht entbinde.

Das lernten auch die Redakteure nach den ersten Wochen des Sturmes und Dranges, und siehe, ihr Programm wurde langsam seriös, ohne langweilig zu sein. Aber diese Art gänzlich unausgewogener Berichterstattung, die keine Rücksicht auf irgendeine Partei kannte, sich keinem Rundfunkrat, nicht mal immer der Wahrheit des Intendanten verpflichtet fühlte, erwies sich als ungeeignet für die öffentlich-rechtliche Verfassung bundesrepublikanischer Medien und wurde nach zwei Jahren abgewickelt. Da half auch keine erlernte Sorgfalt in der Recherche mehr. Die Anarchisten wurden abgewickelt. Ein paar der vorher wie nachher unauffällig gebliebenen Rundfunk- und Fernsehmitarbeiter wurden von den neuen Chefs aus München, Hamburg oder Köln übernommen. Die Freiheit hatte sich der Osten noch allein erkämpft, die Durchführungsbestimmungen kamen jetzt aus dem Westen.

So fand schließlich auch diese so undeutsche Revolution von 1989 ein deutsches Ende, spätestens an jenem 3. Oktober 1990, der aus unerfindlichen Gründen zum Tag der deutschen Einheit erklärt wurde. Vermutlich hat man einfach ein Datum gesucht, das nicht an irgendein dunkles Kapitel deutscher Geschichte erinnert. Und da war die Auswahl einfach nicht groß.

Noch am Abend des 2. Oktober hatte man sich in Ostberlin lustig machen dürfen, wenn einen so ein Volkspolizist in seiner grünen Uniform wegen einer Ordnungswidrigkeit belästigen wollte. Am Morgen des 3. Oktober hatten sie alle die neuen Uniformen an und waren von richtigen Ordnungshütern nicht mehr zu unterscheiden. Jetzt war endgültig Schluss mit lustig. Und die meisten der neuen Bundesbürger atmeten auch wirklich auf. Anarchie gehört nun mal nicht zur deutschen Leitkultur. Zu den Eckpfeilern unserer Kultur – warum sagt das nur keiner so deutlich – gehören Ruhe und Ordnung. Insofern war die DDR das viel kulturvollere Deutschland. Da gab es kein wildes Multikulti, kein Tür-an-Tür-Wohnen mit Leuten aus anderen Kulturkreisen. Stattdessen wurde hier internationale Solidarität mit all den Völkern geübt, denen man im eigenen Lande höchstens mal begegnete, wenn sie als Freundschaftsdelegationen zu Kurzbesuchen in unsere Republik kamen. Folglich gab es damals auch keine ausländerfeindlichen Übergriffe.

Die wunderbare Zeit der Anarchie in Ostdeutschland war nur ein kurzes Zwischenspiel. Die lange Zeit davor und danach aber hat uns geprägt. Heute wäre mit uns jedenfalls keine Anarchie mehr zu machen.

Multikulti – ein westeuropäischer Irrtum

Nicht nur Ruhe und Ordnung, Sandmännchen und Grüner Pfeil gehören nach unseren neueren Erkenntnissen zu dem, was gar nicht so schlecht war in der DDR. Auch ein weitgehend ausländerfreies Inland gehörte – wie wir heute angesichts der wachsenden Arbeitslosigkeit in der Bundesrepublik feststellen müssen – zu den Vorteilen des ersten sozialistischen deutschen Staates. Und die Voraussetzung für diese Ausländerfreiheit schufen eben seine sicheren Grenzen. Mauer und Stacheldraht an sich waren ja nicht falsch. Auch der Schießbefehl war im Grundsatz richtig. Nur die Richtung, in die geschossen wurde, bleibt natürlich kritikwürdig. Man schießt nicht auf die eigenen Bürger, nur weil sie das Land verlassen wollen. Aber der zuverlässige Schutz vor der Einreise feindlich-negativer Arbeitskräfte ist etwas, was uns in Zeiten der Überfremdung des deutschen Arbeitsmarktes als schlichte Notwendigkeit erscheinen muss.

»Deutschland den Deutschen« ist eine alte Losung, die im Kern heute wieder ihre ganze Überzeugungskraft erlangt hat, auch wenn die Wortwahl vielleicht ein wenig unzeitgemäß ist. Aber den richtigen Gedanken, der dahintersteckt, dürfen wir nicht länger dem rechten Rand überlassen. Es ist an der Zeit, dass auch die weinerlichen Gutmenschen endlich aufwachen und nicht länger unsere tapferen Grenzschützer Otto Schily und Günther Beckstein verteufeln. Solche Politiker sind es doch, die beweisen, dass man auch unter dem Dach demokratischer Parteien dem gesunden Volksempfinden aus der wunden Seele sprechen kann. Es ist schließlich kein Zufall, dass da, wo die CSU ihre Ausländerpolitik macht, keine Rechtsextremisten ins Parlament gewählt werden. Die sind in Bayern, wo ein Beckstein schon jeden ausweisen will, der nur im Verdacht steht, mal mit einem Terroristen telefoniert zu haben, einfach überflüssig. Dass Bayern den Bayern gehört, das gehört nun mal zu den Grundüberzeugungen eines guten bayerischen Demokraten.

Nach allem, was in letzter Zeit geschehen ist, dürfte die Errichtung eines antiislamistischen Schutzwalls der breiten Zustimmung unserer christlichen Bevölkerung sicher sein. Zwei heimtückische Morde in Holland haben auch die deutsche

Öffentlichkeit aufgerüttelt. Mag Mord und Totschlag unter Europäern seit Jahrtausenden auch zum Alltag gehören, aber wo ein Moslem mordet, ist es Zeit, dass das christliche Europa sein Gewaltmonopol endlich wieder durchsetzt. Mord im Abendland muss Christensache bleiben.

Auch für islamistische Hassprediger ist bei uns kein Platz mehr. Das Heimtückische an ihren Predigten beginnt ja schon mit der fremden Sprache, die sie nur benutzen, um unkontrolliert an unseren deutschsprachigen Verfassungsschützern vorbeipredigen zu können. Und da sind wir bei einem Grundproblem der ganzen Ausländerfrage. Dürfen wir noch länger stumm bleiben, wenn Ausländer bei uns öffentlich in fremden Zungen reden? Türkisch mag für den, der es spricht, durchaus auch der Verständigung dienen. Da wir es aber nicht sprechen, dürfen wir nicht länger so mit uns reden lassen. Das gesprochene Türkisch – wie ja auch das Arabische und die anderen von Muslimen bevorzugten Sprachen – hat für uns per se einen terroristischen Beiklang. Manchmal reicht schon der falsche Akzent, um die Gefahr ahnen zu lassen, die von dem Sprecher ausgehen könnte. Viele der Topterroristen des 11. September 2001 zeichneten sich zwar durch nahezu perfekte deutsche Sprachkenntnisse aus. Aber schon wegen ihres Akzents und des fremdländischen Aussehens hätte man sie rechtzeitig dingfest machen können.

Natürlich darf man die Moslems nicht alle über einen Kamm scheren. Es gibt solche, denen man ihre Herkunft weder ansieht noch anhört und die – ähnlich wie die meisten Christen hier – ihrem Glauben abgeschworen haben. Gegen sie spricht allenfalls noch ihre Herkunft, die wir aber auch nicht jedem anlasten dürfen. Toleranz mit allen, die so denken, reden und handeln wie wir, das bleibt auch in Zeiten des islamistischen Terrors ein liberaler Grundsatz. Wer mit uns ist, gegen den sind wir gar nicht, auch wenn er nachweislich nicht von hier ist.

Überhaupt sollte man sich vor Pauschalurteilen hüten. So wie es unter den Ostdeutschen solche gibt, die trotz ihres sächsischen Akzentes fast mühelos im bayerischen Kulturkreis heimisch geworden sind, so gibt es auch viele richtige Ausländer, die als Arbeitskraft wie für uns geschaffen sind. Denn sie nehmen den Deutschen nur jene Arbeit weg, die die sowieso nicht haben wollen. Aber ein gläubiger Moslem als Parkwächter in Oberammergau überfordert nun mal die christliche Integrationskraft. Was in Berlin-Kreuzberg beim Karneval der Kulturen als exotischer Farbklecks das Straßenbild auflockert, muss am Ort der Passionsspiele als reine Provokation erscheinen.

Anders gesagt, gegen Moslems im Allgemeinen ist nichts einzuwenden – da, wo sie hinpassen, muss man sie dulden. Es gab ja Zeiten, da waren sie uns sogar als Hassprediger in gewisser Weise willkommen, damals, als sie mit uns gegen den gottlosen Kommunismus zum Beispiel in Afghanistan gepredigt haben. Da haben wir ihnen sogar Waffen verkauft, damit sie ihrem ideellen Hass einen materiellen Ausdruck verleihen und die ungläubigen Sowjetrussen aus ihrer Heimat vertreiben konnten. Dass sie diese christlichen Waffen aber jetzt gegen die richten, die sie ihnen einmal verkauft haben, das war nicht abgemacht. Das widerspricht allen guten Sitten des internationalen Waffenhandels, weil es zu einer Gefahr für die Waffenhändler selbst werden kann. Kein Waffenhändler lässt sich gern mit den eigenen Waffen schlagen.

Dass die bei uns lebenden Muslime im Durchschnitt schlechter bewaffnet sind als unsere rechtsradikalen Landsleute in ihren Wehrsportgruppen, darf uns nicht daran hindern zu erkennen, wo der Feind unserer Zivilgesellschaft sitzt. In jenen Ghettos nämlich, die wir den Gastarbeitern einst überließen, damit sie uns nicht zu nahe kommen mit ihrer Fremdartigkeit. Sie brauchten ja eine Bleibe. Dass sie dort unter sich bleiben würden, nur weil sie nicht Deutsch sprechen und fühlen, was ja irgendwie zusammengehört, damit konnte keiner rechnen.

Wenn man bedenkt, wie schwierig sich bereits das Zusammenleben von Ost- und Westdeutschen gestaltet, dann muss man feststellen, dass eine Familie aus Gera im Schwäbisch Gmünder Mehrfamilienhaus Multikulti genug ist. Deutsche und Türken können nicht zusammen wohnen, weil sie nicht zusammengehören. Das hat nicht nur Angela Merkel erkannt, das weiß auch ein ausgewiesener Ausländerfreund wie Edmund Stoiber. Wenn die Türkei in die Europäische Gemeinschaft aufgenommen wird, haben wir ja nicht nur die Kreuzberger, Kölner und Sauerländischen Türken am Hals, sondern auch ganz Ankara und Istanbul. Und dass die Türken dort jemals Deutsch sprechen werden, wie wir das überall auf der Welt tun, das glaubt nicht mal Claudia Roth. Die werden dort wie hier in ihrer Parallelgesellschaft bleiben, was unweigerlich dazu führen wird, dass man sich als Deutscher überall auf der Welt nur noch wie ein Ausländer vorkommt.

Als seinerzeit die Türken nach Deutschland gerufen wurden, kannte man sie ja höchstens von einem Türkei-Urlaub. Und da waren sie nicht unangenehm aufgefallen. Im Gegenteil. Obwohl sie damals kaum mehr Deutsch konnten als heute, lasen sie ihren deutschen Urlaubsgästen die Wünsche von den Augen ab. Das türkische Urlaubsparadies ohne türkisches Personal wäre einem geradezu unnatürlich vorgekommen. Daran hat sich bis heute auch kaum etwas geändert. Türken in der Türkei sind, anders als Türken in Deutschland, etwas ganz Natürliches. Da gehören sie förmlich hin. Hier wirken sie, selbst da, wo sie fast unter sich sind, wie ein Fremdkörper.

In den Sechzigerjahren war es für den Wirtschaftsaufschwung in der Bundesrepublik einfach notwendig, außer den uns nah verwandten Italienern auch solche ausländischen Arbeitskräfte hierher einzuladen, die uns ganz fern liegen. Allerdings hat man damals versäumt, ihnen bei der Einreise zu sagen, dass sie hier ausschließlich als Arbeitskraft, also ganze acht Stunden am Tag, gebraucht werden. Nicht vorgesehen war, dass sie ihre Freizeit dazu nutzen, ihre fremde Kultur einzuschleppen, indem sie Frau und Kinder nachholen, die hier gar nicht gebraucht werden und den Ausländeranteil an der Bevölkerung nur unnötig in die Höhe schnellen lassen. Was die Türken in Deutschland so besonders lästig erscheinen lässt, ist ihre große Anzahl. Das hat nichts mit Ausländerfeindlichkeit zu tun. Die weniger zahlreichen Schweizer, Liechtensteiner oder Monegassen, die hier arbeiten, stören keinen. Selbst über den einen oder anderen Eskimo auf dem deutschen Arbeitsmarkt sehen wir hinweg. Die verderben auch nicht mit ihren 100 000 Döner-Buden unseren deutschen Geschmack an der Currywurst.

Der Gastarbeiter an sich und als solcher war nie das Problem, solange er nicht auffiel beziehungsweise nur zur Arbeit einreiste und wieder ausreiste, wenn diese Arbeit getan war. Die Beschäftigung polnischer Saisonarbeiter zu Erntezeiten hatte sich ja schon im Kaiserreich bewährt. Auch heute wird man bei der Spargelernte in Brandenburg nicht ganz auf sie verzichten können. Der polnische Saisonarbeiter auf deutschem Erntefeld – das ist eine schöne, alte deutsche Tradition. Aber wenn der Spargel gestochen, also die Ernte eingebracht ist, dann sollte man ihn auch wieder in seine angestammte Heimat entlassen. Dass der Türke nach getaner Arbeit nicht gehen will, das macht ihn überhaupt erst zum Ausländerproblem.

Hinzu kommt heute, dass der Pole in Polen und der Türke in der Türkei für die Industrie auf Dauer einfach wirtschaftlicher ist. Ein Pole oder Türke in Deutschland rechnet sich in Zeiten der Globalisierung einfach nicht mehr. Denn hier hat er Anspruch auf gleichen Lohn für gleiche Arbeit wie sein viel zu hoch bezahlter deutscher Kollege. In Polen und der Türkei hingegen steigt sein Wert für die Wirtschaft allein schon durch den Billiglohn, mit dem er sich in dem ihm eigenen Kulturkreis auf natürliche Weise zufrieden gibt. Ganz abgesehen von den teueren Sozialleistungen, die ihm hier zustehen, obwohl sie in seinem Heimatland gar nicht üblich sind. Die Globalisierung hat den nützlichen Gastarbeiter aus alten Wirtschaftswunderzeiten nicht nur überflüssig, sondern geradezu zum Störfaktor gemacht. Das nächste Wirtschaftswunder wird es nur geben, wenn die Menschen, die es für uns erarbeiten, in ihrer angestammten Heimat bei ihren angestammten Niedriglöhnen bleiben. Nur wenn deutsche Spitzenprodukte im Ausland billig zusammengeschraubt werden, ist gesichert, dass deutsche Firmen auf dem Weltmarkt konkurrenzfähig bleiben. Solange es im Ausland genügend Arbeitskräfte gibt, werden sie in Deutschland einfach nicht mehr gebraucht.

Deutschland war nie ein klassisches Einwanderungsland und wird in Zeiten, da die Wirtschaft auswandert, erst recht keines werden. Es gehört zur deutschen Eigenart, den Urlaub am liebsten mit Ausländern zu verbringen. Am allerliebsten natürlich mit solchen, die auch Deutsch sprechen und kochen. Die Lieblingsausländer der Deutschen sind und bleiben die Österreicher und die Schweizer.

Glücklich ist, wer vergisst

Die Überzeugung, dass früher alles besser war, ist die einzige Hoffnung, die uns geblieben ist in einer Welt, die einfach nicht besser werden will. Was ist nur aus den vielen, großen und schönen Menschheitsideen geworden? Sind sie nicht alle letzten Endes nur an der schlechten Durchführung gescheitert? Als

Idee war das Christentum so gut wie der Islam, der Sozialismus nicht schlechter als die Demokratie. Für sich genommen waren sie alle gut, nur für den Menschen scheinen große Ideen einfach nicht gemacht zu sein oder der Mensch nicht für sie. Alles scheitert am Menschen. Wobei die »Idee vom Menschen« auch gut gewesen sein mag, nur eben die Durchführung nicht. Wer hatte allein im vergangenen Jahrhundert mit uns nicht schon Großes vor? Von den herrlichen Zeiten, denen uns Wilhelm der Zweite entgegenführen wollte, über die sozialistische Menschengemeinschaft der Ulbrichts und Honeckers bis zu den blühenden Landschaften, die Helmut Kohl uns versprach – die Ideen waren alle gut, nur an der Durchführung haperte es jedesmal.

Verglichen mit dem, was ist, erscheint das, was war, meist nur noch halb so schlimm. Schon weil man es hinter sich hat. Mein Schwiegervater hatte seinen Kaiser hinter sich, wie ich meinen Honecker hinter mir habe. Er fand unterm Kaiser alles besser. Ich fand »nicht alles schlecht« unter Honecker. Allerdings nur, weil ich nicht alles gut finde in der Bundesrepublik. Die Gedächtnislücken meines Schwiegervaters fand ich seinerzeit erheblich. Wie steht es mit meinen heute? Ich hatte im Gegensatz zu meinem Kollegen Hans Reimann das Glück, in einer verhältnismäßig harmlosen Diktatur zu leben. Mein Versagen, an das ich mich lückenhaft erinnere, erscheint mir entsprechend harmlos. Ich kann die Lieblingsausrede aller Inoffiziellen Mitarbeiter der Stasi, zu denen ich nicht gehörte, auch für mich in Anspruch nehmen, nämlich dass ich keinem geschadet habe.

Welcher aktive Politiker könnte das für sich in Anspruch nehmen? Auch demokratische Politiker, die einen Eid darauf leisten, Schaden vom deutschen Volk abzuwenden, pflegen denselben immer wieder anzurichten. Dass sie sich dessen meist nicht bewusst sind, ändert nichts an der Tatsache, dass sie es tun oder getan haben. Man denke nur, was sie mit ihrer Familien-, Bildungs- oder Gesundheitspolitik der letzten Jahrzehnte angerichtet haben. Von der Steuerpolitik gar nicht zu reden. Wenn ich bedenke, wie fragwürdig die Behauptung, keinem geschadet zu haben, bei mir auch so klingen muss, bin ich froh, in keinem der beiden von mir erlebten Systeme politische Verantwortung getragen zu haben. Aber ist, nichts getan zu haben, schon ein Verdienst?

In der Diktatur nicht zu den Machthabern gehört, nicht mal eine Karriere gemacht zu haben, erscheint im Nachhinein günstig. Aber unterscheidet sich das, was demokratisch gewählte Politiker gern Gestaltungswillen nennen, wirklich so grundsätzlich vom Machtstreben der alten SED-Funktionäre? Ist, wer demokratisch gewählt wurde, automatisch ein Demokrat? Zumindest im Nachhinein wissen wir doch, dass auch in der Bundesrepublik nicht immer alles mit demokratischen Dingen zugegangen ist. Man denke nur an die K-Gruppe in der CDU – Kanther, Kiep und Kohl. Ihr selektives Erinnerungsvermögen ist ein schönes Beispiel aktueller Vergangenheitsbewältigung.

Ein leitender Mitarbeiter der Treuhand erzählte mir Anfang der Neunzigerjahre stolz von allerlei Privatisierungen, die er in der ostdeutschen Industrie verantwortlich betrieben habe. Als ich ihn fragte, ob er wisse, wie viele Leute dank seiner Tätigkeit ihre Arbeit verloren hätten, und was das für sie bedeute, meinte er: »Wenn Sie daran denken, brauchen Sie gar nicht erst anzufangen.« Auf meine Frage nach seinem Nachtschlaf antwortete er: »Gut.« Bei ihm fingen die Lücken nicht erst im Gedächtnis an. Er hatte sie wie viele von uns bereits in der Wahrnehmung. Was ich gar nicht erst wahrnehme, muss ich nicht vergessen. Für die Privatisierung gäbe es, sagte mir der Mann damals, keine Alternative. Zum Sozialabbau heute gibt es die auch nicht, sagen die verantwortlichen Politiker. Mag sein. Kollateralschaden gehört zur Realpolitik. Wo gehobelt wird, da fallen Späne, hieß das früher.

Unvergleichlich viel größeren Schaden richteten und richten gewöhnlich die Kämpfer für eine bessere, gerechtere Welt an. Manche Weltverbesserer sind von Terroristen kaum zu unterscheiden – von Spartacus bis Schinderhannes, von Lenin über Stülpner Karl, dem Robin Hood des Erzgebirges, bis zu Che Guevara und bin Laden. Nirgendwo sind so viele Menschen gefallen wie im Kampf für eine andere, natürlich bessere Welt. Neuerdings wird auch im Kampf für die Menschenrechte viel getötet. Unter den Opfern mag der eine oder andere Menschenrechtsverletzer sein. Die meisten sind Unschuldige. »Wenn Sie daran denken, brauchen Sie gar nicht erst anzufangen!«

Was sind alle Gedächtnislücken gegen die Lücken in unserer aktuellen Wahrnehmung? Könnte man ohne solche Lücken überhaupt leben? Was muss man vergessen, bevor man es überhaupt wahrgenommen hat? Verhalten wir uns nicht alle mehr oder weniger wie der Raucher Winston Churchill, der gesagt hat: »Wenn man überall lesen muss, wie schädlich das Rauchen ist, dann hört man irgendwann auf zu lesen.« Wer könnte nach der Lektüre des letzten Waldschadensberichtes noch guten Gewissens in sein Auto steigen und im Übrigen auf weiteres Wirtschaftswachstum hoffen? Wir haben gelernt, aus immer mehr Wissen immer weniger Konsequenzen zu ziehen. Wir sind unendlich stark im Hinnehmen. Weiter ist die Aufklärung bis heute nicht gekommen.

Wenn man daran denkt, hätte man auch mit der Aufklärung vielleicht gar nicht erst anfangen sollen.